Diogenes Taschenbuch 24609

Vom Dorf um die Welt und zurück

*Eine Hommage an Friedrich Dürrenmatt
in Geschichten von Lukas Bärfuss,
Joanna Bator, Lizzie Doron,
Juan Gabriel Vásquez, Peter Stamm u. v. a.*

Herausgegeben von
Oliver Lubrich und Reto Sorg

Diogenes

Alle Rechte an dieser Ausgabe vorbehalten
Copyright © 2021
Diogenes Verlag AG Zürich
www.diogenes.ch
40/21/36/1
ISBN 978 3 257 24609 4

Inhalt

Vorwort

> So war denn Bern nur zu bewältigen, indem es
> mein Stoff wurde. Ich emigrierte nicht, als ich
> diese Stadt verließ, ich nahm Bern mit mir als
> den Stoff, aus dem sich eine Welt formen ließ,
> meine durch mich verwandelte Welt.
>
> *Friedrich Dürrenmatt*
> *Rede zum Literaturpreis der Stadt Bern*, 1979

Am 5. Januar 2021 wäre Friedrich Dürrenmatt hundert Jahre alt geworden. Zugleich ging die Friedrich Dürrenmatt Gastprofessur für Weltliteratur an der Universität Bern in ihr fünfzehntes Semester. Ein doppeltes Jubiläum, aus dessen Anlass wir die bisherigen Gastprofessorinnen und Gastprofessoren um neue Erzählungen baten: neue Erzählungen um Friedrich Dürrenmatt.

Was jedoch ist für eine solche Einladung die geeignete Vorgabe? Erzählungen über Dürrenmatt oder inspiriert durch seine Texte? Erzählungen über Bern oder über die Schweiz, welche die Gäste während ihres Aufenthalts kennengelernt haben? Oder Erzählungen, die ein Thema verhandeln, das für Dürrenmatts Schreiben zentral war? Ein solches Thema ist das Verhältnis des Dorfes (der Kleinstadt) zur Welt, des Kleinen zum Großen, des Eigenen zum Universalen, wie es Dürrenmatt umtrieb: *das Dorf als Labor*.

Eine Reise durch die gegenwärtige Weltliteratur – angeregt von Friedrich Dürrenmatt und ausgehend von Bern. Wofür aber steht Bern? Mit ihrer steinernen Altstadt, von der Aare umflossen, scheint die Bundesstadt ein besonders dauerhafter, traditionsfester Ort zu sein – seit Generationen verschont von jeder Art von Umsturz. Zugleich jedoch war und ist sie ein Labor kritischen Nachdenkens und künstlerischer Erneuerung. Im Kanton Bern wurde nicht nur Friedrich Dürrenmatt geboren, sondern auch Christian Kracht und Lukas Bärfuss. Hier lebten und wirkten Albrecht von Haller, Jeremias Gotthelf, Hermann Hesse, Hugo Ball und Gershom Scholem. Hier schrieb Walter Benjamin seine Dissertation, Robert Walser seine Mikrogramme. Paul Klee schärfte seine Kunst am »sanften Trug des Berner Milieus«, Albert Einstein entwickelte die Relativitätstheorie. Hermann Rorschach prägte das Konzept der modernen Persönlichkeit, Harald Szeemann das der Kunstausstellung, und Meret Oppenheims Brunnen sprengte die Vorstellungen von Kunst im öffentlichen Raum.

Wie lässt sich die Dynamik dieses Ortes kultureller Verdichtung im Sinne Dürrenmatts künstlerisch fassen? Als kreative Ambivalenz eines Versuchsraums zwischen Stabilität und Innovation, Tradition und Moderne, Konservativismus und Kritik, Dorf und Welt? Für Dürrenmatt war seine Heimat – Konolfingen, das Dorf seiner Herkunft, und Bern, die kleine Stadt, in der er studierte – ein Stoff, den er in die Welt brachte. Sein *Besuch der alten Dame* wurde verfilmt in den USA und im Senegal. Ihn, wie auch schon Robert Walser, motivierte die solide Selbstverständlichkeit des Feststehenden zu einer eigenen Betrachtungsweise, freilich um den Preis, sich hier nicht nur willkommen und zu Hause zu fühlen. Wer die Dinge, wie wir sie kennen, in ihrer Relativität zum Ausdruck bringt, macht das Vertraute fremd und öffnet die Tür für das Unheimliche.

Die Dürrenmatt-Gastprofessorinnen und -Gastprofessoren bringen nun umgekehrt Weltliteratur *nach* Bern – eine Weltliteratur, die sich heute nicht mehr auf Europa, die Neue Welt Amerikas und die Metropolen beschränkt. Die Gäste aus China und Israel, aus Burma, Kuba und dem Kongo stehen für eine kulturelle Verständigung jenseits von ›Zentrum‹ und ›Peripherie‹, die heute besonders dringlich erscheint. Dieses alternative Konzept von ›Weltliteratur‹ ist ihr Beitrag zum Dürrenmatt-Jubiläum. Ihre Erfahrungen und Sichtweisen relativieren die ökonomisch und touristisch vorangetriebene Globalisierung, indem sie für das Besondere sensibilisieren. Sie und ihre hier versammelten Texte regen zum Nachdenken an: über Dürrenmatt, über Bern, über die Schweiz – und weit darüber hinaus: über die globalisierte Welt.

Einige Texte beziehen sich direkt auf Dürrenmatt. Mathias Énard (Frankreich) erzählt vom Bürgerkrieg in Bern im zehnten Jahr der Pandemie, ausgehend von Dürrenmatts *Winterkrieg in Tibet*. David Wagner (Deutschland) schildert seine eigenen *Besuche bei der alten Dame*. Bei Wendy Law-Yone (Burma) wird mit einer Geschichte von Dürrenmatt unter dramatischen Umständen ein Mensch am Leben gehalten. Lukas Bärfuss (Schweiz) setzt sich mit dem dörflichen Milieu auseinander, aus dem Dürrenmatt stammte, und er lässt seinen Erzähler über dessen Provinzialität schimpfen, wie Dürrenmatt selbst über Provinzialität schimpfte – vielleicht die höchste Form der *Hommage*.

Andere Beiträge beziehen sich auf Bern und die Schweiz. Lizzie Doron (Israel) beschreibt eine *Reise nach Bern*, die zu einer verstörenden Begegnung wird. Joanna Bator (Polen) wählt die Aare beim Bärengraben als Schauplatz, an dem sich ihre Protagonistin das Leben nimmt. Juan Gabriel Vásquez (Kolumbien) erinnert daran, wie sich Stalins Tochter in Muri versteckte. Josefine Klougart (Dänemark) schildert einen Aufenthalt in Bern als *Zeit der Offenbarungen*, die eine *Biographie der Berge* hervorbringt. Nedim Gürsel (Türkei) führt uns nach Istanbul und in die Vergangenheit des Osmanischen Reiches. Das Beinhaus von Leuk wird dabei zu einem Sinnbild für die Gewalt der Weltgeschichte.

Weitere Beiträge greifen das Motiv vom Dorf als Labor auf, indem sie in Dürrenmatts Sinn das Kleine und Eigene mit dem Großen und Universalen verbinden. Peter Stamm (Schweiz) beschreibt einen Weg aus der Provinz ins Fernsehen, von Blackburn und Cardiff auf die Bühnen der Welt. Louis-Philippe Dalembert (Haiti) verbindet eine Jugend in der Karibik mit den Traumwelten des internationalen Kinos. Xiaolu Guo (China) verhandelt männliche Gewalt im ländlichen China. Wilfried N'Sondé (Kongo) zeigt, wie die Proteste der »Black Lives Matter«-Bewegung eine junge Frau ermutigen, sich gegen häuslichen Missbrauch zu wehren. Hans Christoph Buch (Deutschland) erzählt die Brasilienexpedition von Maximilian zu Wied aus der Sicht seines Hofjägers. Anhand individueller Lebensläufe entwirft Fernando Pérez (Kuba) eine Chronik der kubanischen Revolution.

Fünfzehn Autorinnen und Autoren und ihre Übersetzerinnen und Übersetzer finden in dieser Anthologie zusammen – wie in einer virtuellen Videokonferenz oder in einem gedruckten Literaturfestival. Seitdem die Gastprofessur 2013 eingerichtet wurde, kam in jedem Semester ein internationaler Gast nach Bern, um vier Monate lang eine Lehrveranstaltung zu geben. Es sind vierzehn Gäste in fünfzehn Semestern, denn weil die Lehre an der Universität durch die Corona-Pandemie beeinträchtigt wurde, verlängerte Mathias Énard, um im folgenden Semester eine weitere Vorlesung zu geben. Hans Christoph Buch hielt außerhalb der Gastprofessur eine »Berner Poetikvorlesung« über *Boat People*, die anschließend als Buch erschien.

An der Universität Bern spielen Autorinnen und Autoren der Gegenwartsliteratur eine feste Rolle im Literaturunterricht. Sie bringen ihre eigenen Themen mit, die sie in ebenso eigenen Unterrichtsformen vermitteln – eine kreative Erfrischung für die Studierenden ebenso wie für die Dozierenden in Zeiten fortschreitender Verschulung und Bürokratisierung nach der Bologna-Reform. Man sollte nicht Literatur studieren, ohne jemals einer Schriftstellerin oder einem Schriftsteller zu begegnen. Eine kritische Literaturwissenschaft findet nicht im Elfenbeinturm statt, und sie ist mehr als ein Zulieferer für die Kultur- und Bildungsverwaltung.

In seiner Dystopie vom *Winterkrieg in Tibet* hat Friedrich Dürrenmatt das zerstörte Bern als eine Alptraumlandschaft beschrieben und damit das Vertraute radikal fremd gemacht:

»Zu meiner Heimatstadt gelangte ich auf der leeren Autobahn wandernd. Je mehr ich mich ihr näherte, desto menschenleerer wurde das Land. Kilometerlang war die Autobahn schon von Gras überwuchert, es hatte den Beton gesprengt, auch kam ich an Autoschlangen vorbei, die von Efeu überwuchert waren. [...] Als ich die Stadt erreichte, waren ihre Vorstädte Ruinen: sinnlos gewordene Einkaufszentren, ausgebrannte Hochhäuser. [...] Die Universität war eine Ruine, der Raum des Philosophischen Seminars verkohlt, die Fensterseite eingestürzt, die Bücher der Bibliothek eine schwarze zusammengepappte Masse. [...] Hinter einem Tisch saß eine dicke alte Frau mit einer Nickelbrille und aß Torte. [...] ›Wo ist der Stadtkommandant?‹, fragte ich. Sie aß. ›Die Armee hat kapituliert‹, sagte sie. ›Es gibt keinen Stadtkommandanten mehr. Es gibt nur noch die Verwaltung.‹«

An dem Ort, wo er studierte, lehren in Dürrenmatts Namen nun seine Schriftstellerkolleginnen und -kollegen aus aller Welt. Mit ihnen, in ihren Arbeiten kehrt Dürrenmatt gleichsam nach Bern zurück.

*****

Die Friedrich Dürrenmatt Gastprofessur wurde eingerichtet mit Unterstützung durch die Stiftung Mercator Schweiz. Sie wurde verstetigt gemeinsam mit der Burgergemeinde Bern. Die vorliegende Anthologie wurde ermöglicht durch die Förderung der Charlotte Kerr Dürrenmatt-Stiftung, der Ursula Wirz-Stiftung, der Ernst Göhner Stiftung, der Stiftung Pro Scientia et Arte und der Burgergemeinde Bern. Die Herausgeber danken namentlich Olivia Höhener und Stefan Brunner (Stiftung Mercator Schweiz), Patrizia Crivelli, Georg Thormann und Christophe von Werdt (Burgergemeinde Bern), Claudia Engler (Burgerbibliothek) und Roland von Büren (Charlotte Kerr Dürrenmatt-Stiftung) für ihre Unterstützung; und nicht zuletzt Ariane Lorke, Mike Toggweiler, Petra Riedweg, Gabriel Rosenberg und Viviane Blanchard am Walter Benjamin Kolleg sowie Thomas Nehrlich, Delia Imboden, Vera Jordi, Elena Bertagna und Livia Notter im Projektteam am Institut für Germanistik der Universität Bern. Sie alle nahmen teil an dieser Reise – vom Dorf um die Welt und zurück.

Oliver Lubrich und Reto Sorg,
Bern, 5. Januar 2021

LIZZIE DORON

Reise nach Bern oder
Warum umarmen wir uns?

November 2019

Mein Flug von Tel Aviv nach Zürich hat eine Stunde und vierzig Minuten Verspätung.

Ich überquere die Straße zwischen Flughafen und Bahnhof.
Laufe.
Betrete das Bahnhofsgebäude.
Halte nach der Anzeigetafel Ausschau.
Der Zug von Zürich nach Bern geht in drei Minuten.
In einer Stunde und sechzehn Minuten bin ich da, in einer Stunde und fünfundvierzig Minuten soll ich eine Vorlesung an der Universität halten.
Das klappt schon, ich bin rechtzeitig genug da, beruhige ich mich selbst.

Im Zug.
Ich verstaue meine Sachen, setze mich.
Meine Reise hat heute am frühen Morgen begonnen, und jetzt ist es schon Mittag.
Ich schließe die Augen und nicke ein, bis eine Durchsage mich hochschrecken lässt.

Ich reiße die Augen auf, Deutsch verstehe ich nur ein bisschen, hoffe, die Durchsage kommt auch noch auf Englisch.

Tut sie aber nicht.

Aus dem Fenster sehe ich Berge zur Linken, einen Fluss zur Rechten, und der Zug steht, wie sich herausstellt, auf freier Strecke.

Mir gegenüber sitzt ein junger Mann.

Er wirkt gelassen.

Ich bin es nicht.

Ich habe eine Vorlesung zu halten.

Zehn Minuten verstreichen, der Zug steht noch immer an Ort und Stelle.

Ich nehme meinen Mut zusammen und frage ihn zögernd auf Englisch, warum der Zug denn angehalten habe.

»Er hat angehalten, um sich zu beruhigen«, antwortet er und schenkt mir ein freundliches Lächeln.

Eine typisch schweizerische Antwort, sage ich mir.

Ich lächele verhalten und wende den Blick wieder zum Fenster.

Am Himmel ziehen Wolken in stetiger Abfolge auf, Regentropfen schlagen gegen die Scheibe, und der Zug rührt sich nicht von der Stelle.

Ich rutsche auf meinem Sitz hin und her.

»Verzeihung, sind Sie in Eile?«, fragt er mich.

»Ehrlich gesagt, ja«, erwidere ich.

»Das sollte man nicht«, stellt er bestimmt fest.

Nun bedenke ich ihn mit einem eher sparsamen Lächeln

und hoffe inständig, der Zug führe endlich weiter und ich könnte noch ein wenig dösen.

»Mit neun bin ich aus der Schule gekommen«, er redet einfach weiter. »Und wollte schnell nach Hause. Am Ende war ich nach neunzehn Wochen und vier Tagen dort.«

Du bist an eine Nervensäge geraten, sage ich mir.

»Im Krankenhaus haben sie mir erzählt, eine Autofahrerin habe mich mit ihrem Wagen vom Fahrrad geholt. Seitdem bin ich nicht mehr in Eile. Wohin müssen Sie denn so dringend?«, möchte er wissen.

Auch das noch.

»Nach Bern«, antworte ich, die Höflichkeit wahrend.
    »Und Sie?« Das rutscht mir so raus, ich bin selbst überrascht, gefragt zu haben.
    »Ich weiß nicht, wohin ich fahre. Aber man hat es mir aufgeschrieben«, antwortet er und zieht ein Schreibheft aus seiner Tasche.

Eng mit Bleistift beschriebene Seiten, er lässt die Finger rasch über die Zeilen gleiten.
    »Hier steht, ich fahre zu Albert Einstein«, er lächelt verhalten und präsentiert mir die Zeile, in der die Einzelheiten des Treffens zu finden sind.
    »Aber Einstein ist tot«, sage ich, für einen Moment amüsiert.

»Wie traurig.« Er sieht mich an, wirkt verloren. Bedauert tatsächlich.

Sein Erscheinungsbild ist gepflegt, elegant. Er ist Ende dreißig, trägt Jeans, T-Shirt und ein blaues Jackett, hält einen Rucksack umklammert.

Ein zivilisierter Mensch, schließe ich, aber aus seinem Blick beschleicht mich das Gefühl, dieser Mann könnte möglicherweise immerzu traurig sein.

»Sieben Jahre hat Albert Einstein in Bern gelebt, hat dort das Verhältnis zwischen Zeit, Masse und Energie bestimmt«, er redet, und seine Stimmbänder klingen wie von einer Batterie betrieben. Dennoch ist seine Stimme angenehm, sein Blick sanft.

Ich höre zu.

Bemerke, dass nur wir beide im Waggon sitzen.

Er und ich.

Bin alarmiert.

»Seit dem Unfall fahre ich ihn jedes Jahr im November besuchen«, er redet weiter.

»Kramgasse 49, Kramgasse 49, Kramgasse 49«, sagt er sich immer wieder vor, erst flüsternd und dann laut und vernehmlich.

Zwanzig Minuten vergehen.

Der Zug fährt weiter.

Erleichterung.

Die Landschaft ändert sich, mein Gegenüber verstummt,

der Regen hört auf, und ein schwacher Sonnenstrahl zeigt sich am Himmel.

Alles ist gut, sage ich mir.

Schließe die Augen.

»In drei Minuten und sieben Sekunden fährt unser Zug an Lenzburg vorbei«, verkündet er laut.

Ich erschrecke, schlage die Augen auf, zeige ihm gegenüber aber trotzdem keinerlei Verdruss.

»Vor fünfzehn Jahren und vier Monaten hatte ich dort eine Freundin, und jedes Mal, wenn der Zug hier vorbeifährt, vermisse ich sie.« Er redet wieder zu mir.

»Dann besuchen Sie sie vielleicht doch mal«, schlage ich vor und überspiele mit einem Lächeln das Unverständnis und die Fragen, die in meinem Kopf aufgehen.

»Ich erinnere mich nicht mehr an ihren Namen, weiß nur noch den Namen ihrer Bahnstation«, erwidert er.

Großer Gott, was stimmt mit ihm nicht?

Seine Augen irren umher.

Mir scheint, er sucht nach ihr.

Gäbe Gott, sie würde kommen.

Um mich zu erlösen und ihn auch.

Tut sie aber nicht.

»Sie war meine erste Freundin«, sagt er, und seine Augen wandern noch immer ruhelos hin und her. »Sie hat behauptet, ich wäre ein langweiliger Kerl und dass ich ihr bei jedem Treffen immer dieselbe Geschichte erzähle. Sie hat nicht verstanden, dass ich mich bloß nicht erinnere, was ich bereits erzählt habe, und dass ich überhaupt nicht langweilig bin.«

»Wissen Sie«, er beugt sich vor zu mir, »ich erinnere mich an meine Freundinnen nach den Namen der Bahnstationen.« Wieder lächelt er und setzt sich dann mit einem Mal auf. Wirkt gestresst.

»Verzeihung, könnten Sie mir bitte noch einmal sagen, an welcher Station wir uns getroffen haben?«, fragt er.
　»In Zürich. Am Flughafenbahnhof«, antworte ich.
　»Dann sind Sie meine erste Freundin vom Flughafen«, lässt er mich erfreut wissen, und ein breites Lächeln erfüllt sein Gesicht.

Etwas an ihm rührt mich.
　Lässt mich weich werden.

»Wenn ich fragen darf, wohin genau fahren Sie?«, möchte er wissen.
　»Nach Bern, zur Universität«, gebe ich bereitwillig Auskunft.
　»Und warum, falls man erfahren kann?«, fragt er.
　»Ich bin Dozentin«, erwidere ich.
　»Und was genau, wenn möglich, lehren Sie dort?«, fragt er.
　»Literatur«, antworte ich.

»Ich liebe Bücher, mag sie wirklich, wirklich gern.« Er ist ganz aufgeregt. »Sogar mein Arzt hat mir ein Buch gegeben.« Er zieht ein Lesebuch aus seinem Rucksack. »Dieses Buch habe ich im Dezember 2017 zu lesen begonnen und ihm versprochen, es bis zum Dezember 2020 beendet zu haben. Es hat einhundertvierundsiebzig Seiten, und ich bin schon auf Seite siebenunddreißig.«

Er verstaut das Buch wieder, und in seinem Gesicht zuckt etwas, das sich als Lächeln auslegen lässt.

»Und worum geht es in dem Buch?«, frage ich.

Plötzlich bin ich es, die fragt.

»Vor dem Unfall war ich hochbegabt. Aber jetzt nicht mehr«, erwidert er, und für einen Moment erstickt es ihm die Stimme. »Ich bin noch immer gut in Algorithmen und komplizierten Gleichungen«, sagt er. »Der Arzt hat mir erklärt, der Teil, der für exakte Wissenschaften zuständig ist, sei nicht betroffen, und so kommt es, dass ich nur ein halber Einstein bin.« Er lächelt, und eine leichte Röte steigt ihm ins Gesicht.

»Seit dem Unfall verstehe ich nicht mehr, was in Büchern steht. Sie wissen ja sicher, dass sich Worte nicht multiplizieren oder ins Quadrat setzen lassen. Aber trotzdem besteht mein Arzt darauf, dass ich Bücher lese. Er sagt, Literatur sei noch eine Form von Realität, genau wie die Mathematik und auch die Physik.« Plötzlich sackt seine Stimme ab, und mir scheint, er versinkt.

Was genau ist seine Geschichte?, frage ich mich erneut.

»Darf man fragen, woher Sie sind?« Wieder aufgetaucht, wendet er sich mit einer weiteren Frage an mich.

»Aus Israel«, erwidere ich.

»Israel!« Er ist begeistert. »Scuds, Katjuschas, Sagger ... Ich kenne alle Raketen, die euch da um die Ohren fliegen. Vielleicht glauben Sie mir nicht, aber das ist genau, was mir passiert ist, eine Rakete ist in mein Gehirn eingeschlagen. Ich habe einen großen Bumm gehört, und danach war alles neu und alles anders. Habe ich Ihnen schon gesagt, dass ich Experte für Raketen bin?« Er lächelt mir zu. »Und auch für Kriege«, flüstert er.

Zuhören, bloß zuhören, sage ich mir.

Und reiße mich zusammen, um nicht mit erstaunten Blicken zu reagieren, mit hochgezogenen Augenbrauen oder – Gott bewahre – einem skeptischen Lächeln.

»Wegen all der Kriege auf der Welt wussten meine Ärzte auch, wie sie mich behandeln müssen, Sie wissen ja sicher, dass viele Soldaten Kopfverletzungen erleiden.« Er spricht und fasst sich an den Kopf. »Ich habe im Fernsehen gesehen, es gibt in Israel viel Krieg, viele Kopfverletzungen und viele gute Ärzte.«

Wo er recht hat, denke ich.

»Eines Tages werde ich nach Israel kommen«, eröffnet er mir. »Aber ich darf nicht fliegen. Der Arzt hat mir gesagt,

mein Gehirn könnte explodieren wegen des hohen Luft-
drucks im Flugzeug.« Und dann verstummt er, vergräbt die
Hände in den Taschen seines Jacketts und zieht sich in sich
selbst zurück.

Sein Blick ist verschlossen.
    Er ist nicht mehr bei mir.
    Schweigen.
    Ich habe die Seite gewechselt, hoffe, dass er weiter zu mir
reden wird, verfolge seine Bewegungen und sein Mienen-
spiel und denke, wie schnell ich mich von seinen Illusionen
habe aufsaugen lassen.

Es vergehen weitere zehn schweigsame Minuten, und der
Zug hält erneut außer Plan.

»Olten«, verkündet er wie zuvor laut. »Auch hier hatte ich
mal eine Freundin.« Er redet wieder zu mir. »Das war vor
dreizehn Jahren und zwei Monaten. Ich habe sie sehr geliebt, aber dann ist etwas Bedauerliches passiert. An ihrem
Geburtstag bin ich an der falschen Station ausgestiegen und
nicht zu ihrer Party gekommen. Am nächsten Tag habe ich
ihr erzählt, ich hätte die Station verpasst und sei deshalb
nicht da gewesen, aber sie hat mir nicht geglaubt. Hat mich
einen Lügner genannt, einen Verräter. Ich habe es nicht geschafft, sie zu überzeugen, dass sie sich irrt, dass ich kein
Lügner und ganz sicher kein Verräter bin, sondern nur
jemand, der sich nicht erinnert. Aber sie wollte mich nicht
mehr sehen, und so war es vorbei. Ich habe sie geliebt«, sagt
er und ballt die Hände zu Fäusten, als hielte er darin den

Schmerz fest. Auch seine Lippen und sein Blick bringen seine Not zum Ausdruck.

Mein Herz fühlt mit ihm.

»Und heute haben Sie eine Freundin?«, frage ich, um ihn aus seinem Schweigen zu locken.

Er löst die geballten Hände, greift nach seinem Mobiltelefon.

»Sehen Sie, das ist meine Frau, sie ist aus Thailand.« Er zeigt mir ihr Bild.

»Sie ist die Einzige, die alle meine Geschichten mag. Sie liebt es, dass ich ihr ständig dieselben Geschichten erzähle, sie sagt, dank meiner Geschichten habe sie Deutsch gelernt. Bei ihr ist alles positiv.« Endlich leuchten seine Augen.

»Wirklich hübsch«, sage ich beim Anblick der jungen Frau in Jeans und Sportschuhen, die berückend lächelt.

»Und wo wohnen Sie?«, frage ich.

»Das ist wunderbar, dass Sie fragen«, sagt er zu mir. »Aber Verzeihung, was war die Frage?«

Ich wiederhole die Frage.

»Ich wohne in einem Haus mit meiner Mutter und meinem Vater zusammen. Sie wissen sicher schon, dass auch meine Mutter einen Plastikschädel hat?«

Das Lächeln, das sich beinahe auf meine Lippen legt, ist auf einen Schlag gelöscht.

»Zwei Wochen nach meinem Unfall ist auch meine Mutter vom Fahrrad geflogen. Bei ihr war es ein selbstverschuldeter Unfall, ihr Kopf ist gegen einen Baumstamm geknallt, und so kam es, dass man uns im selben Krankenhaus behandelt hat, sogar auf derselben Station. An dem Tag, an dem ich aufgewacht bin, haben die Ärzte gebeten, ich solle zu ihr sprechen. Sie haben begriffen, nur ich weiß, wie das ist, im Koma zu liegen.«

»Und wie ist das?« Ich möchte weiter mit ihm durch das Dämmerreich wandern.

»Weiß nicht, wie soll ich das wissen?« Er ist verwundert über meine Frage. »Ich bin ein normaler Mensch, habe bloß einen Schlag auf den Kopf gekriegt.« Er stutzt mich zurecht. »Aber sagen Sie«, er schaut mich fragend an. »Habe ich Ihnen schon erzählt, dass meine Mutter und ich genau dieselbe Kopfverletzung haben und dass wir uns an genau dasselbe nicht erinnern?«

»Was soll das heißen, an genau dasselbe nicht erinnern?« Ich möchte wirklich verstehen.

»Ich habe da ein richtig gutes Beispiel«, antwortet er eifrig. »Meine Mutter erinnert sich, dass ihre Enkel neun und dreizehn Jahre alt sind, und ich erinnere mich, dass sie sechs und acht sind.«

»Sie haben Kinder?!«, frage ich.

»Sicher, zwei, eine Tochter und einen Sohn.«

»Und wie alt sind die tatsächlich?«, frage ich.

»Ich sagte doch bereits, das hängt davon ab, wen Sie fragen.« Erneut ist er verwundert über mich.

»Hier, das sind sie«, er zeigt mir eine ganze Fotoserie auf dem Mobiltelefon.

Ich betrachte die schrägäugigen Kinder, die in die Kamera lächeln.

»Jeden Morgen bringe ich sie in die Schule, und nach dem Unterricht nehme ich sie mit in die Bücherei und auf den Spielplatz. Ich nehme sie nur mit zu Orten, wo ich früher auch war. Nur so finde ich mich zurecht. Deshalb bin ich im Haus mit meinen Eltern wohnen geblieben. Haben Sie Eltern?« Möchte er wissen.

»Nicht mehr«, antworte ich.

»Warum, was ist passiert?« Er wird traurig.

»Sie sind gestorben«, sage ich.

Ihm treten Tränen in die Augen.

»Das tut mir leid«, sagt er, und die Tränen fließen.

»Es ist schon lange her.« Ich ertappe mich dabei, wie ich ihn tröste, ein Taschentuch raushole und ihm reiche.

»Nein, danke, meine Tränen trocknen schnell.« Er gibt mir das Taschentuch zurück und wischt die Tränen mit dem Ärmel seines Jacketts fort.

»Vielleicht kann ich Ihnen eine Banane anbieten, ich reise immer mit vier Bananen«, tröstet er mich auf seine Weise.

Ich danke ihm und schlage anstatt der Banane vor, ihn auf einen Kaffee in den Speisewagen einzuladen.

»Aber dafür sind wir schon zu spät dran, in sechs Minuten erreichen wir Bern«, sagt er. »Und außerdem, Kaffee ist heiß, und ich darf nichts Heißes trinken. Bei dem Unfall hat mein Thermostat etwas abbekommen. Ich esse und trinke nur Lauwarmes, so bin ich, nicht heiß, nicht kalt, lauwarm.« Er lacht laut.

Sein Lachen durchbricht die Stille.

Ich schaue mich um und bin überrascht festzustellen,

dass der Waggon beinahe bis auf den letzten Platz gefüllt ist und alle Fahrgäste in ihre eigene Welt versunken scheinen.

Nur er und ich halten uns in der Illusion auf, führen ein angeregtes Gespräch.

Seine Aufrichtigkeit und Verletzbarkeit bewegen mich, und ich mag diesen Mann bereits.

»Ach übrigens, woher haben Sie Ihr gutes Englisch?«, frage ich, ihm ein Kompliment für seine Fremdsprachenkenntnisse machend.

»Was, habe ich Ihnen nicht gesagt, dass ich ein Genie war?« Erneut ist er verwundert über mich.

»Doch, haben Sie, sicher«, erwidere ich.

»Ich bin ein Genie«, flüstert er bei sich, und das breite Lächeln, das sich auf sein Gesicht legt, beglückt auch mich.

Der Zug nähert sich dem Bahnhof Bern, und er verfällt in ein Wortstakkato. »Es war mir sehr angenehm mit Ihnen. Ich rede gerne, stelle gern Fragen und liebe es, wenn man mir Fragen stellt, und das ist genau, was mir mit Ihnen passiert ist. Von jetzt an werden Sie immer daran denken, dass auch gute Dinge passieren können, wenn der Zug mal liegenbleibt, und sehen Sie nur, der Regen hat aufgehört, und die Sonne ist rausgekommen, und das mitten im Winter. Und bitte, keine Eile mehr.« Die Worte ergießen sich nur so aus ihm. »Und sagen Sie mir, ich habe Ihnen doch gesagt, dass ich Literatur liebe? Und ich habe Ihnen auch erzählt, dass ich nach Israel kommen und Soldaten treffen möchte, die eine Kugel in den Kopf bekommen haben? Und denken Sie, ich könnte auch zu einer Vorlesung von Ihnen an die Universität kommen?«

Der Zug fährt in den Bahnhof ein.

»Sie sind jederzeit willkommen«, beteuere ich.

Der Zug kommt langsam zum Halten, wir erheben uns von unseren Plätzen.

»Und keine Eile«, bittet er erneut.

Ich verspreche es.

Der Zug hält.

Die Türen öffnen sich.

Wir steigen aus.

»So, ich muss jetzt gehen, ich würde mich freuen, wenn Sie zu einer Vorlesung kommen«, sage ich, befördere eine Visitenkarte zutage und einen Stift und bin schon im Begriff, ihm einen Tag, Uhrzeit und Adresse zu notieren.

»Aber könnten wir uns vorher umarmen?«, fragt er.

»Natürlich.« Ich breite die Arme aus, und er kommt näher. Gibt sich dem hin wie ein Kind. Aber plötzlich, wir sind noch in der Umarmung, löst er sich von mir, schaut mich mit einem verschämten Lächeln an und fragt: »Sagen Sie mir, warum umarmen wir uns?«

Ich suche nach einer behutsamen und treffenden Antwort. »Weil wir schon ein bisschen Freunde sind«, sage ich schließlich.

Er schaut mich an, sein Blick leert sich, seine Hände wühlen in dem Rucksack und ziehen erneut sein Schreibheft hervor, blättern darin.

Um uns herum herrscht der übliche Trubel auf einem Bahnhof, Leute steigen ein und aus und bevölkern den Bahnsteig.

Als er die Seite endlich gefunden hat, nach der er sucht, wendet er sich an eine Frau, die gerade aus dem Zug steigt.

»Verzeihung«, höre ich ihn auf Deutsch zu ihr sagen. »Ich hoffe, Sie haben es nicht eilig.«

Sie schaut entgeistert.

Ich auch.

»Hier steht, ich muss zum Haus von Albert Einstein. Vielleicht können Sie mir sagen, in welche Richtung ich da gehen muss.«

Geduldig und höflich erklärt sie ihm den Weg.

»Jedes Jahr Mitte November fahre ich zu ihm«, erzählt er ihr, und mich beschleicht der Verdacht, dass genau in diesem Moment seine Geschichte wieder von vorne beginnt.

Ich bleibe stehen, wo ich bin, und versuche, trotz des Lärmpegels dem Gespräch der beiden zu folgen, aber dann erinnert mich eine Benachrichtigung auf meinem Telefon daran, dass meine Vorlesung in genau acht Minuten beginnt und ich mich gehörig sputen muss, um nicht zu spät zu kommen.

He, du, sage ich mir, nur keine Eile.

Schon auf der Rolltreppe, unterwegs ins Straßengewirr der Stadt, werfe ich einen kurzen Blick zurück.

Der Zug hat den Bahnhof bereits verlassen, und auf dem Bahnsteig ist niemand mehr, die Frau nicht und auch jener junge Mann nicht, nur ein winterlicher Sonnenstrahl, der meine Augen blendet und mein Herz bewegt.

Aus dem Hebräischen von Markus Lemke

Kommando Dürrenmatt

*D*as geit es Zytli, Mila.

Mila fuhr mit dem rechten Zeigefinger über den Verschluss der Waffe, um das überflüssige Öl zu entfernen. Dann zeichnete sie ein fettiges V auf die Betonwand des Kellers, um sich abzuwischen; sie betätigte den Ladehebel, versicherte sich, dass die Patronen gut sichtbar waren, ihre kupferverkleideten Bleikegel, ihre Messingfassung. Das Sprechfunkgerät knisterte auf ihrer Brust.

Ihr müsst über die Schanze, dann runter, durch die Unterführung bis zur Aare und –

Man kann auch beim Henkerbrünnli hinunter. Unter der Fahrbahnplatte der Eisenbahnbrücke hindurch. Am Botanischen Garten entlang.

Wir wissen nicht, wer gerade in der Reitschule die Stellung hält. Und es gibt Schützen im Blutturm. Es ist unübersichtlich.

Mila rückte ihre Maske zurecht, zog an den Plastikbändern, sie atmete mühsam. Mit einem Mal war ihr heiß. Scheißding. Sie nahm sie ab. Löste die Filterpartie heraus. Ein khakifarbener Schaumgummiring, wie ein kreisförmiger Schwamm, den sie ausschüttelte, um ihn zu reinigen.

Sie würden uns bald andere liefern, sagen sie. Einstweilen muss man sie aufsetzen. Man weiß nicht, wem man begegnen kann. Sehr unangenehm, so über Funk zu sprechen.

Ich bin wahrscheinlich immun, so lange, wie das schon dauert. Na ja, man weiß nie.

Also, wann? Ich bin bereit.

Sobald es dunkel ist. Ihr nehmt einen Karren, ein Netz und ein Spezialgewehr mit.

Bist du sicher?

Ja. Zu dritt solltet ihr den Wagen ziehen können.

Wie schwer ist das, was meinst du? Hoffentlich schaffen wir es rasch wieder zurück …

Keine Ahnung.

Womöglich werden wir einen ganzen Tag irgendwo in einem Versteck hocken und auf die Nacht warten müssen. So ein Scheißauftrag.

Du hast dich freiwillig gemeldet, Mila.

Ja, natürlich. Aber es ist trotzdem ein Scheißauftrag, tut mir leid!

Wir lieben die Tiere.

Mila befestigte ihr Funkgerät auf der Brust, stieg hinauf ins Freie, lief ins halb zerstörte Universitätsgebäude, erklomm das, was von der majestätischen, an manchen Stellen geschwärzten, an anderen zusammengeflickten Treppe noch übrig war, die wie durch ein Wunder noch bis ins erste Stockwerk reichte; um ins zweite zu gelangen, musste man sich eine wackelige Metallleiter hochhangeln, die zwischen zwei Platten einer aufgerissenen Geschossdecke eingeklemmt war. Das Funkgerät begann an ihrer rechten Brust zu vibrieren.

Frisch, Frisch, hier Dürrenmatt.

Sprechen Sie, Dürrenmatt.

Wo bist du?

Ich steige mit dem Feldstecher für eine Erkundung aufs Dach von Bau A.

OK, *verstanden, Frisch.*

Mila fragte sich, wieder einmal, wer auf die alberne Idee mit diesen idiotischen Codenamen gekommen war. Sie traf auf eine Wache in ihrer Winteruniform, makelloses Perlgrau, unmöglich, ihr Gesicht zu erkennen hinter der Maske; sie begrüßte sie mit einem Ellbogenstoß.

Das Schieferdach war eingestürzt, nachdem es während der Schlacht um die Länggasse mit voller Wucht von einer Granate getroffen worden war. Einzig die falschen Kolonnadenbalkone beidseits einer kopflosen Statue der Weisheit oder des Wissens waren noch vorhanden, über der fast unleserlichen Inschrift *Universitas Litterarum Bernensis* mit verbranntem *-nensis*. Durch das fehlende Dach war hinter der Statue der Alma Mater eine Art Pforte aufgegangen; Mila schlängelte sich am Geländer entlang bis zu der kleinen Beobachtungsplattform. Sie streckte sich aus und holte den Feldstecher aus der Tasche. Die Aare rollte ihre smaragdene Schlinge aus, die Alpen schimmerten wie blendende Diamanten; Milas Feldstecher erfasste die durch eine 75-Millimeter Granate aufgerissene Kuppel des Bundeshauses, die sie mit ihrem geschwärzten Polyphemauge ihrerseits belauerte – ehemals glatt und grün, war die Kuppel jetzt gewellt und bläulich, vom Brand zerfetzt wie von den Klauen eines Drachens, dessen Leib die Nordseite des Platzes unter sich begraben hatte, der durch die Bombardements, welche die Altstadt vom Gurten aus verwüsteten, zerstört, plattgewalzt, eingeebnet worden war. Die Trümmer veränderten die Geographie des Zentrums: die Haufen schufen neue Straßen, Sackgassen und Winkel, alle noch in der Hand der Loyalisten, wie viele von ihnen konnten noch übrig sein, kaum ein paar hundert, von Schüttelfrost geplagt unter den Attacken des Virus, zurückgeworfen auf den Zustand kranker, aber gefährlicher Kakerlaken, jederzeit bereit, einen unter Beschuss zu nehmen, kaum dass man auf dem Fluss an ihnen vorbeizukommen oder ihre kaputte, aber immer noch uneinnehmbare Zitadelle zu stürmen versuchte. Bloß die Schmuggler wagten es, bei Nacht etwas Frachtgut auf der Aare von Thun nach Solothurn zu flößen, wo sich die Straßen auf dem menschenleeren Land verloren. Seit Beginn des Bürgerkriegs galt zwischen den verschiedenen Lagern das Gesetz des Stärkeren, doch der wahre Herr und Meister war das Virus, ein König, dessen Willkür die deutsch-französische Invasion ausgelöst hatte, um den Schweizer Hochmut zu brechen und alles, was an gesundheitlichen, militärischen und wirtschaftlichen Katastrophen darauf gefolgt war. Das Virus war immer noch da, aktiv, unsichtbar wie eine Schlange, deren Biss durch eine Art russisches Roulette des genetischen Zufalls einen in wochenlangem Fieberbrand zu Boden werfen oder über einen hinwegstreichen konnte wie der Atem eines Ungeheuers, ohne weitere Schäden als die Abscheu. Mila versuchte, die Bewegungen im Osten der Altstadt auszumachen, auf der anderen Seite des Grabens, den sie diese Nacht, koste es, was es wolle, erreichen mussten, bevor sie zurückzukehren versuchten, ohne den brutalen Loyalisten in die Hände zu fallen oder die verirrte Kugel eines im Hinterhalt liegenden Schützen einzufangen – seit die italienischen Blauhelme die Anhöhen im Süden und im Norden hielten, verringerte sich die Möglichkeit, einen Mörser abzukriegen, glücklicherweise beinahe auf null. Das wahre Problem aber würde die Ladung sein.

Mila seufzte, auf einmal hatte sie Hunger. Es blieben noch vier Stunden Tageslicht; sie würde etwas essen gehen, ein wenig schlafen und sich vor dem Treffen mit dem Veterinär fertigmachen können. Warum hatte sie diesen Auftrag angenommen? Wahrscheinlich weil sie in Bern aufgewachsen war und sich in all den Jahren ihrer Kindheit an diesen Bärengraben und die Bären darin erinnerte. Es war nur noch einer übrig, und noch dazu in schlechter Verfassung – eine Bärin mit stellenweise abgelöstem, versengtem Pelz, die überlebt hatte, indem sie weiß Gott was fraß, seitdem ihr Park zum *no man's land* geworden war, zu einem verlassenen Bezirk zwischen drei oder vier verschiedenen Fraktionen. Die schrecklichsten Gerüchte betrafen natürlich die Loyalisten, von denen man, was Mila kaum glauben konnte, erzählte, dass sie gefangene Feinde in den Graben warfen, damit die ausgehungerten Bären sie zerfetzten, wenn sie sie nicht tatsächlich fraßen.

Grauenvolle Geschichten, ob wahr oder unwahr, hörte man tagtäglich seit fast zehn Jahren, solange der Krieg dauerte. Zehn Jahre Virus. Mila hatte vor fünf Jahren zu den Waffen gegriffen, und sehr zu ihrem Leidwesen begann ihre Haut nach jener Mischung aus Gewehrfett, geschmolzenem Käse und Angst zu riechen, die der Geruch der Soldaten im Winter ist, Männer und Frauen ohne Unterschied.

Mila verstaute den Feldstecher, las die Zeit an der Sonne ab, ein leuchtender Fleck am eintönig grauen Himmel, die bald untergehen würde hinter den Hügeln Richtung Neuenburgersee, und sie beneidete sie ein bisschen. Sie, Mila, würde sich fertigmachen und ausrüsten müssen, um auf Bärenjagd zu gehen.

Frisch, hier Dürrenmatt.

Sprechen Sie, Dürrenmatt. – Mila war inzwischen zur Basis hinuntergegangen, einem vormaligen Supermarkt, ein paar Stockwerke unterhalb der stillgelegten Gleisanlagen.

Mein Gott, Mila, bist du bereit für diese Nacht? Was für ein Auftrag! Wir beneiden dich!

Alex, du bist ein Sauhund, Ende.

Frisch, bring uns ein Ohr zurück, Ende.

Leck mich, Alex. Ende, Dürrenmatt.

Sie wollte den Funk schon abstellen, doch natürlich war das nicht möglich. Sie aß in Gesellschaft von Rekruten ein Käsesandwich mit Bündnerfleisch und fragte sich, wie wohl Bärenfleisch schmecken mochte. Gut, der Auftrag war, ihn lebend zurückzubringen. *Sie* lebend zurückzubringen, Pardon. Was für eine Idee. Die ganze Stadt durchqueren, sich in Todesgefahr begeben, um eine ausgemergelte Bärin zu betäuben, der man kurz vor ihrem Winterschlaf Kriegsgefangene zum Fraß vorgeworfen hatte, und sie in einem Karren hierherzuschleppen. In der Hoffnung, dass sie wirklich stark abgenommen hatte. Eine Frage der Symbolik, haben die Chefs gesagt. Es ist die Seele der Stadt, was wir uns da schnappen, Leute. Seid euch dessen bewusst. Eine kleine Mannschaft. Kommando Bärli, hatte Alex gewitzelt. Wir haben für euch einen Veterinär aufgetrieben, hat der

Chef gesagt. Es wird also ernst! Alex lachte sich schief. Wir dachten, die Bären wären in den Fluss abgehauen, die Bombardements hätten in die Wände des Bärenparks Breschen geschlagen. Ein Bär kann schwimmen. Wir könnten sie in einem Schlauchboot hierherbringen, das wäre einfacher. Wir laden sie bei der Lorrainebrücke aus und fertig. Es bleibt nur Ursina, die beiden anderen sind von loyalistischen Snipern vom Münsterturm aus abgeschossen worden. Dreckskerle von Loyalisten, die achten nichts! Doch, Ursina haben sie schließlich in Ruhe gelassen. Die Aare ist schwierig, es bräuchte ein richtiges Schiff – man kann sicher sein, dass sie auf einen losballern. Sie stehen Wache, wegen des Schmuggels. Alles, was sich nicht lohnt, wird versenkt. Keinerlei Aussicht, über die Aare durchzukommen, unmöglich, die Untertorbrücke ohne einen Kugelhagel zu passieren, selbst nachts. Der Bär muss auf dem Landweg zurückgebracht werden. Das heißt aber mitten durch Feindesland. Man könnte vielleicht eine Waffenruhe mit den Piraten aushandeln.

Die Piraten waren deutsche Irreguläre, die das Quartier des Kasinos und den Altenberg hielten, seit die Leftisten sie vom rechten Aareufer weitgehend vertrieben hatten, denn sie (die Leftisten) wurden in ihrer Nachhut ihrerseits vom Jurassischen Aufstand bedrängt, der von den Franzosen unterstützt wurde und fast das ganze Gebiet zwischen Biel und Freiburg unter Kontrolle hatte.

Es war keinerlei Waffenruhe möglich mit den Piraten, deren Chef, ein blutjunger Skater namens Jorn, ebenso käuflich wie unnachgiebig, sich bereits dreimal, so hieß es, mit dem Virus angesteckt hatte und wie durch ein Wunder damit fertig geworden war, mit einer rauhen Bierbass-stimme als einziger Nachwirkung: Er ließ sich von seinen Leuten jetzt »Drätti« rufen. Man hatte nach der zweiten Schlacht beim Wankdorfstadion schon eine Heidenmühe gehabt, den Abtransport der Verwundeten quer durch die feindlichen Linien zu organisieren – es kam nicht in Frage, sie für diese Bärengeschichte um irgendetwas zu bitten.

Mila erinnerte sich an die Schlacht beim Wankdorfstadion, lang und heftig, gegen die Franzosen und ihre Milizen – viele Waffengefährten waren gefallen, doch die Stadt hatte standgehalten. Dank uns lebt der Geist von Bern fort, dachte Mila; nach und nach machten sich die Leftisten zu den Herren der Quartiere, die ihnen noch fehlten, und heute, mit dem Fang der Bärin, würde das haarige Herz der Stadt in ihren Reihen pochen. Eines Tages würden sie den belagerten Loyalisten das Stadtzentrum entreißen, und die bernische Utopie würde zu neuer Blüte erstehen, *Gleichheit, Genügsamkeit, Klima,* ein Ort, wo es sich angenehm leben ließe, wenn nur das Virus endlich Ruhe gäbe. Wie in der guten alten Zeit des Gaskessels und der Dampfzentrale, der ach so fernen … Diese Stadt hat immer zwischen bürgerlicher Zentralität und utopischer Inbrunst geschwankt, dachte Mila, während sie kontrollierte, wie viel Munition sie in ihrem Gepäck hatte. Letzten Endes hatte sich der Militärdienst als eine Quelle nützlicher Unterweisungen erwiesen. Sie versicherte sich, dass ihre Ausrüstung vollständig war; das schwere Sturmgewehr Stgw 90 war ihr bester Freund – präzise, leistungsfähig, ideal für den Straßenkampf, trotz seines Gewichts. Mit der Zweibeinstütze verwandelte es sich sehr einfach in ein ausgezeichnetes Sniper-Gewehr mit bis zu sechshundert Metern Reichweite; im Dauerfeuermodus würde es einen Elefanten in vollem Angriff stoppen. Oder einen Bären.

Frisch, hier Dürrenmatt, sprechen Sie, Frisch.

Hier Frisch, an Sie, Dürrenmatt.

Frisch, Ihre Mannschaft ist bereit und erwartet Sie am Treffpunkt.

Verstanden, Dürrenmatt, ich bin gleich da, merci vielmal.

*****

Den Weg über die Anhöhen nehmen, am Rand des Sektors der Piraten, dann weiter am Rosengarten und Schönberg entlang, um schließlich über die lange, anscheinend seltsam unversehrte Treppe abzusteigen, die bis zur Aare und zum Bärengraben hinunterführt. Alex hatte am Ende eine gute Idee gehabt – die Eröffnung einer Ablenkungsoffensive beim Einnachten, Richtung Bundeshaus, hatte die Truppen der Loyalisten auf jener Seite der Stadt zusammengezogen und ihre Reihen auf der anderen Seite gelichtet.

Schweigend durch die erloschene, von Wolken verdunkelte, mondlos einer ewigen Ausgangssperre ausgelieferte Stadt marschieren, die einzig die Nachtbrillen, mit denen sie ausgerüstet waren, zu durchdringen vermochten, langsam marschieren, dabei einen Karren ziehen, der mit seinen perfekt geschmierten Achsen und den sehr präzise aufgepumpten Pneus völlig lautlos voranrollte – der Veterinär schob ihn an den beiden Metalldeichseln vor sich her wie eine große Karrette, die neben dem Erste-Hilfe-Material ein

Betäubungsgewehr enthielt. Mila ging voran, rund fünfzig Meter vor den anderen Teilnehmern der Expedition. Ein junger Rekrut (ein Blondschopf, auf der Stirn ein »peace & love«-Tattoo) bildete das Schlusslicht. Sobald sie in die Nähe einer Kreuzung oder einer Stelle ohne Deckung kamen, kniete Mila nieder, nahm sich Zeit, sich zu vergewissern, dass kein Hinterhalt vorhanden war; es sah aus, als ob alles, was Bern an Spähern und Wachposten zählte, anderweitig beschäftigt wäre.

Codename: Operation Robert Walser. Mila fragte sich, ob es bei Walser Bären gäbe. Sie erinnerte sich bloß an die etwas düsteren Läden in Biel, an eine tiefe Melancholie, winzige Erzählungen, die mit Bleistift hingekritzelt waren. Biel war in den Händen des Jurassischen Aufstands. Die Franzosen hatten gewagt, was selbst Napoleon zu unternehmen nicht den Mut gehabt hatte. Juraverräter! Pruntrut hatte sich kampflos ergeben. Genfer Verräter! Genf hatte sich nach einer letzten fiebrig fröstelnden Abstimmung mit erhobenen Händen vor der Kathedrale Sankt Peter hingegeben, maskierte und hüstelnde Genfer, ihre Grandhotels am Seeufer quollen über von Kranken und Greisen, die schon mit einem Bein im Grab standen. Zum Glück war das Französisch-Deutsche Bündnis an der Berner Mauer abgeprallt. Die Jugend und die Politik! Die Linke! Die Lebenskräfte der Schweiz. Eines Tages, sinnierte Mila im Gehen, werden sie aus der ganzen Welt hierherströmen, Frauen und Männer voll guten Willens, die Utopie mit ihren neuen Ideen und ihrer Arbeitskraft zu nähren. Der Bund der Reisenden, der Träumer und Erfinder!

Ein plötzliches Geräusch, genau vor ihr, warf sie zu

Boden, in den Rinnstein am Rand eines von Gras überwucherten Trottoirs. Hinten blieben auch ihre Gefährten unverzüglich stehen. Mila hörte, dass sie sich wie sie auf den Asphalt fallen ließen. Sie nahm ihren Feldstecher. In der Nachtsicht zeichnete sich etwa einhundert Meter vor ihr eine graue Mauer ab. Große Gebäude, Villen, Luxuswohnblöcke, Jungbaumtriebe, Dornenranken … Sie klappte lautlos die Zweibeinstütze auf, ersetzte den Feldstecher durch das Zielfernrohr. Eine Bewegung im Dornengestrüpp. Dunkelgrau unter Hellgrau. Verschiebungen zwischen der Straße und den kleinen, von Wildwuchs überwucherten Gärten, die einen grauen pflanzlichen Wandschirm bildeten, hinter dem ein ebenso graues Schattentheater im Gange war. Eine Patrouille, die sich auf sie zubewegte? Milas Herz begann heftiger, schneller zu schlagen. Ihre linke Brust war durch den Asphalt zusammengedrückt, sie richtete sich ein wenig auf, behutsam, um sich den Ellbogen unter die Rippen zu schieben, in Schussposition, die linke Hand unterm Lauf, den Zeigefinger am Abzug, den Gewehrkolben an der Schulter.

Sie wusste, wenn sie schoss, war es vorbei mit dem Auftrag und, wer weiß, auch mit ihrer Freiheit, ja sogar mit ihrem Leben. Ein Scharmützel an den Gebietsgrenzen würde alle Welt zusammentrommeln. Die Treppe zum Bärenpark hinunter musste etwa hundert Meter entfernt sein, rechter Hand. Sie war bestimmt von Vegetation überwachsen. Die Drohne, die Alex zur Aufklärung losgeschickt hatte, hatte sie nicht einmal wirklich ausmachen können, obwohl im Winter kein dichtes Blattwerk vorhanden war. Das sagte alles.

Mila sah im Zielfernrohr deutlich eine menschliche Gestalt, die gebückt zwischen den Büschen über den Hang vorrückte, gefolgt von mindestens drei anderen, gleichartigen Schatten. Sie prüfte nach, ob der Schalldämpfer richtig am Gewehrlauf festgeschraubt war – doch selbst mit dem Schalldämpfer ... Als erfahrene Kämpferin setzte sie sich ein Limit, eine gedankliche Schranke, ab der sie das Feuer eröffnen würde, um sich nicht in unschlüssigem Hin und Her zu verlieren. Wenn sie die erloschene Straßenlaterne passieren und auf mich zusteuern, schieße ich auf den Ersten und den Letzten. Milas Idee war es, mit den Schüssen mindestens zwei Soldaten zu verwunden, Schlag auf Schlag, sehr schnell, damit das Durcheinander und die Schreie ihre geordnete Flucht nach rechts decken würden und sie diesen Scheißkarren die Treppe hinunterwerfen könnten und sich selbst hinterher oder sogar in ihn hinein, so schlimm, wie es schon um sie stand. Sie musste dringend ihre Kameraden warnen, damit sie zu laufen begannen, sobald sie die drei *Plops* des Schalldämpfers und das Geheul der Verwundeten vernahmen.

Sie tippte sehr rasch eine Textnachricht in ihr Funkgerät: *Hear silenced shots run right.*

Die Gestalten vor ihr machten ein seltsames Geräusch, riesige Igel, die in einem Haufen von dürrem Laub herumwühlten. Mila starrte in ihr Zielfernrohr, bis es ihr wie Schuppen von den Augen fiel. Verdammt, Wildschweine! Eine Schweinepatrouille. Das größte war aus dem Dickicht herausgetreten und kam jetzt auf der Straße daher, den Teer beschnüffelnd, ohne zu merken, dass es soeben einer 5.56er-Kugel ins Rückgrat entgangen war. Mila stand auf, klappte das Zweibein zusammen. Sie hob einen Stein auf und warf ihn wütend dem dicken Tier entgegen, sie hatte Angst gehabt. Der beleidigte Keiler grunzte, zeigte sein Gewaff und trottete zu seiner Familie hinauf.

Alle Gebäude an dieser prächtigen Straße waren unbewohnt. Kliniken, Anwaltskanzleien, Wohnsitze hoher Beamter oder Residenzen von Diplomaten, alle zerstört, *getaggt*, besetzt von diesem Borstenvieh, niedergebrannt, bombardiert, der Charme der Demarkationslinien. Überall Brandspuren. Die von Granaten oder Maschinengewehren geköpften Bäume, mitleiderregend, blattlos.

Mila nahm einen Augenblick ihre Maske ab.

Dicke, salzige Schweißtropfen rannen ihr von der Stirn zu den Lippen hinunter. Der Veterinär kam auf sie zu, sie setzte die Maske wieder auf.

Putain, quelle Schiss, ich hab wirklich geglaubt, wir wären aufgeflogen, flüsterte der Veterinär in seiner merkwürdigen Sprache, einer Mischung aus Deutsch, Berndeutsch und Französisch. Früher Tierarzt im Zoo von La Chaux-de-Fonds, war er zu den bernischen Leftisten übergelaufen, zu Fuß über die Berge, als die Franzosen in den Kanton Neuenburg eingefallen waren.

Ich auch, sagte Mila. Ich auch. Los, weiter.

Sie hoffte, es möge niemand auf die Idee gekommen sein, auf der Treppe Minen zu verstecken.

Sie schickte eine Nachricht an die Basis,

vor der Treppe, bis jetzt geht's,

die sie mit dem Code der Expedition unterschrieb:

Robert Walser,

worauf Alex sofort antwortete,

Merci Bärli Walser, ihr habt's fast geschafft,
was sie wütend machte.

Die Nacht und die Verwilderung verbargen das Panorama der Stadt – Mila entsann sich nicht mehr, ob man von hier aus einst eine Aussicht auf die Stadt gehabt hatte; sie erinnerte sich an ein Café, etwas weiter weg, hinter dem Bärengraben, mit einer Terrasse. Sie war seit dem Beginn der Pandemie nicht mehr hier vorbeigekommen. Als sie mit einem Buch, einem Handy, einer Handtasche herumspazierte und nicht mit einem Sturmgewehr, einem Militärfunkgerät, einem Bärenkarren und einem Veterinär.

Der Grünschnabel kratzte sich ingrimmig an den Eiern, den Oberschenkeln und am Bauch.

Ich glaub, ich hab Filzläuse eingefangen, das ist doch crazy, im 21. Jahrhundert.

Mila seufzte, gab ihm zu verstehen, dass ihr das alles stinkegal war, seine Schamhaare so gut wie die Tierchen, die sie beherbergten. Das einzige Tier, das zählt, ist der Bär, und der Auftrag. Und Klappe! Setz deine Maske wieder auf. Wir steigen hinunter. Du gibst uns hinten Deckung. Gewehr geladen, aber gesichert, o.k.? Keine Lust, eine blaue Bohne in den Hintern zu kriegen, wenn du in den Dornen stolperst.

Der Veterinär verfolgte diesen Dialog mit verdrossener Miene.

Mila blickte auf ihre Uhr, es war zwei Uhr in der Früh.

Die Nacht war absolut menschenleer.

Dürrenmatt, Dürrenmatt: Wir steigen hinunter.

O.k. Walser. Hier drücken wir euch die Krallen.

Die Treppe war von Vegetation überwachsen, dichtes

Dorngestrüpp, das am Kampfanzug hängenblieb, Holunderschösslinge, die im Begriff waren, zu Bäumen heranzuwachsen, Heckenrosen mit Dornen wie Messern – niemand war auf die Idee gekommen, den Weg zu verminen, Gott sei Dank. Den Karren hinunterzubringen war ein wahres Martyrium. Mila bedauerte, dass sie nicht eine Machete mitgenommen hatte anstelle ihres Schweizer Messers. Je weiter sie in diesem Dschungel abstieg, wobei sie versuchte, dem Veterinär schlecht und recht den Karren voranzuschieben zu helfen, desto mehr wurde ihr bewusst, dass es schlicht unmöglich war, hier mit einem Bären in der Schubkarre wieder hinaufzukommen. Man würde ungeschützt über die Straße zurückgehen müssen. Oder dann über die Brücke und durch die ganze Altstadt; am Zytglogge vorbei paradieren und dabei in einem Karren eine eingeschläferte Bärin vor sich herschieben, ein echtes Weihnachtsmärchen.

Mila spürte, wie ihre schlechte Laune mit jeder Stufe, die sie dem Bärengraben näher brachte, wuchs.

Ihre Uhr zeigte drei Uhr an, als sie unten an der Treppe ankamen. Sie schlugen die gepflasterte Straße nach links ein – die Villen waren ruhig hinter ihren hohen Mauern; die Nacht war voll krummer Äste, dürres Laub hatte sich zu braunen Verwehungen von Dreck angesammelt; sogar durch die Maske strömte die Luft als phänomenaler Fäulnisgeruch, der bitter und durchdringend wie ein unsichtbarer, dichter Nebel vom Fluss heraufstieg, dessen unregelmäßigen Wellenschlag sie allmählich in einiger Entfernung vernahmen.

Mila wusste, dass nur ein Verkehrskreisel sie noch vom

Bärengraben trennte. Ein Kreisel ohne sichtbare Beleuchtung, der jedoch vom anderen Ufer aus von den Scharfschützen der Loyalisten überwacht werden musste. Bevor sie die Deckung des Astwerks verließen, immer noch im schmalen, gepflasterten Gässchen, stoppte Mila mit einem Wink den Veti und den Rekruten und rückte halb gebückt bis fast zur Kreuzung vor, legte sich flach hin und legte die letzten Meter kriechend zurück. Sie inspizierte mit dem Feldstecher die Kreuzung, die an ihrem westlichen Ende blockiert war, etwa fünfzig Meter vor der Brücke lagen zwei umgekippte Lastwagenanhänger, deren Totenkopfgraffiti vermintes Gelände ankündigten. Mitten auf dem Kreisel türmten sich Tausende Kehrichtsäcke, in denen es wimmelte von verstohlenem Huschen und erregtem Quieken, tonnenweise Abfall, der von den Loyalisten mit Bulldozern aus ihrem Sektor hinausgeschoben worden war, die Mülldeponie des Berner Stadtzentrums – Mila spürte in ihrem Mund einen sauren Geschmack nach Kotze. Verfluchter Gestank. Milas Feldstecher zeigte sehr deutlich die Ratten, die zu Dutzenden von einem aufgeschlitzten Sack zum andern hüpften, und dieser Hügel von in der Kälte dampfendem Dreck und Plastik zog sich überquellend im Südwesten zur Brüstung des Bärenparks hinüber. Sie hatten zuerst das alte Halbrund des Bärengrabens aufgefüllt und weitergemacht, als es zu überborden begann. Es sah ganz so aus, als würden sie erst aufhören, wenn der Mist den Vorort Muri erreichte. Der Lichtverstärker mit den unendlichen Graunuancen zeigte nicht die Farben, das knallige Blau, das reine Gelb, die Rottöne der angehäuften, durch den Katzen- und Nagetiersabbat aufgeschlitzten Kehrichtsäcke, als hätten sich hier auf Dutzenden von Quadratmetern die wildesten Werke von Daniel Spoerri und Jean Tinguely vermischt – Mila sah bloß einen Berg von Unrat, einen Tell der Fäulnis, ein Gemisch aus verwesendem Fleisch, Alltagsmüll (Kartons, Waschmittelflaschen), Altmetall (verbrannten Velos, abgerissenen Autotüren) oder zerschlagenen Möbelstücken – sie meinte die Tasten eines Klaviers zu erkennen, sauber in Abfälle eingehüllt. Wütend klappte sie die Zweibeinstütze ihres Sturmgewehrs auf und lud es, um einigen der größten Ratten das Hirn wegzublasen, dann beruhigte sie sich und besann sich eines anderen; die armen Viecher konnten nichts dafür, und es hatte keinen Sinn, der Fäulnis weitere Fäulnis hinzuzufügen. Krieg verschmutzt. Mila war wütend auf Alex, der nach seiner Luftaufklärung durch eine Drohne sehr wohl von der Existenz dieser riesigen Müllhalde wissen musste, die sie würden umgehen müssen.

Damit also füttern sie die Bärin, murmelte der Veterinär entsetzt, der hinter Mila niedergekniet war. Nicht mit Kriegsgefangenen. Mit Dreck.

Anscheinend, flüsterte Mila.

Der Rekrut hatte in seinem Feldstecher eine riesige Ratte blindwütig an etwas herumbeißen sehen, was wie die Innereien eines Huhns oder eines Kaninchens aussah, sich aber als der aufgeschlitzte Körper eines Kätzchens herausstellte, dessen zunächst vom Plastik verborgener, infolge der in seine Eingeweide hineingeschlagenen Bisse plötzlich zum Vorschein gekommener Kopf mit den spitzen Ohren keinerlei Zweifel mehr daran ließ, dass es sich um ein Katzentier handelte – der Soldat kam kaum dazu, seine Maske wegzureißen: Die vereinte Wirkung des Gestanks und des so scharfen, so grauen Bildes im Feldstecher ließ seinen Mageninhalt augenblicklich wie einen prasselnden Platzregen auf das dürre Laub niedergehen.

Mila wurde schlecht, doch sie hielt sich zurück.

Los.

Sie zögerte, ob sie Alex via Sprechfunk beschimpfen sollte, doch der Gedanke, den Funkspruch als Robert Walser senden zu müssen, brachte sie sogleich davon ab.

Sie fühlte sich auf einmal erschöpft.

Wie sollte sie diese verdammte Bärin überhaupt zurückbringen können?

Die Müdigkeit schlug ihr auf den Magen.

Der Tierarzt sah dem jungen Rekruten zu, wie er sich gegen die Mauer entleerte, und fragte sich, ob er eingreifen müsste.

Mila seufzte.

Die Kotzerei dieser Schwuchtel wird uns noch verraten.

Der blutjunge Mann sagte immer wieder ganz laut, zwischen zwei Gallefontänen, *eine Katze, eine verdammte Katze.*

Still, verflucht noch mal, *halt die Klappe.*

Im Augenblick, als sie ihre Anweisung beendete, vernahm sie ein *Pop!* von der anderen Seite der Brücke her, und drei Sekunden später war die Nacht von einem starken grünen Licht erhellt.

Die Rakete löste in der Mülldeponie eine Panik aus; die meisten Ratten vergruben sich in ihren grässlichen Gängen zwischen den Säcken; diejenigen, die an den Rändern waren, hetzten in die Deckung der Dunkelheit, wetzten an der Mauer entlang, um Schutz zu suchen; zwei oder drei schossen dem Grünschnabel zwischen den Beinen hindurch, der vor Angst losbrüllte, *Ratten*, *Ratten*, und die loyalistischen Späher, die auf Alex' Ablenkungsmanöver auf der anderen Seite der Altstadt, beim Bundeshaus, hereingefallen waren, fackelten nicht lange, im Zweifel warfen sie zwei Nahkampfgranaten hinüber, die wenige Meter von Mila entfernt explodierten – zum Glück bot ihnen das Mäuerchen an der Ecke zur Straße hin einen gewissen Schutz. Die Explosion war brutal. Die TNT-Füllung zerfetzte zahlreiche Nager und schleuderte jede Menge Unrat in die Luft, der auf die Gruppe niederging.

In Milas Ohren zischte es. Sie gab den beiden anderen ein Zeichen, ihr zu folgen, überquerte im Laufschritt die Gasse, dann die nächste Straße; die Leuchtrakete fiel auf der Seite der Container zu Boden, erhellte die Sperre und die Brücke über die Aare. Mila rannte weiter, so schnell sie konnte, auf die andere Seite des Verkehrskreisels, um das zu vermeiden, wovon sie wusste, dass es kommen musste, und wovon sie deutlich das Tum-Tum-Tum-Tum der Elektrotrommel vernahm, die Salve von Geschossen, die gegen die Mauer und auf den Asphalt pfiffen und dabei Steinsplitter hochschleuderten, die ihrerseits wie Hornissen brummten, grobes Kaliber, zum Glück schossen sie zu tief und weiter nach hinten, Mila warf sich endlich bäuchlings gegen die Brüstung des Bärenparks, außer Atem, sie wusste, dass sie in Deckung war. In einem letzten Aufleuchten von grünem Licht sah sie, wie der Rekrut zögerte, mitten im Kugelhagel stehen blieb, sich entschloss kehrtzumachen, die Hände in läppischen Bewegungen um den Kopf werfend, als würde er Fliegen verscheuchen, am Tierarzt und seinem Wagen in Gegenrichtung vorbeilief und es schaffte, sich ganz nah an dem Mäuerchen, bei dem er sich übergeben hatte, in Sicherheit zu bringen, was den Veti und seine Karrette ins Stocken brachte; der hörte das Dong-Dong-Dong der Kugeln, die auf das Blech des Karrens prallten und ihn wie eine Sardinenbüchse aufschlitzten, dann rissen ihm glühende Feuerklingen die Schenkel auseinander, was ihm Beine machte, so dass er hinter dem Grünschnabel herstürzte, an die Stelle, woher er kam und die er nie hätte verlassen sollen, während er die Karre unter den Einschlägen der Gewehrkugeln auf und ab zucken und wie ein Becken erklingen ließ, bing, dong, dong, bing. In der Deckung angekommen, sackte der Veterinär seinerseits im Dunkel der Allee zusammen. Ein paar Einschläge brachten die Schubkarre, die unter dem Geschosshagel umgestürzt war, noch einmal zum Klingen, und die tiefe, beklemmende und stinkende Stille erfüllte wieder die Nacht.

Mila seufzte und tippte rasch eine Nachricht an den Veterinär auf der anderen Seite des Kreisels ins Funkgerät.

Alles o. k.?

Die Antwort kam fast augenblicklich.

Nein. Zwei leichte Verletzungen, Oberschenkel. Machen kehrt.

Mila seufzte heftiger. *Kehrt?*

Ja, zurück zur Basis.

Sie wechselte den Kanal des Sprechfunks und schickte eine Nachricht an Alex.

Hier Walser. Von den Loyalisten abgefangen. Veti ver-

wundet. Auftrag steht auf dem Spiel. Zurück zu Ihnen, Dürrenmatt.

Sie wartete ein paar Augenblicke, dann einige Minuten, keine Antwort. Sie schickte die Nachricht noch zweimal. Ohne Erfolg. Entweder war der Funk außer Reichweite, oder Alex war eingeschlafen.

Mila dachte nach, im Schneidersitz, den Rücken gegen die Brüstung gelehnt. Es war vielleicht besser umzukehren, ja. Doch vorher wollte sie die Bärin sehen. Sie hatte diesen ganzen Weg nicht umsonst zurückgelegt. Sie musste dieses Biest unbedingt sehen. Zur Vorbereitung für den nächsten Auftrag. Wiederkommen. Wenn Bern mit den Bären gleichzusetzen war, dann mussten die Leftisten sie haben. Selbst wenn es nur einer war, das reichte. Für die Utopie.

Wäre der Geruch der Mülldeponie nicht so ekelhaft gewesen (ab und zu schien ihr, es hüpften Ratten um sie herum), hätte sie ihre Maske abgenommen. Die Stadt war wieder in Stille versunken, nur weiter unten rauschte die Aare. *Kein Wunder, dass wir entdeckt worden sind. Es ist kaum zu glauben, wie still diese Stadt sein kann. Man würde ein Blatt fallen hören.*

Es sei lebenswichtig, den Bären vor seinem Winterschlaf zurückzubringen, hatte der Veti gesagt. Das ließ nicht viel Spielraum.

Mila fasste sich ein Herz. Sicher, der Bärenkarren war nicht mehr zu gebrauchen, durchlöchert wie ein alter Blechnapf, dem Geknall der Einschüsse nach zu schließen, das sie gerade mitgekriegt hatte. Sei's drum. Sie musste sich diese Bärin ansehen. Sie wusste, dass der Zugang zum Gehege versperrt war, dass es zwischen den Brückenpfeilern Stacheldrahtverhaue gab, Spanische Reiter, Panzer-abwehrminen und Container, wie auf der Fahrbahnplatte der Brücke. Sie hatte auf alten Fotos von Google Earth die verschiedenen Zugänge ausfindig gemacht. Sie trug eine Ladung Sprengstoff und ein Beil, um in die Abzäunung zum Uferweg hin, gleich an der Aare, eine Bresche schlagen zu können.

Mila ging zweihundert Meter an der oberen Seite des Bärenparks entlang, dann lief sie, wie sie es mit dem Vete-rinär und dem Rekruten vorgehabt hatte, nun aber allein, die Treppe hinunter, die ans Aareufer hinabführte, und auf halber Höhe hakte sie ihren Karabiner an einem der Pfosten des Metallgeländers ein, legte eine Seilschlaufe in den Abseil-achter und stieg, nachdem sie die Glasschutzwand erklettert hatte, so lautlos wie möglich ins Bärengehege hinunter.

Bern war in der Nacht erstarrt wie unter einem schwar-zen Frost. Kein Stern durchstach den stockdunklen Him-mel. Die Stille war zäh, mythisch. Mila stand vor dem Eingang der Höhle (eine Betonöffnung am Hang, wie ein Bunker), in welcher der Bär schlief.

Mila nahm ihre Maske ab.

Die Grotte roch nach Stroh, nach dürrem Laub, nach Tier. Die Nachtsichtbrille zeigte hinten in der Nische ganz deutlich eine schwere, dunkle Gestalt, die dalag und deren Brust sich sachte hob.

Mila fragte sich, warum die Menschen ihre Kraft mit jener der Tiere maßen, die sie fingen, warum die Menschen überhaupt ihre Kraft maßen. Die Tiere waren nicht vom Virus befallen. Die Bärin schien in ihrer Höhle zu schlafen wie Dantès in seinem Kerker.

Mila zog sich zurück, ohne dass der Sohlengänger auf-
wachte.

Sie spürte das Funkgerät an ihrer Brust vibrieren:

Und, Walser, wie steht's bei dir?

Dürrenmatt, der Bär schläft.

Ich wiederhole.

Dürrenmatt, der Bär schläft den Schlaf des Gerechten.

Sie verließ die Höhle und den Park auf dem gleichen
Weg, während unterhalb der Treppe nachtgrün und ruhig
die Aare vorbeifloss.

Aus dem Französischen von Yla M. von Dach

Mesemondó

Der Platz am Gang war falsch. Online hatte sie eigentlich einen Fensterplatz gebucht, im hinteren Drittel der Maschine. Und jetzt das: Platz 61 C, ganz vorne, nur eine Reihe von der Trennwand zur Business Class entfernt. Viel zu nah an den Toiletten und der beengten Bordküche, aus der es nach verbranntem Kaffee roch.

Nachdem sie beim Sprint durch den Flughafen ein halbes Dutzend Laufbänder passiert hatte, die sich nicht schnell genug fortbewegten, war sie vollkommen atemlos gerade noch rechtzeitig am Gate eingetroffen. Dennoch musste sie sich ganz am Ende der Reihe anstellen, die sich bereits für das Boarding gebildet hatte. Der ganze Morgen schon schien eine einzige Verschwörung von Verspätungen zu sein. Die Piccadilly Line nach Heathrow war zwischen den Stationen Boston Manor und Hatton Cross mehrfach zum Stillstand gekommen, was sie schon eine gute halbe Stunde gekostet hatte. In Terminal 3 hatten die zwei Check-in-Computer ihre Buchungsnummer nicht erkannt und ihren Ausweis wieder ausgespuckt. Natürlich war auch kein Mitarbeiter des Flughafens in Sicht, der hätte helfen können, und so versetzte sie dem Boarding-Computer einen unnötigen Schlag, bevor sie sich in die lange Reihe der Wartenden am Check-in-Schalter einreihte.

Ohne genauer auf ihre Bordkarte geschaut zu haben, betrat sie das Flugzeug, machte sich auf den Weg durch die Business Class, und fand sich in ihrer Sitzreihe wieder. Auf »ihrem« Platz am Fenster saß ein Mann mit Glatzenansatz, nicht mehr ganz jung, doch hochgewachsen und noch gut in Form für sein Alter. Sie beugte sich zu ihm, um ihn auf seinen Fehler aufmerksam zu machen, aber stattdessen strahlte der Platzbesetzer sie an: Er hatte ihre freundliche Geste missverstanden und hielt ihr seine kräftige Hand zur Begrüßung hin. Sie ignorierte sie kurzerhand, checkte dafür aber noch einmal genauer ihre Bordkarte und musste zu ihrem Bedauern feststellen, dass der Platz am Gang tatsächlich der ihre war.

So, wie es aussah, war das Flugzeug ausgebucht. Menschen blockierten im Gedränge der letzten Minute vor dem Abflug immer noch die Gänge auf der Suche nach einem Platz für ihr Bordgepäck. Jetzt noch die Plätze zu wechseln, schien aussichtslos.

Resigniert ließ sie ihren Rucksack fallen und schob ihn unter den Vordersitz. Als sie sich etwas nach vorne beugte, um ihren Gurt zu schließen, sah sie zufällig den Fuß eines Mädchens, das, neben ihr im Gang stehend, noch darauf wartete, bis sich das Gedränge im Gang auflösen würde. MORON stand in Form eines Tattoos vorne links auf ihrem Fußgelenk. Als sie sich wieder aufrichtete, befand sie sich auf einmal auf Augenhöhe mit der nackten Taille des Mädchens – blass und prall wackelte das Bauchfett über einem breiten Nietengürtel. Das Mädchen oder vielmehr die junge Frau – trotz der Schulmädchenzöpfe, die ihr bis zur Brust reichten – lehnte sich nun auch noch über den

Sitz vor ihr und stellte stolz ihr Bauchpiercing zur Schau. Eine grüne Patina markierte das Einstichloch des Piercings im Fleisch ihres Bauchnabels. Noch einmal spähte sie kurz auf das tätowierte Fußgelenk. Der Fuß der Frau hatte sich in der Sandale etwas bewegt, und nun konnte sie am Ende des Wortes MORON noch ein großes »I« erkennen. Moroni, Moroni … natürlich: der Engel Moroni, der heilige Prophet der Mormonen – jener Engel, der auf den Turmspitzen der Tempel von Salt Lake City bis Washington D.C. sitzt und mit einer Posaune das Evangelium der Mormonen in alle Welt verkündet. Offensichtlich war die Frau eine Mormonin und nicht eine »Idiotin«, wie das Tattoo es zunächst verkündet hatte … aber waren bei den Mormonen Tattoos und Piercings nicht eigentlich verboten?

Sie hatte in der Nacht zuvor lange gearbeitet und fühlte sich selbst schon etwas schwachsinnig. Sie lehnte sich in ihrem Sitz zurück, schloss die Augen und freute sich schon jetzt auf die gleich beginnende Nachtruhe. Die Schlaftablette garantierte ihr mindestens sechs Stunden Schlaf: Sie würde sie gleich nach dem Abendessen nehmen. Langstreckenflüge wie dieser – ein elfstündiger Direktflug nach Los Angeles – bedeuteten für sie sonst qualvollen Schlafmangel. In L.A. sollte es sofort weitergehen: Ihren Vortrag auf der Konferenz sollte sie nämlich gleich am Morgen nach ihrer Ankunft halten.

Der Mann auf dem Fensterplatz neben ihr raschelte mit seinen Papieren – auf sie wirkte es fast schon aggressiv. Vorsichtig öffnete sie daher nur ein Auge und sah, wie er sein Handgepäck neu arrangierte; er wollte seinen Pass noch besser verstauen. Er war also Ungar. Während ihres kurzen Wortwechsels über die Sitzplatzfrage hatte sie ihn noch für einen Deutschen gehalten, weshalb sie ihm auch auf Deutsch geantwortet hatte. Schließlich hatte er es geschafft, seine Sachen zu sortieren, und räkelte sich seufzend auf seinem Platz neben ihr. Endlich Ruhe, Frieden. Die Gänge waren frei, das Bordgepäck verstaut. Die Sicherheitshinweise für den Flug würden jeden Moment folgen.

Sie spürte eine kurze Berührung an ihrem Handgelenk, das auf der Armlehne zwischen dem mittleren Sitz und ihrem ruhte. Der Ungar lehnte sich erneut zu ihr herüber und erschreckte sie aus nächster Nähe mit seinem breiten, rötlichen Gesicht. »Bitte«, sagte er auf Deutsch, indem er einladend auf den Sitz zwischen ihnen klopfte, den er nun endlich freigeräumt hatte, »Sie können sich doch hierhin setzen, dann können wir reden.«

Doch ein Gespräch war das Letzte, was sie auf einem Langstreckenflug brauchte oder wollte. Sie hätte es sich nicht anmerken lassen sollen, dass sie überhaupt Deutsch verstand. Nun musste sie zurückrudern und ihm vormachen, dass es die einzigen deutschen Worte waren, die sie kannte – und die hatten sie bereits ausgetauscht.

Sie schüttelte ihren Kopf, runzelte besorgt lächelnd ihre Stirn und deutete auf die Toiletten direkt vor ihnen, dann tätschelte sie ihren Bauch und deutete an, dass sie so nahe wie möglich an den Toiletten sitzen musste. Von dieser Offenheit sichtlich überrascht, zog sich der Mann in seine Ecke zurück und starrte aus dem Fenster.

Um ihn von einer weiteren Kontaktaufnahme abzuhalten, griff sie nach ihrem Rucksack und holte den Ordner mit ihrem Vortrag für die Konferenz heraus. Im Informationsmaterial zum Symposium »Soziolinguistik und gefährdete Sprachen« lag unter anderem der Plan für ihre Sitzung: »Mehrsprachigkeit, Translanguaging und Sprachkontakt«.

Sie machte sich die Ironie der Situation bewusst, und für einen Moment schämte sie sich: Hier war sie nun, eine Linguistin auf ihrem Weg zu einer Konferenz, um ein Thema zu erläutern, das sie in der Realität selbst lieber mied. Sie hatte nämlich keinerlei Interesse daran, mit einem Nachbarpassagier in einer Fremdsprache zu kommunizieren, die sie beide gemeinsam hatten.

Ihr Widerstand bezog sich aber nicht nur auf die gesprochene Sprache; denn es gab noch eine Sprache, die man in Betracht ziehen musste: die Körpersprache des Mannes. Er wand und drehte sich, zappelte herum und spielte mit den Knöpfen seiner Armlehne; wiederholt schüttelte er das Kissen zwischen ihnen auf, als ob er hoffte, sie würde ihre Meinung doch noch mal ändern. Für sie war er eines dieser ermüdenden Kinder, die darauf bestanden, gesehen zu werden, die nicht aufhören konnten mit ihrem ständigen Geplapper und ihren drängelnden, endlosen Fragen, wenn man ihnen nur die Chance dazu bot. Er seufzte inständig: Schon wieder eine Bitte um Beachtung. Sie starrte indessen auf ihre Unterlagen und ignorierte ihn konsequent; dennoch konnte sie sich nicht konzentrieren.

Der Getränkewagen war bereits vorbeigekommen. Gleich würde das Abendessen serviert werden. Der gutaussehende Steward – der Julio Iglesias ähnlich sah – öffnete den Vorhang zwischen der Economy und der Business Class mit einer bühnenreifen Bewegung, bevor er seinen großen Auftritt hatte. Als er das Tablett mit dem in Alufolie gewickelten Behältnis auf ihren Tisch stellte, lehnte er sich zu dem Ungarn hinüber, um zu erfragen, ob dieser Hähnchen oder Fisch bevorzuge, und während er auf die Antwort wartete, holte er geschickt den Klapptisch des Mannes aus dessen Armlehne.

Der Ungar hatte nicht nur Probleme damit, den Klapptisch richtig zu benutzen, er war auch unfähig, die Frage des Stewards zu verstehen. Der ganzen Verwirrung müde, mischte sie sich ein. »Huhn oder Fisch?«, übersetzte sie ihm. Der Ungar schien sprachlos. »Fisch«, sagte er schließlich. »Fisch!«

Schließlich lehnte sie sich entspannt in ihrem Sitz zurück und begann zu essen, fühlte in sich jedoch zu gleichen Teilen Mitleid und Verachtung hochsteigen.

Ihre Eltern waren Einwanderer aus Ostasien gewesen, nicht aus Osteuropa, aber auch sie waren in Amerika angekommen, völlig unfähig, sprachlich auch nur die einfachsten Dinge zu regeln, obwohl sie sich ein neues Zuhause in einem Vorort von Pennsylvania schaffen mussten. Das Bemerkenswerte daran war, dass sie niemals lernten, Englisch zu sprechen.

Früher in Yunnan hatte ihr Vater als Kind Pflanzen gesammelt. Mit der Zeit war er Experte für Heilpflanzen der Umgebung geworden, ein Autodidakt, der genau wusste, wo diese in den Bergen wuchsen, die sein kleines Dorf umgaben. Er verdiente sein Geld mit dem Verkauf von Heilpflanzen, als ein Cousin ihn dazu drängte, ihn im Land der unbegrenzten Möglichkeiten bei seinen Geschäften zu unterstützen. Und so waren ihre Eltern vom Südwesten Chinas geradewegs in den Südosten Pennsylvanias gezogen. Sie war zu jener Zeit vier Jahre alt gewesen.

Sie hatte die neue Sprache fast über Nacht gelernt – wie es nur kleine Kinder können. Deshalb musste sie auch von Beginn an für ihre Eltern übersetzen. Die versprochene Geschäftspartnerschaft mit dem Cousin kam nie zustande, die beiden nahmen stattdessen eine Anzahl verschiedenster, schlechtbezahlter Jobs an, bevor sie ihr eigenes Geschäft eröffneten, das zugleich eine Wäscherei, ein Schlüsseldienst und eine Schuhreparatur war. Wie sie sich an ihren verschiedenen Arbeitsplätzen verständigten, war ihr ein Rätsel. Aber in ihrem Beisein wandten sie sich bei jeder Kleinigkeit, die Englisch erforderte, an sie. Sie konnte sich nicht daran erinnern, dass es eine Zeit gab, in der sie ihr nicht das Übersetzen, das Vermitteln oder das Improvisieren aufhalsten. Kein Wunder, dass sie in der Linguistik gelandet war.

Sie beeilte sich, mit dem Abendessen fertig zu werden, und machte kurzen Prozess mit ihrem »Chicken Carbonara«. Sie stocherte gerade in den welken Blättern ihres Salats herum, als sie in ihren Augenwinkeln eine hektische Bewegung am Fenster wahrnahm. Sie drehte sich um, um zu sehen, was der Ungar hatte. Mein Gott, sein Gesicht war dunkelrot! Er umklammerte seinen Hals. Er würgte! Es musste eine Fischgräte sein: Er hatte Fisch bestellt!

Sie lehnte sich zu ihm hinüber und fragte, was er für ein Problem habe, aber der Mann war unfähig zu sprechen. Sie lehnte sich zur anderen Seite hinüber und sah sich auf dem Gang nach einem Flugbegleiter um. Sie befanden sich jedoch alle im hinteren Teil des Flugzeuges und servierten noch immer das Abendessen. Sie sprang auf, oder versuchte es zumindest, wurde aber von ihrem Gurt zurückgehalten. Sie dachte an das »Heimlich-Manöver« und fummelte an der Schnalle ihres Gurtes herum, um ihn zu öffnen. Da sie nicht einmal einen Erste-Hilfe-Kurs gemacht hatte, war sie völlig unfähig, den Heimlich-Griff durchzuführen.

Sie schnallte sich los, rannte in schnellen, kleinen Schritten den Gang zum Essenswagen, der den hinteren Teil der Bordküche blockierte, hinunter. Die blonde Stewardess, der sie auf die Schulter tippte, ließ sich Zeit, ihr zu antworten. Sie war Passagiere gewohnt, die ständig fragten: »Kann ich mal eben vorbei?«, nur um sich dann in die Toilettenschlange einzureihen. Als sie jedoch begriffen hatte, dass es sich um einen Notfall handelte, wirbelte sie herum, stieß sie zur Seite und rannte geradewegs den Gang zurück zu Reihe 61.

Die Augen des Ungarn waren zusammengekniffen; er schwitzte. Sein Gesicht war nicht länger dunkelrot, nun war es bleich; er biss sich auf die Lippen und zuckte. Die Stewardess rutschte auf den mittleren Sitz, während sie hilflos auf dem Gang zurückblieb.

Nun hatte der Mann seine Augen wieder geöffnet und begann zu murmeln, während er sich die ganze Zeit über seine Brust rieb. Ein Körper drängte sich an ihr vorbei, um die Stewardess zu unterstützen. Es war der gutaussehende Steward. Mit einem Knie auf ihrem Sitz, Platz 61C, beugte er sich über seine Kollegin hinweg zu dem Ungarn. Sie bemerkte dabei sein Namenschild, das auf dem Revers seiner marineblauen Jacke angebracht war: *Anthony Dos Santos*.

Der Ungar hatte Schwierigkeiten, zu sprechen. Er war

kurzatmig, versuchte aber dennoch, sich verständlich zu machen. Gerade war sie dabei, ihre Hilfe beim Übersetzen anzubieten, als er ihren Blick aufnahm und wild gestikulierend um Hilfe bat. Dos Santos drehte sich mit weit aufgerissenen Augen: »Können Sie verstehen, was er sagt?«, fragte er, während er ihr Platz machte.

Der Ungar sagte zum Glück nun auf Deutsch, dass er seinen Koffer brauche. Meinte er seine Reisetasche? Sie konnte sie unter seinem Sitz liegen sehen, eingekeilt zwischen seinen Füßen.

Nein, er brauchte seinen Koffer. Seinen großen Koffer. Den, den sie ihm abgenommen hatten, nachdem sie ihm versichert hatten, er würde in jedem Fall ins Flugzeug geladen. In diesem Koffer waren die Medikamente, die er benötigte. Im Licht der Deckenleuchte glänzten große Schweißperlen auf seinem kahlen Schädel.

Die Stewardess sagte: »Fragen Sie ihn, wogegen seine Medikamente sind!« *Angina* und *Herz* waren die einzigen Worte, die sie verstand. Auch etwas, das mit den Lungen zu tun hatte. Nur die Hälfte von dem, was er sagte, schien auf Deutsch zu sein. »Geht es Ihnen schlecht?«, fragte sie ihn. Wie auch immer seine Verfassung gerade war, das Wichtigste zu wissen war, wie schlimm es war.

Der Ungar begann, sein Hemd aufzuknöpfen. Er trug eine ärmellose Weste darunter. Er riss an ihr, um auf den darunterliegenden Vorsprung in seiner linken Brust zu deuten: Zum Vorschein kam eine Art Implantat. Und eine rote, gezackte Narbe.

Die Stewardess kletterte bereits über sie hinweg zum Gang, um sich mit Dos Santos zu besprechen. Noch bevor sie es begriff, ertönte eine Ansage. »Wenn ein Arzt an Bord ist, möge er sich bitte beim Bordpersonal melden.« Noch während der Durchsage war das dumpfe Dröhnen der Motoren leiser geworden. Sie dachte, sie könne das Geplapper aufgeregter Stimmen hören: neugierig, ängstlich, erwartungsvoll.

Der Mann auf Platz 61A schwankte erneut mit schmerzverzerrtem Gesicht auf seinem Sitz hin und her und begann nun auch noch zu stöhnen. Seine Haut verfärbte sich grünlich-gelb. Wo nur blieb der Arzt? Zumindest ein Arzt hatte doch immer an Bord zu sein! Sie setzte sich auf den mittleren Platz und sah, wie er ein Auge öffnete. Er nickte kurz, als ob er sagen wolle: »Ich habe doch von Anfang an gesagt, Sie sollen hier auf dem mittleren Platz sitzen!«, bevor er sich wieder seinem Schwanken und Stöhnen hingab.

Seinen großen, fleischigen Unterarm hatte er auf die Armlehne zwischen ihnen gestützt. Sie legte ihre Hand darauf und sagte beruhigend: »Der Arzt kommt gleich!« Er lächelte sie entschuldigend an und sagte: »Ich sterbe.« – »Nein«, sagte sie, »nein, Sie sterben nicht.« Woher kam das, fragte sie sich: diese reflexartige Leugnung des Todes?

Um das Thema zu wechseln, fragte sie ihn, warum er nach Kalifornien fliege: Um dort Ferien zu machen? Einen Freund zu besuchen? Verwandte?

Seine Schwester. Er wollte seine Schwester besuchen. Er hatte sie nicht mehr gesehen seit – er spreizte die Finger einer Hand, um die Zahl fünf anzuzeigen – »fünf Jahren!«, rief sie aus und tat so, als wäre sie erstaunt. »Fünfzig«, korrigierte er sie, »nicht fünf, fünfzig Jahre« hatte er sie nicht mehr gesehen. Sie war vor fünfzig Jahren nach Amerika ausgewandert. Nun wollte er sie endlich wiedersehen, seine einzige Schwester, weil er wusste, dass sie sterben würde. An Krebs.

Deshalb war er nun auf dem Weg nach Amerika, stöhnte er. Um seine einzige kranke und sterbende Schwester zu besuchen. Nur aus diesem Grund hatte er es gewagt, ein Flugzeug zu besteigen – ja, zum ersten Mal in seinem Leben. Er war noch niemals geflogen, nicht einmal mit einer kleinen Maschine. Besonders nicht in einer kleinen Maschine. Er hatte Angst vor dem Fliegen, so etwas Unnatürliches – Menschen, die im Himmel herumfuhrwerkten und so taten, als ob sie Vögel wären, die sie nicht sind. Er erschauderte leicht bei dem Gedanken.

»Ich bin allein«, schloss er. Er stöhnte wieder; es hörte sich an wie ein Lied ohne Melodie, ein Klagelied. »Ich bin allein und krank und sterbe.«

Warum, um alles in der Welt, brauchte der verdammte Arzt so lange? Mindestens 15 Minuten – und zwei weitere Ansagen – waren vergangen. War es möglich, dass kein einziger Arzt auf diesem ganzen Flug mit seinen über 400 Passagieren anwesend war? Was wäre, wenn es stimmte, dass die heutigen Ärzte sich lieber verleugneten, als in einer solchen Situation ihre Verantwortung wahrzunehmen, aus Angst vor einem Rechtsstreit wegen Fehlbehandlung?

Sie war immer noch dem Ungarn zugewandt, als Dos Santos ihr auf den Rücken tippte. In seinem Schlepptau befand sich ein Mann in einer hellen Stoffhose und einem marineblauen Blazer. Er war in seinen besten Jahren, schon etwas angegraut, zurückhaltend. Dos Santos begann, ihn vorzustellen: »Das ist der Arzt«, als der Mann seine Hand hob und sagte: »Ich bin kein praktizierender Arzt, ich unterhalte eine medizinische Stiftung.« Sie dachte: »Welcher Arzt, praktizierend oder nicht, würde in einer solchen Notsituation Däumchen drehen und das Für und Wider seines Einsatzes abwägen?«

Sie trat aus der Reihe und gewährte ihm Zugang zu dem Ungarn, dessen Gesicht sich schlagartig aufhellte. Endlich, der Arzt! Dos Santos gab dem Mann den Notfallkoffer, der so groß wie ein A4-Umschlag war – er hatte Schwierigkeiten, ihn zu öffnen. »Nun, was haben Sie für ein Problem?«, sagte er zu dem Ungarn, in einem britischen Upper-Class-Akzent.

Dos Santos bugsierte sie in die leere Reihe hinter der ihren. Sie war wohl geräumt worden, ohne dass sie es bemerkt hatte. Sie zwängte sich hinein, blieb jedoch vorerst stehen, bereit, für weitere Übersetzungen herangezogen zu werden. Der Arzt warf ihr einen kurzen Blick zu, er schien irritiert von ihrer Anwesenheit.

»Sind Sie die Ehefrau?«, fragte er. *Die Ehefrau.* Wie eine Art Niemand, ein Anhängsel. Dos Santos zwinkerte ihr entschuldigend zu und sagte: »Diese Dame übersetzt freundlicherweise für uns. Sie ist die Einzige, die mit diesem Herrn hier kommunizieren kann.«

Der Arzt hatte das Stethoskop aufgesetzt und wendete sich dem Patienten zu, um ihn zu untersuchen. Sie selbst ließ sich auf ihrem Sitz nieder, während Dos Santos sich auf die Armlehne hockte und sich mit seinen langen, gepflegten Fingern Luft zufächelte. »Oh, meine Güte«, sagte er ruhig zu ihr, während er seine Hände gebetsartig faltete: »Ich wusste schon, das wird einer von diesen besonderen

Tagen: Ich bin aufgestanden, um einen Kaffee zu machen, und die ›Moka Express‹, die ich seit Jahren habe ...« – er legte seine Lippen an seine gefalteten Hände – »ist einfach auf dem Herd explodiert.« Er warf seine Arme hoch und schwenkte sie über seinem Kopf hin und her ... »Überall war der Kaffee verteilt. Das ist mir noch nie passiert.«

Die ganze Zeit über schaute sie auf sein Namensschild und dachte, *Dos Santos. Zwei Heilige: Wo war der andere?* Es schien ihr, als ob all das eine Prüfung wäre, die plötzlich über sie hereingebrochen war.

»Wie krank ist er, was denken Sie?«, fragte sie und deutete dabei auf den Sitz vor ihr. Dos Santos zog die Schultern hoch und sagte: »Schauen wir, was der Arzt sagt. Mit seinem Bericht rufen wir dann in Phoenix an und überlegen, was als Nächstes zu tun ist. Dort befindet sich unser medizinisches Notfallcenter. In Phoenix, Arizona.«

Der Arzt hatte seine Untersuchung beendet. Mit einem Blatt Papier, auf das er einige Notizen geschrieben hatte, verschwand Dos Santos, um in Phoenix anzurufen.

Der Arzt rief sie zu sich. Sie lehnte sich über den Vordersitz und begann, ein seltsames, höchst banales Gespräch zu übersetzen. Es erinnerte sie an das Gerede, dem ihr Vater in seinem Krankenhausbett ausgesetzt war. Auch dort hatte der Arzt versucht, eine ermüdende Unterhaltung aufrechtzuerhalten, während sie auf die neuesten Laborergebnisse warteten. Sie hätte es auch ohne den erzwungenen Smalltalk ausgehalten, aber diesmal hatte sie keine andere Wahl, als weiter zu übersetzen. Jedenfalls täuschte sie vor zu übersetzen, während sie in Wirklichkeit nur das Wesentliche zu übermitteln versuchte. Sie erinnerte sich dabei an ihre akute Müdigkeit und den aufkommenden Zorn, der sie befallen hatte, als sie damals ihren sterbenden Vater einer solch sinnlosen Konversation hatte aussetzen müssen.

Der Arzt wollte von dem Ungarn wissen, womit er sein Geld verdiente. Der Ungar erklärte, er wäre jetzt in Rente, er wäre Mechaniker gewesen. Er hatte in einer Fabrik gearbeitet, die alte Autos reparierte und wieder fahrtüchtig machte. Autos? Welche Art von Autos?

Der Ungar nannte ein paar. »Trabant!«, rief der Arzt begeistert. Er wusste alles über den Trabant! Der Ungar strahlte bei so viel Anerkennung, aber er schien nicht neugierig zu sein, warum der englische Arzt alles über alte Autos aus Ostdeutschland wusste. »Ausgestorben« war das Wort, das er benutzte. Aus-gestorben. Noch immer hatte er Schmerzen und zuckte mitten im Satz zusammen. Bei der Erwähnung von Autos aber hatte er sich etwas entspannt und spulte die Automarken, die er kannte, nur so herunter – Skoda, Lada, Trabant, Fiat –, er erklärte auch die Unterschiede zwischen ihnen.

Sie wusste nur wenig über das Autogeschäft, noch weniger über die einzelnen Modelle aus der Sowjetzeit. Ihr automobiltechnisches Vokabular war – in jeder Sprache – minimal. Sie konnte gerade einmal die Worte »Pferdestärke« und »Zweizylinder« auf Deutsch verstehen, aber der Abstand zwischen den technischen Fachbegriffen des Ungarn und ihren Übersetzungen wuchs von Minute zu Minute.

Ihr Deutsch war eingerosteter, als sie es wahrhaben wollte. Sie hatte die Sprache in ihrer frühen Jugend gelernt, an einer katholischen Schule, deren Schulgeld ihre

Eltern sich für sie vom Mund abgespart hatten. Als sie aufgefordert wurde, eine Fremdsprache zu wählen, wählte sie Deutsch – aus dem einzigen Grund, dass die Lehrerin, die aus Deutschland kam, die gütigste war; sie stammte aus einer entlegenen Region im Harz.

Ermutigt von Schwester Ursula aus Braunlage, einer alten Stadt, die damals vom Tagebau lebte, fand sie heraus, dass sie eine Begabung für diese Sprache hatte, über die sich ihre Freunde die Mäuler zerrissen, indem sie die Kehllaute nachahmten und immer die gleichen »Gute Fahrt«-Witze machten. Am College hatte sie dann Germanistik gewählt, bevor sie in der Graduiertenschule zu den Sprachwissenschaften wechselte. Obwohl sie sich mit Sprachsystemen befasste, erschien ihr die Linguistik meilenweit von der verzwickten Sprache des Geschichtenerzählens entfernt zu sein. Was ihre Deutschkenntnisse betraf, die schon zwanzig Jahre alt waren: Sie hatte sie nicht weiter gepflegt. Es grenzte an ein Wunder, dass es ihr jetzt gelang, doch noch so viel davon zu reaktivieren.

Während die Männer miteinander redeten, konnte sie nur den Kopf des Ungarn sehen. Er schien mit Schweißtropfen übersät zu sein. Sie war versucht, in ihre Tasche zu greifen, ein Kleenex herauszuholen und kurz über seinen Glatzenansatz zu wischen, aber sie unterdrückte diesen spontanen Reflex. Sie nahm an, es würde ihn kränken. Vielleicht wäre es aus irgendeinem Grund sogar schädlich, und er würde, wie jemand, der sich bei einem Unfall gerade das Rückgrat gebrochen hat, durch ihr Zutun zum Krüppel werden, nur weil man ihn in der falschen Art und Weise bewegt hatte.

Dos Santos war zurück, dieses Mal mit zwei Stewardessen im Schlepptau. Er lehnte sich hinüber, um dem Arzt etwas ins Ohr zu flüstern, und nachdem sich beide in gegenseitigem Einverständnis wiederholt zugenickt hatten, erhob sich der Arzt. Er ging zurück zu seinem Sitz, aber er versicherte dem Ungarn, während er ihm beruhigend den Arm tätschelte, er würde zurückkommen und nach ihm sehen. Er wolle zwischendurch nur etwas ausruhen. Dann drehte er sich zu ihr um und sagte: »Ich weiß ihn in guten Händen mit Ihnen an seiner Seite.«

Was war das für ein Arzt, der sie mit einem kranken Mann allein ließ, während er ein Nickerchen machen wollte? Sie war keine Krankenschwester, sie war nicht einmal Übersetzerin. Und nun sollte sie beides sein? Wenn jemand ein Nickerchen brauchte, war sie das!

Die blonde Stewardess begann, das Bettzeug aus der Plastikhülle zu holen, legte es über ihren Sitz und begann feierlich, das Bett zu machen. Die andere Stewardess hatte mittlerweile den Platz des Arztes eingenommen und maß beim Ungarn Blutdruck und Fieber. Dann deckte sie ihn mit zwei Decken zu, zog die Blende am Fenster herunter, stand auf und wartete darauf, dass sie sich setzte.

Sie hatten ihr zwei Flaschen Wasser gebracht und zwei kleine Packungen Minibrezeln. Hatte sie noch einen Wunsch? Tee? Kaffee? Alles, was sie wollte, war, ihre Schlaftablette zu nehmen, aber das stand nun nicht mehr zur Debatte. Noch immer hatte sie keine Idee, was mit dem Mann neben ihr nicht stimmte. Obwohl er sich sichtlich beruhigt hatte, wusste sie, er war noch immer hellwach.

Sie hatte die Uhr auf ihrem Handy noch nicht umgestellt und hatte keine Vorstellung, wie viel Zeit vergangen war.

Sie war gerade dabei, ihren Sitz nach hinten zu stellen, als Dos Santos sich zu ihr herüberlehnte, ihr eine Hand auf die Schulter legte und sagte: »Wir machen eine Notlandung in Calgary. Wir werden es in Kürze durchsagen. Unser Freund hier ist in keiner guten Verfassung.«

Calgary! Wie weit war Calgary wohl noch weg? Und wie lange würde es dann dauern, bis sie am Ziel waren? Dos Santos starrte auf seine Uhr. »Zwei Stunden? Mehr oder weniger …« Auf dem Bildschirm über dem Gangplatz konnte sie sehen, wie das winzige Symbolflugzeug über der weiten, leeren Meeresfläche dahinglitt. Kaum war Dos Santos hinter dem Vorhang der Bordküche verschwunden, kratzte der Ungar sie am Arm und wollte wissen, was los war.

»Der Pilot macht eine Notlandung in Calgary, so dass sie Sie …« Welches war nun das passende Wort? Ausladen? Behandeln? Zum Krankenhaus bringen konnten? »Kommen Sie näher«, sagte der Ungar in einem väterlichen Ton und klopfte erneut auf den mittleren Sitz. »Kommen Sie näher, und reden Sie mit mir. Bitte!« – »Sie sollten lieber schlafen«, sagte sie. »Sie brauchen Erholung!«

»Nein, ich kann nicht schlafen. Ich darf nicht schlafen. Wenn ich einschlafe, weiß ich, dass ich nicht wieder aufwachen werde. Ich werde nie wieder aufwachen. Ich muss wach bleiben.«

Resigniert öffnete sie ihren Sicherheitsgurt und rutschte einen Sitz weiter. »Wie geht es Ihnen?«, fragte sie, doch im selben Moment schon bereute sie ihre Frage. »Wie fühlt sich ein sterbender Mann? Da sind so viele Dinge …, so viele Dinge.« – »Sie sollten besser nicht reden, das wird

Sie nur müde machen.« – »Dann müssen Sie mir etwas erzählen. Bitte, erzählen Sie mir eine Geschichte!« Eine Geschichte! Aus heiterem Himmel kam ihr eine Erinnerung in den Sinn, lebendig und noch immer beschämend, nach all dieser Zeit!

In einer von Mrs. Penns Klassen in der Mittelschule wurden die Schüler gefragt, was sie als Erwachsene einmal werden wollten. Nach und nach reckte jeder ihrer Klassenkameraden den Arm und nannte den Beruf, den er oder sie anstrebte. Arzt, Richter, Krankenschwester, Modedesigner; Balletttänzerin, olympische Eiskunstläuferin, Tiertrainerin … Als sie an die Reihe kam, rief sie in einem Anfall von Wagemut: »Schriftstellerin!«

Mrs. Penn zog ihre Augenbrauen hoch. Eine Schriftstellerin! »Was für eine Art Autorin willst du denn werden, Lily?« Verwirrt antwortete sie: »Eine Autorin von Geschichten.« Zu Hause hatte sie einen Schuhkarton voller kleiner Bücher, die sie aus Pappe, Karteikarten oder Schmierpapier hergestellt hatte. Keine Illustrationen, keine Dekorationen: Nur handgeschriebene Linien füllten die Seiten mit – was sonst? Geschichten eben!

»Was denkt ihr anderen in der Klasse?«, fragte Mrs. Penn. »Glaubt ihr, dass Lily eine gute Schriftstellerin wird?«

Hinten aus dem Klassenzimmer erklang eine Stimme: »Nein!«

»Und warum nicht?«

»Ihre Geschichten sind soooo laaaangweilig!«

In ihrem stockenden, tastenden Deutsch begann sie zu erzählen, was sie von den Geschichten, die sie einst gelesen und geliebt hatte, behalten hatte. Sie begann mit denen, die sie auf Deutsch gelesen hatte. Sie erinnerte sich besonders an jene, die sie wieder und wieder gelesen hatte, so dass sich ihr bestimmte Wörter und Sätze tief ins Gedächtnis eingeprägt hatten.

In einer ihrer alten Lieblingsgeschichten hatte der Erzähler, ein Kriegsveteran, der wieder in die Gesellschaft eingegliedert werden sollte, die undankbare Aufgabe, Menschen auf einer Brücke zu zählen; und doch leistete er täglich auf seine Art dem System Widerstand. Von seinen Vorgesetzten, den Statistikern, wurde er belobigt für seine Effizienz und seine Genauigkeit. Was diese jedoch nicht wussten: Immer, wenn eine bestimmte Frau auf der Brücke erschien, eine Frau, die er aus der Ferne anbetete, hörte er auf zu zählen. Zwei Minuten dauerte es, bis sie die Brücke überquert hatte, und so blieben auch die anderen Fußgänger, die mit ihr vorbeigingen, ungezählt.

Entweder hatte sie die Geschichte nicht richtig erzählt, oder sie war nicht gut genug für den Ungarn, sie konnte seine Enttäuschung förmlich greifen. Also hatte er beim täglichen Zählen der Menschen auf der Brücke ein paar ausgelassen? Und was war der Clou der Geschichte?

Sie suchte in ihrem Gedächtnis nach etwas Passenderem und erinnerte sich an eine Novelle, in der die Hauptfigur ein Mechaniker war – allerdings von Waschmaschinen und nicht von Autos, aber immerhin. Damit müsste der Ungar etwas anfangen können. Sie konnte sich nicht mehr an alle Einzelheiten der Geschichte erinnern, war sich aber sicher, dass sie einen Tag im Leben des jungen Mechanikers beschrieb, der noch immer von den Erinnerungen an seinen

Hunger im Krieg verfolgt wurde: In seiner Phantasie sah er ständig das karge Brot jener Jahre vor sich.

Sie hatte sich immer schon von Berichten über Hunger und Hungersnöte seltsam angezogen gefühlt. Sie konnte sich noch daran erinnern, wie ihre Mutter ihr als Kind gesagt hatte: »Vergiss das niemals: Deine Vorfahren sind an Hunger gestorben – ja, *gestorben*. Deine Großmutter ist verhungert.«

Der Ungar war sehr still geworden und erlaubte ihr so, sich in einen Strom von Erinnerungen und Entdeckungen aus der Vergangenheit ihrer Eltern in Yunnan zu verlieren. »Der Wilde Westen von China«, so wurde die Provinz in den neuesten Reiseführern bezeichnet.

»Weiter«, sagte er. »Erzählen Sie weiter.«

Das Wort ›Geschichte‹ hat im Deutschen eine doppelte Bedeutung – im literarischen und im historischen Sinn. Auch im Englischen war das Wort *story* in *history* enthalten. Ausgelöst von einer Erzählung über Deutschland, erinnerte sie sich an beiläufige Geschichten über die Heimat ihrer Eltern, die so weit vom Zentrum des kaiserlichen Chinas entfernt war, dass man sie als Yunnan, als Provinz »Südlich der Wolken«, bezeichnete.

Südlich der Wolken, der Ungar stöhnte laut auf. Er begann wieder, in seinem Sitz zu schwitzen. Wahrscheinlich war der Mann von ihrem eintönigen Gerede müde geworden, sie war es jedenfalls. Indem sie so lange reden und ihre Stimme gegen das Grundrauschen des Flugzeugs erheben musste, erschien es ihr, als ob sie gegen einen Geisterchor ankämpfte. Ihre Stimme klang heiser. Mittlerweile hatte sie drei Flaschen Wasser getrunken, und immer noch fühlte sich ihre Stimme rauh an. Die einzigen Pausen, die sie sich nehmen konnte, waren diejenigen, in der die Flugbegleiter nach dem Patienten sahen. Der Arzt hatte sein Versprechen, zurückzukehren und nach dem Patienten zu schauen, nicht ein einziges Mal eingelöst.

Mittlerweile litt der Mann neben ihr sehr. Sie tauchte daher in eine Erzählung ein, die aus dem Nichts gekommen war, und begriff erst in der Mitte der Geschichte, dass sie einen fürchterlichen Fehler gemacht hatte.

Die Geschichte begann mit einem Auto; deswegen war sie ihr wohl auch in den Sinn gekommen. Ein Handelsvertreter fährt übers Land, als sein Auto kaputtgeht. Er steuert das nächstgelegene Haus an, dessen Besitzer sich als pensionierter Richter entpuppt. Da es schon spät ist, bietet der Richter ihm ein Bett für die Nacht an und lädt ihn zum Abendessen mit drei anderen Gästen ein; alten Männern, die früher ebenfalls am Gericht gearbeitet hatten. Im Verlauf des langen Abends, an dem viel getrunken wird, wird der Fremde zum Opfer eines tödlichen Spiels – ein Scheinprozess, in dem der Angeklagte manipuliert und genötigt wird, ein Verbrechen zu gestehen, für das er schuldig befunden und zum Tode verurteilt wird. Am Ende der vermeintlichen Gerichtsverhandlung geht der zutiefst verstörte Mann in sein Zimmer und hängt sich auf.

Was um alles in der Welt hatte sie dazu bewogen, an dieser Stelle überhaupt eine solch geschmacklose Geschichte zu erzählen? Sie hatte keine Ahnung, warum sie das getan hatte. So gesehen war sie gar keine Erzählerin, sie war nie eine gewesen. Aber jetzt war es zu spät, einen Rückzieher zu machen. Sie musste ein anderes Ende für die Geschichte erfinden ...

Im letzten Augenblick fiel es ihr ein! Sie erinnerte sich daran, dass der Mann in der Originalversion Selbstmord begeht, doch in einer späteren Hörspieladaption am nächsten Morgen aufwacht, sein repariertes Auto abholt und einfach davonfährt. Gott sei Dank gibt es alternative Enden. Jetzt konnte sie die erbärmliche Geschichte anders erzählen und sie auf ein viel milderes, erfreulicheres Ende zusteuern lassen.

»Und der Mann fuhr davon und dachte: ›Was für ein verrückter Haufen!‹«, fügte sie zum Schluss hinzu und bemühte sich um eine lustige Note. Der Ungar zitterte – aber nicht vor Lachen, o nein. War es ein Anfall, dieses erneute Zittern? Starker Schüttelfrost? Sie stand auf, um Hilfe zu rufen, als er einen Schrei ausstieß und zu würgen begann. Dieses Mal war er nicht am Ersticken, sondern er erbrach sich: auf sein Hemd, auf seinen Schoß. Sie waren noch dabei, ihn zu säubern, als die Durchsage kam, dass das Flugzeug gleich landen würde.

Die letzte halbe Stunde des Fluges saß sie auf dem Gangplatz in der Reihe hinter ihm. Sie hielt ihre Augen geschlossen, bemüht darum, dass ihr nicht selbst schlecht wurde mit den für sie so typischen Anzeichen – plötzliches Schwitzen, Herzrasen –, welche bei ihr den Ausbruch einer heftigen Übelkeit anzeigten. Nach der Landung und nachdem der kranke Mann für den Transport auf der Krankentrage vorbereitet worden war, während die Crew darauf wartete, dass sich die Türen öffnen und der Krankenwagen gleich eintreffen würde, hörte sie Dos Santos sagen: »Sie schicken einen ungarischen Übersetzer mit! Und das in Calgary! Kanada ist einfach großartig!« Die Krankentrage war nun direkt hinter ihm. Dos Santos beugte seinen Kopf zu der großen, regungslosen Gestalt und fragte sie, ob sie wisse, wo sie wären. »Wissen Sie, wo Sie sind?«, fragte sie ihn. Der Ungar nickte. »Südlich der Wolken«, sagte er.

Ein paar Tage später, nach einigen Drinks mit den Kollegen auf der Konferenz, denen sie die ganze Geschichte erzählt hatte, kam die Frage auf, ob sie eigentlich herausgefunden hatte, wie es dem kranken Mann inzwischen ging? Hatte sie sich noch mal mit der Fluggesellschaft in Verbindung gesetzt? Nein, das hatte sie nicht, bis jetzt nicht – als ob sie das beabsichtigte. Tief in ihrem Innern wusste sie, dass sie das niemals tun würde. Jemand sagte: »Ich bin sicher, der arme Mann würde dir danken wollen.«

Wirklich komisch, genau das hatte auch der Flugkapitän zu ihr gesagt, nachdem sie den Ungarn aus dem Flugzeug getragen hatten. Er erschien an ihrer Seite, um ihr für all das, was sie getan hatte, zu danken und um sie in die First-Class-Kabine einzuladen, damit sie sich für den Rest des Fluges erholen konnte, bis sie in L.A. landeten. »Ich bin sicher, er hätte Ihnen selbst danken wollen«, hatte der Kapitän gesagt.

Oh, aber das hatte er getan, dachte sie nun. Das hatte er.

Sie trugen ihn gerade zum Ausgang, als er nach ihr rief. Sie stand noch bei Dos Santos, bereit für eine Last-Minute-Übersetzung, bevor der ungarische Dolmetscher eintraf, als er seine Hand nach ihr ausstreckte und etwas sagte, als sie ihn heraustrugen. Sie konnte kein Wort verstehen. War es ein Name? Es war auf jeden Fall nicht ihr Name, auf keinen Fall. Aber er wiederholte das Wort und rief nach ihr.

Als sie endlich ihre Sachen auf ihren neuen Platz in der ersten Klasse gebracht hatte, schrieb sie es nach Gehör auf – das Wort, mit dem er sie gerufen hatte –, weil sie wusste, dass sie es sonst vergessen würde. Es hörte sich so an wie *meshy-mondo*. Nein, sie hatte sich nicht darum gekümmert herauszufinden, ob der Ungar noch am Leben war oder schon tot. Aber immerhin hatte sie in ihrem Hotelzimmer in L. A. in einem ungarischen Online-Wörterbuch nach dem Wort gesucht, das er ihr zugerufen hatte.

Tatsächlich wurde das Wort *mesemondó* geschrieben. Wieder und wieder klickte sie auf das Audiozeichen ihres Laptops, um sich die genaue Aussprache anzuhören. Als sie sich sicher war, dass es mit ihrer phonetischen Schreibweise übereinstimmte, schaute sie die englische Übersetzung von *mesemondó* nach.

Geschichtenerzähler, so lautete das Wort, das der Ungar zu sagen versucht hatte. Das war der Name, mit dem er sie gerufen hatte: Geschichtenerzählerin.

Aus dem Englischen von Ariane Huml

DAVID WAGNER

Besuche bei der alten Dame

Wieso willst du ihr Leben erzählen, Freund?«
»Weil sie die erstaunlichsten Dinge erlebt hat. In
sechs Sprachen und in etlichen Ländern.«

»Wo lebt sie heute?«

»In Istanbul, wo sie geboren und aufgewachsen ist. Später hat sie in der Schweiz, in Deutschland, in Frankreich
und in den USA gelebt.«

»Und welche Sprachen spricht sie?«

»Armenisch, Türkisch und Griechisch – die Sprachen
ihrer Istanbuler Kindheit, ihre Mutter- und Familien-
sprachen. Daneben Deutsch, Englisch und Französisch
fließend.«

»Nicht schlecht. Da kann ich nicht mithalten. Du aber
auch nicht, oder?«

»Nein, nie.«

»Und welche Sprache sprecht ihr miteinander?«

»Deutsch, manchmal, kommt darauf an, wer dabei ist,
auch Französisch oder Englisch.«

»Und was hat sie so erlebt?«

»Sie ist eine außergewöhnliche Frau, die ein außergewöhnliches Leben führt. Als Armenierin ist sie in der
Türkei immer eine Außerirdische gewesen. Und als türkische Armenierin überall sonst auf der Welt nicht weniger.

Und überhaupt. Sie ist die Königin ohne Land in vielen Ländern.«

»Sie ist aber Türkin, oder? Sie hat einen türkischen Pass?«

»Ja, hat sie. Und sie ist stolz auf ihn und ihre türkische Staatsbürgerschaft. Ja, ich bin mir sicher, sie hätte nichts dagegen, als türkische Nationalistin bezeichnet zu werden.«

»Ich denke, sie ist Armenierin?«

»Ja und nein. Sie ist Türkin und Armenierin. Und vieles mehr: Sie ist Istanbul, sie ist Konstantinopel, sie ist Byzanz.«

»Ganz schön viel auf einmal. Und sonst? Was hat sie gemacht? Was macht sie heute?«

»Sie hat ein Unternehmen geführt. Sie war einmal reich, ihr Vater sogar märchenhaft reich. Wohlhabend ist sie noch immer, trotz aller Wirtschaftskrisen, Wirrnisse und Enteignungen. Sie hatte, lange her, einen schweren Unfall, den sie mit viel Glück überlebt hat. Sie ist zweifache Mutter, dreifach verwitwet und zwei- oder dreimal geschieden – oder zählt es nicht als verwitwet, wenn die Ehe geschieden war?«

»Nein, ich glaube nicht.«

»Als zweifacher Witwer musst du das ja wissen.«

»Du warst noch nicht verheiratet, oder?«

»Nein, war ich nicht. Wenn ich es manchmal auch behaupte. Und wenn es sich auch schon so angefühlt hat.«

»Das zählt nicht, Freund.«

»Wenn du es sagst.«

»Wo hast du Verkin eigentlich kennengelernt?«

»In Berlin. Auf der Willkommensparty für eine Katze.«

»Eine Willkommensparty für eine Katze? Was ist das

denn für eine Veranstaltung? Und was für eine Katze war das?«

»Eine schneeweiße Vankatze, türkisch *Vankedesi*. Vankatzen sind besondere Tiere: Sie sind nicht nur schnee- oder kalkweiß, sie haben auch zwei verschiedenfarbige Augen. Das eine ist blau, das andere braun.«

»Sie haben eine Iris-Heterochromie?«

»Was du alles weißt. Ja, so heißt das wohl.«

»Kommt auch beim Menschen vor, ist allerdings nicht sehr häufig. Und beruht oft nur auf einer Entzündung der Iris.«

»Also ich hätte gern ein blaues und ein braunes Auge.«

»Ein blaues Auge kannst du dir sehr schnell holen. Ich kann dir gleich eins verpassen.«

»Nein, danke, so dringend ist es nicht.«

»Und diese Katzen sind eigentlich Göttinnen, ja? Oder ebenfalls Außerirdische? Und stammen woher?«

»Göttinnen sind sie bestimmt. Sie stammen aus der Gegend um den Vansee im äußersten Südosten Anatoliens. Aus dem armenischen Kernland. Aus der Region, die einst armenisch und heute hauptsächlich kurdisch besiedelt ist. Armenier sagen, Vankatzen seien armenische Katzen; Kurden sagen, es seien kurdische Katzen; und die Türken behaupten selbstverständlich, es seien türkische Schwimmkatzen.«

»Was, schwimmen kann diese Wunderkatze auch?«

»Ja, schwimmen und im Vansee Fische fangen, diesem riesigen See mit Inseln, auf denen uralte armenische Klöster und Kirchen stehen. Beziehungsweise ihre Ruinen.«

»Du sprichst, als wärst du schon dort gewesen.«

»War ich doch, letztes Jahr zu Weihnachten.«

»Weihnachten, als du mich nicht besucht hast?«

»Genau. Du weißt doch, ich bin ein Weihnachtsflüchtling.«

»Stimmt. Aber vor deiner Scheidung bist du immer zu mir geflüchtet.«

»Ja, vielleicht war das so. Nur geschieden bin ich nicht. Katja und ich waren nie verheiratet.«

»Nein? Schade. Oder besser so. Und, hast du mir eine dieser Wunderkatzen mitgebracht? So eine würde mir sicherlich gefallen. Sie könnte sich Goldfische aus dem Teich angeln. Oder Forellen aus dem Rhein.«

»Forellen aus dem Rhein? Träum weiter, Papa.«

»Doch, es gibt Forellen im Rhein. Sie sind halt bloß sehr selten. Kannst du mir eine Vankatze besorgen?«

»Nein, leider nicht. Ihre Ausfuhr ist verboten. Sie gilt als gefährdet und als türkisches Kulturgut.«

»Und wie hat deine Freundin es geschafft?«

»Sie hat sie in ihre Louis-Vuitton-Tasche gesteckt und ist mit ihr nach Berlin geflogen.«

»Wurde sie nicht kontrolliert?«

»Ich weiß nicht genau, wie sie es gemacht hat. Ob sie sich eine Ausfuhrgenehmigung besorgt hat? Sie kennt viele Leute in der Regierung. Vielleicht hat sie jemanden bestochen, oder jemand war ihr noch etwas schuldig. Wie ich sie kenne, hat sie wahrscheinlich gar nichts gemacht und einfach gesagt, es sei ihre Katze und sie nehme die immer mit auf Reisen. Sie ist eine Königin, umgeben von natürlicher Autorität, sie schüchtert ein, auf angenehme Art und Weise; ja, sie schüchtert vor allem türkische Männer ein, die ein solches Auftreten von Frauen eher nicht gewohnt sind. Vermutlich wurde ihr die Tasche samt Katze am Flughafen sogar hinterhergetragen von einem dieser dienstfertigen Beamten, die ihr immer gefallen wollen.«

»Du hast sie also auf einer Katzenparty kennengelernt. Und bist dann auf die Idee gekommen, ein Buch über sie zu schreiben?«

»Nein, so schnell nicht. Das dauerte ein paar Jahre.«

»Wieso?«

»Alles dauert immer ein paar Jahre. Fast alles. Es dauert halt. Ich musste selbst erst verstehen, was mich an ihr so sehr fasziniert.«

»Und was ist das?«

»Kann ich noch nicht sagen. So genau weiß ich das nicht. Noch immer nicht. Außerdem sind wir erst ganz am Anfang.«

»Am Anfang der Geschichte? Eurer Bekanntschaft? Deines Buches?«

»Ich muss sie erst mal kennenlernen.«

»Auf der Katzenwillkommensparty in Berlin?«

»Ja, genau. Wir werden einander vorgestellt und unterhalten uns über Berlin, das sie aus den sechziger Jahren kennt. Sie erzählt, sie sei als junge Frau zwei- oder dreimal im Jahr von Istanbul über West- nach Ostberlin gereist, um dort mit Beamten aus dem Wirtschaftsministerium der DDR über Lieferungen von elektrischen und elektronischen Bauteilen in die Türkei zu verhandeln. Dabei habe sie immer einen großen Koffer voller Nüsse, Feigen und Datteln mitgeschleppt, Gaben aus dem Morgenland, die sie unter ihren Gesprächspartnern verteilt habe.«

»Und die SED-Funktionäre haben ihr aus der Hand gefressen, wie kleine Eichhörnchen?«

»So ungefähr. Die Türkei war damals eine Importwirtschaft und brauchte Bauteile, die DDR Devisen und Haselnüsse. Nach den Verhandlungen sei sie abends, so hat sie es mir erzählt, oft ins Theater am Schiffbauerdamm gegangen und habe Inszenierungen von Benno Besson gesehen, bevor sie kurz vor Mitternacht über die Sektorengrenze zurück nach Westberlin gefahren sei. Übernachtet habe sie immer im Kempinski, sie habe es sehr gemocht, bis die sie eines Tages – sie hatte diese Reise schon sechs- oder siebenmal unternommen – dort nicht mehr wohnen lassen wollten, weil sie sich bei einem Westberliner Züchter einen Hund gekauft hatte.«

»Einen Hund? Was für einen Hund?«

»Einen Dobermann. Ihren ersten. Den ersten in einer langen Reihe von Dobermännern. Sie hat noch heute einen, ein schönes Tier. Baron heißt er.«

»Baron? Ein königlicher Dobermann mit langem Stammbaum, und dann ist er bloß ein Freiherr?«

»Der Name passt schon. Ab und zu nimmt er sich die Freiheit, am Bosporus zu verschwinden. Wegzulaufen. Einmal wurde er bei einem aserbaidschanischen Waffenhändler auf der asiatischen Seite wiedergefunden. Der hielt sich in seinem Privatzoo Krokodile und Löwen.«

»Versteht er sich mit Katzen? Mit ihren Katzen? Sie hat doch Katzen, oder?«

»Ja, sie hat zwei Vankatzen. Sie heißen Napoleon und Josephine.«

»Wieso überraschen diese Namen mich jetzt gar nicht! –

Das hast du aber nicht alles bei eurer ersten Begegnung erfahren, oder?«

»Nein, erst bei späteren Besuchen. Ich greife vor. In Berlin haben wir uns nur über Berlin und den Bosporus unterhalten. Wir haben den halben Abend miteinander geredet, und weil ich schon einmal in Istanbul gewesen war, konnte ich mir ungefähr vorstellen, wo sie wohnt. Sie hat mir von dem früheren Geschäftshaus ihres Vaters nicht weit vom Galataturm erzählt, sie sei gerade dabei, es in eine Künstlerresidenz und einen Club umzuwandeln. – ›Ach, Sie gentrifizieren?‹, habe ich gesagt, damals siezten wir uns noch, zumindest auf Deutsch. ›Aber nein, I'm developing‹, hat sie geantwortet. Und hinzugefügt: ›Am Halic, am Ufer des Goldenen Horns wird eine neue Riviera entstehen.‹ Ich habe gelacht und ihr von meinen Istanbuler Mall-Erkundigungen berichtet, und sie hat mich alles Mögliche über Deutschland und unser Verhältnis zur Türkei gefragt, sie wollte wissen, was ich denke.«

»Das sind gute Gespräche, wenn dein Gegenüber nicht nur von sich selbst erzählt und Publikum braucht, sondern sich auch für dich interessiert. Und umgekehrt.«

»Manchmal hat sie eine sehr direkte Art zu fragen. Ihre dritte oder vierte Frage lautete beispielsweise, wie lange meine Mutter schon tot sei. Ich war überrascht, nicht wenig, denn ich hatte Mama bis dahin nicht erwähnt, geschweige denn von ihrem Tod erzählt – habe in diesem Moment aber, so perplex war ich, nicht nachgefragt, wie sie darauf kam.«

»Das ist aber interessant!«

»Mittlerweile weiß ich, dass sie es wohl einfach gespürt

hat. Sie hat es in meinem Gesicht gesehen, ich weiß ja, dass das möglich ist.«

»Ach ja? Steht es dort geschrieben?«

»Du kannst es nicht sehen, wie auch, du kennst mich zu gut. Du siehst, wenn überhaupt, nur deine erste Frau und dich selbst in meinem Gesicht. Andere aber können es sehen, und bei anderen kann ich es auch. Früher zum Beispiel, in der Schule oder später, an der Uni, habe ich mich auffällig oft in Mitschülerinnen oder Kommilitoninnen verliebt, die ebenfalls einen Elternteil verloren hatten, Vater oder Mutter – und das immer, bevor ich es überhaupt wusste. Ich muss das in ihren Gesichtern gesehen haben. Oder ich konnte die Trauer, die Traurigkeit, den Schmerz und den toten Elternteil riechen.«

»Verwesungsgeruch? Bitte nicht.«

»Zum ersten Mal bewusst geworden ist es mir in Frankreich, als ich mit fast dreißig Au-Pair-Mädchen in einem Sprachkurs saß, junge Frauen aus aller Herren Länder, fast alle wunderschön, Klingsors Zaubergarten in Saint-Germain-des-Prés. Und mit wem habe ich mich angefreundet? Mit der Mexikanerin, deren Mutter gerade gestorben war, und der Amerikanerin, deren iranischer Vater vom persischen Geheimdienst ermordet worden war. Es passierte einfach. Ich habe sie erkannt.«

»War die Mexikanerin die, der du nach Mexiko hinterhergereist bist?«

»Ja, wir haben in Paris kurz zusammengewohnt, später habe ich sie in Mexiko-Stadt besucht – und bin geblieben. Fast ein Jahr.«

»Bin ich dir sympathisch, weil auch ich meine Mutter,

meinen Vater und zwei Ehefrauen verloren habe? Siehst du das in meinem Gesicht?«

»Du mir sympathisch? Wann war davon die Rede? Du bist mein Vater, und den sucht sich niemand aus, oder? Einen Vater hat man einfach. Oder eben auch nicht.«

»Die eigenen Kinder sucht man sich auch nicht aus. Nicht wirklich. Sie kommen einfach so. Ohne Rückgaberecht.«

»Bist du unzufrieden?«

»Es geht. Ich will mich nicht beschweren.«

»Ich hatte diesen Freund, eher dein Alter, der mich vor Jahren mal nicht wenig schockiert hat, als er sagte, auf dem freien Markt hätte er sich seine beiden Söhne nicht ausgesucht.«

»Väter sind halt gern unzufrieden mit ihren Söhnen. Mein Vater war auch so.«

»Ich fand seltsam, dass er es zu mir gesagt hat, als ich ungefähr so alt wie sein älterer Sohn war – der einige Jahre später unter ungeklärten Umständen ums Leben kam.«

»Ein Drogentod, oder?«

»Ja, stimmt. Habe ich dir das schon erzählt?«

»Kann sein. Oder ich habe es einfach so erwartet. Und wie ging es nun mit Verkin weiter?«

»Sie sagte, besuch mich doch in Istanbul. Ich habe Platz, und ich zeig dir die Stadt.«

»Jetzt duzt sie dich schon!«

»Vielleicht haben wir da auch Englisch gesprochen. Oder sie hat mich geduzt, ich weiß es nicht mehr. Wir haben uns ja gleich gut verstanden.«

»Und dann bist du sofort nach Istanbul geflogen?«

»So schnell nicht. Es hat eine Weile gedauert. Eines Tages aber hat es sich ergeben: Es gab die Einladung einer Stiftung, einige Wochen in Istanbul zu verbringen. Ich wollte doch – deshalb war ich ja schon einmal in Istanbul gewesen – ein Buch über die Malls von Istanbul schreiben.«

»Und den Großen Basar?«

»Ja, die erste Mall von Istanbul.«

»Du wolltest also dein Passagenwerk schreiben, oder?«

»Wenn du so willst, ja. Mein Passagenwerk, haha. Alle Istanbul Malls.«

»Wie viele gibt es denn?«

»Sehr, sehr viele. Ich bin in etwa dreißig gewesen, aber es soll über neunzig geben. Ich müsste noch einige besuchen. Und es werden immer mehr.«

»Und, was ist mit diesem Buch?«

»Aufgegeben habe ich es nicht – dann aber habe ich viel mehr Zeit mit Verkin als in Malls und am Schreibtisch verbracht.«

»Das war sicherlich interessanter. Was aber war jetzt noch mal das Außergewöhnliche an ihr? Dass sie so viele Sprachen spricht? In vielen Ländern gelebt hat und wohlhabend ist? Oder dass sie dich gleich durchschaut und auf deine Wunde gezeigt hat – was ja nicht sonderlich schwer ist.«

»Nicht arm zu sein hat ihr bei all den Dingen, die sie angestellt hat, sicherlich geholfen. Aber am Ende hat man ja nie genug. Und es ist eine Sache, Geld zu haben, und eine andere, etwas damit anzufangen und nicht an Langeweile zu sterben. Geld allein ist keine Garantie für ein aufregendes Leben. Im Gegenteil.«

»Wahrscheinlich nicht. Viel Geld macht vieles sehr kompliziert.«

»Zu viel altes Geld, das musste sie während ihrer ersten Ehe in Düsseldorf erfahren, führt jedenfalls in die Erstarrung.«

»Ach, sie hat in Düsseldorf gelebt? Wann?«

»Sie war einmal mit einem Deutschen verheiratet. Mit dem feiersüchtigen Sohn eines Ruhrbarons namens Detlef von Arndt.«

»Das klingt aufregend! Und homosexuell. Und wie aus einem Visconti-Film.«

»Ich glaube, sie hatte immer eine Schwäche für Bad Boys. Und Detlef war vielleicht einer – oder nein, letztendlich war er wohl nicht *bad* genug. Er war bloß ein Playboy light. Womit sie nicht gerechnet hatte, nachdem sie seinem Werben nachgegeben hatte, war, dass ihre Schwiegermutter aus ihr eine deutsche Gattin und ein Mitglied der höheren Stände der Düsseldorfer Gesellschaft machen wollte. Darauf hatte sie überhaupt keine Lust.«

»Wann war das?«

»1965 und 1966. Sie war noch keine zwanzig.«

»Und wie kam sie von Istanbul nach Düsseldorf? Wie kam es, dass sie in eine Familie des deutschen Industrieadels einheiratete?«

»Sie hatte Detlef beim Tauchen kennengelernt, im ersten Istanbuler Tauchclub. Eigentlich hatte sie dort erst seinen Vater kennengelernt, den Mann, der die Europäische Gemeinschaft für Kohle und Stahl miterfunden und zwischen Deutschland, Frankreich und den Beneluxstaaten ausgehandelt hatte.«

»Ach, das waren die Anfänge der Europäischen Gemeinschaft, nicht wahr?«

»Ja, und später wurde daraus die EU – nur leider ohne die Türkei.«

»1965 lebte ich in Köln. Sie hätte nur über den Rhein schwimmen müssen, und wir wären uns vielleicht begegnet.«

»1965 konnte niemand im Rhein schwimmen, Papa. Der war damals viel zu schmutzig. Der Wiederaufbau machte so viel Dreck. Der Bosporus hingegen war noch sauber.«

»Auch wenn sie durch den Rhein getaucht wäre – ich war damals ein armer Schlucker, der noch studierte.«

»Du warst schon verheiratet, oder?«

»Nein, noch nicht. Geheiratet habe ich erst …«

»Doch, du warst verheiratet, Miriam ist 1966 geboren.«

»Stimmt. Du kennst dich aus.«

»Weiß ich alles von dir. Oder von Miriam.«

»Und, jetzt möchtest du ihre Biographie schreiben?«

»Biographie? Nein, so möchte ich das nicht nennen. Ich möchte sie einfach erzählen lassen.«

»In eigenen Worten? In welcher Sprache?«

»Wenn es möglich ist, in ihren eigenen Worten, ja. In welcher Sprache? Mal sehen. Mich interessiert, was sich über ein Leben erzählen oder aus einem Leben übersetzen lässt. Und was sie selbst erzählt. Nur weiß ich noch nicht, wie ich es zusammenfassen soll. Und wo ich in diesem Buch bleibe.«

»Leben lässt sich schlecht zusammenfassen. Das ist einfach so. Aber es wird sich schon fügen.«

»Das sagt sie auch.«

»Sie weiß, dass du ein Buch über sie schreibst?«

»Ja, und sie wartet darauf. Sie kann kaum erwarten, dass es fertig wird.«

»Und, setzt dich das unter Druck?«

»Manchmal schon.«

»Erzähl mir einfach alles. Diese Reisen nach Ostberlin interessieren mich. Und ihre Düsseldorfer Zeit. Und die anderen Ehemänner. Wer waren die, und wie viele waren es insgesamt?«

»Detlef war der erste, aber davor gab es Nicholas, einen in der Mandschurei geborenen russischen Fotografen, der in Frankreich aufgewachsen war. Sein Vater war ein Offizier der Weißen Armee gewesen, die im russischen Bürgerkrieg nach der Revolution gegen die Rote Armee gekämpft hatte. Während sie mit Detlef verheiratet war, auch davor und danach, gab es Emin, ihren Geschäftspartner, der später, sie forcierte das, Präsident des Istanbuler Fußballclubs Fenerbahçe wurde. Dann kam Hippo, der afroamerikanische Bildhauer und Builder, der König vom Tompkins Square, der in New York freiwillig auf der Straße lebte, sie nahm ihn mit nach Istanbul, und er blieb einige Jahre. Es folgte Orhan, ebenfalls Bildhauer und Popmusiker, Vater ihres ersten Sohnes. Dann der Verunglückte. Dann der Cowboy von Cardiff, eigentlich Chirurg, dann Tarek, Vater ihres zweiten Sohnes, der immer Orhans bester Freund gewesen war, dann …«

»Halt, ich komme nicht mehr mit. Und mit allen war sie verheiratet?«

»Nein, verheiratet war sie nur mit Detlef, Orhan und

dem Verunglückten. Und mit Tarek. Und bis auf Tarek sind sie alle tot. Hippo ist tot, der Cowboy von Cardiff ist tot, Nicholas, Emin und …«

»Aber sie hat nichts damit zu tun, oder?«

»Nein, wo denkst du hin.«

»Das sind aber schon einige Kapitel deines Buchs.«

»Oder Bände. Eines Zyklus.«

»Und wieso hat der Verunglückte keinen Namen?«

»Hat er schon, er gehört zu der Geschichte ihres Beines.«

»Ihres Beines? Was ist das für eine Geschichte?«

»Nach ihrem Unfall hat sich lange Zeit alles nur um ihr Bein gedreht. Um ihr linkes Bein.«

»Was war mit ihrem Bein?«

»Ich glaube, sie hat nur überlebt, weil sie es nicht verlieren wollte. Ihr Leben hätte sie gegeben, ihr Bein aber wollte sie nicht verlieren.«

»Auf ihr Leben hätte sie verzichtet, auf ihr Bein nicht?«

»Ja, gewissermaßen hat ihr Bein sie überleben lassen.«

»Das ist deine Interpretation, oder?«

»Es ist auch ihre: Sie hat überlebt, weil sie es nicht verlieren wollte. Über zehn Jahre hat sie gegen eine Amputation gekämpft, mit Ärzten in der Türkei, in England, in den USA und in Deutschland.«

»Ist das eine Krankengeschichte?«

»Eher eine Lebensgeschichte. Nein, eine Beingeschichte. Die Geschichte ihres Beines.«

»Sie hat wohl zwei Leben geführt, eines vor dem Unfall und eines danach.«

»Sie hat viele Leben geführt, mit beiden Beinen, fast ohne linkes Bein und dann wieder mit beiden Beinen.«

»Was war das eigentlich für ein Unfall?«

»Ein Autounfall, irgendwo in Anatolien. Ich glaube, es ist in der Nähe der Quelle des Mäanders passiert.«

»Des Mäander-Flusses?«

»Genau. Aber ich bin mir nicht sicher. Es könnte auch woanders gewesen sein. Jedenfalls war sie nicht allein im Wagen. Ihr dritter Ehemann, Emins ehemaliger Berater, saß mit ihr im Auto, sie am Steuer. Sie fuhren über eine Straße – und fielen in ein Loch. Der ganze Wagen fiel in ein riesiges Loch. Und ihr frisch angetrauter dritter Ehemann war sofort tot.«

»Wie, ein Loch?«

»Mitten auf der Fahrbahn befand sich, es war wohl dunkel, ein ungesichertes Loch. Vielleicht war gearbeitet worden, und die Straßenbauer waren nach Hause gegangen, ohne die Stelle zu sichern. Oder es war ein Senkloch, das sich gerade erst gebildet hatte, ich weiß es nicht. Das Auto fiel jedenfalls hinein.«

»Und sie hat überlebt?«

»Sie wurde bewusstlos gefunden und lag dann lange im Koma. Sie lag so lange im Koma, ihre Familie hatte sie aufgegeben. Im Grunde hat niemand an ihr Überleben geglaubt, nicht einmal sie selbst.«

»Wann war das?«

»1982.«

»Wie alt ist sie eigentlich?«

»Sie hat kein Alter.«

»Wie, sie hat kein Alter?«

»Sie ist einfach da, alterslos. Sie ist doch eine Außerirdische!«

»Du wirst doch eine Vorstellung haben, wann sie geboren ist. Hast du sie nie gefragt?«

»So direkt bin ich eher selten. Wäre doch unhöflich, oder?«

»Mich darfst du gern fragen, wie alt ich bin.«

»Ich weiß, du hast es vergessen. Außerdem weiß ich, wie alt mein Vater ist.«

»Und du? Ist sie jünger oder älter als ich?«

»Jünger, denke ich. Deutlich jünger. Andererseits ist sie in einer viel älteren Stadt geboren als du – hat also viel mehr Vergangenheit mitbekommen.«

»Was soll das denn heißen? Spielt das eine Rolle?«

»Kann ich mir schon vorstellen. Ältere Städte machen einen sicherlich älter. Und weiser. Vielleicht kommt ihre Alterslosigkeit auch durch den Unfall: Sie muss Mitte dreißig gewesen sein, als er sich ereignete – und älter ist sie einfach nie geworden.«

»Weil sie eigentlich gestorben wäre?«

»Vielleicht. Oder weil ihr Leben noch einmal von vorne angefangen hat.«

»Auch eine Möglichkeit. Ja, vielleicht ist so ein Beinahtod eine zweite Geburt.«

»Sie hat allerdings auch sehr gute Schönheitschirurgen, vielleicht sehe ich deshalb kein Alter. Einen hat sie mir mal vorgestellt, er war mit seiner Tochter zu Besuch bei ihr, wir haben gemeinsam zu Abend gegessen.«

»Und die Tochter des Schönheitschirurgen hat dir gefallen?«

»Um die geht es nun nicht.«

»Aber du hast sie erwähnt.«

»Sie ist mir halt eingefallen. Sie studierte noch, Medizin selbstverständlich, und sollte eines Tages die Klinik des Vaters übernehmen. Und hatte auch gleich einige Vorschläge, was sich in meinem Gesicht verändern ließe.«

»Einiges, nehme ich an. Neubau.«

»Haha. Verkin war angetan von der Idee und riet mir zu. Bei diesem Essen war auch von Verkins Plan die Rede, sich zu einem Mann umoperieren zu lassen.«

»Wie bitte? Die Außerirdische wollte sich umoperieren lassen?«

»Ja, sie hatte das lange geplant – damals aber schon abgeblasen. Es hatte neue Komplikationen mit ihrem Bein gegeben. Und dann hatte sich die Möglichkeit aufgetan, als erste türkisch-armenische Frau für einen Sitz im türkischen Parlament zu kandidieren.«

»Und warum?«

»Warum sie kandidierte?«

»Nein, warum wollte sie sich operieren lassen?«

»Meine Vermutung ist – und so hat sie es mir im Grunde auch erklärt –, dass sie keine Lust mehr auf die ewige Benachteiligung als Frau hatte. Die Diskriminierung als Armenierin reichte ihr völlig. Sie war müde, denn obwohl sie sich immer wie ein Mann aufgeführt und gegen so viele Männer – ihren Vater, ihren Bruder, ihre Ehemänner und Geschäftspartner – durchgesetzt hatte, wurde sie dennoch ihr ganzes Leben hindurch als Frau benachteiligt. Davon war sie so genervt, dass sie lieber ein Mann werden wollte.«

»Und was sagte ihr Schönheitschirurg dazu?«

»Der meinte, sie sei völlig verrückt: Nun habe er ihr

diesen schönen Körper erschaffen, diese teuren Brüste zum Beispiel – und nun wolle sie die wieder entfernen lassen?«

»Er hatte Angst um sein Werk.«

»Vor den Operationen, die nötig gewesen wären, hatte sie keine Angst. Wegen ihres Beines hatte sie schon Hunderte – ich übertreibe nur leicht – über sich ergehen lassen müssen. Sie war daran gewöhnt, ihren Körper zu optimieren, ihn verbessern zu lassen. Chirurgen in vier Ländern hatten sich an ihrem Bein versucht.«

»Ist ihr linkes Bein nach all den Operationen heute vielleicht eine sehr avancierte Bioprothese?«

»Ja, der Verdacht, sie könnte ein Cyborg sein, ist mir auch schon gekommen. Er muss dir kommen, wenn du sie auf einer Reise begleitest, so unermüdlich, wie sie ist. Immer gibt es neue Unternehmungen, Treffen, Verhandlungen, weitere Orte zu besichtigen, Gespräche und Besuche.«

»Du hast sie dann in Istanbul wiedergesehen?«

»Ja, eines Tages bin ich mit einigen Kilo Leberwurst und anderen Fleischwaren im Gepäck nach Istanbul geflogen.«

»Mit deutscher Wurst? Wieso?«

»Weil sie deutsche Wurst liebt.«

»Ein Cyborg mit Vorliebe für Leberwurst, ich verstehe. Und sie isst Schweinefleisch?«

»Ja, kein Speisegesetz hindert sie daran. Armenier sind Christen, und Christen ist Schweinefleisch nicht verboten.«

»Ich erinnere mich. Sofern sie nicht der veganen Konfession angehören.«

»Haha.«

»Hatte sie sich in Düsseldorf so sehr an deutsche Wurst gewöhnt? Gibt es dort gute Wurst?«

»Ist mir nicht bekannt. Aber du musst wissen, dass es in ihrer Kindheit in Istanbul noch griechische Fleischereien gab, Schweinefleischmetzger. Und vor ihrer Zeit in Düsseldorf hatte sie ja schon einige Jahre auf Schweizer und deutschen Internaten verbracht. Mit prominenten Mitschülerinnen.«

»Und die Würste haben ihr geschmeckt?«

»Sie hat sich gefreut. Sauerkraut mag sie auch. Aber sie weiß, dass das in Frankreich oft besser schmeckt als in Deutschland.«

»Weil das Elsass nun halt bei Frankreich ist.«

»Wahrscheinlich.«

»Ist die Außerirdische am Ende eine heimliche Deutsche?«

»Kaum. Sie bewundert Deutschland – und hat viel Spott für die Deutschen übrig. Im Großen und Ganzen hält sie uns Deutsche für ziemlich erschlafft.«

»Damit hat sie wohl nicht unrecht. Gut beobachtet. Wir müssen uns halt noch einige Generationen lang erholen von unserem kataklastischen zwanzigsten Jahrhundert. Es war ja doch ziemlich anstrengend für uns, halb Europa in Schutt und Asche zu legen und so viele Menschen im industriellen Maßstab umzubringen.«

»Erholst du dich gut, Papa?«

»Und selbst?«

»Jedenfalls hat sie mir ihr Istanbul gezeigt: ihre Viertel, ihre Häuser und die Häuser, die der türkische Staat ihr und ihrer Familie weggenommen hatte.«

»Wie, weggenommen?«

»Enteignet.«

»Weil sie Armenier waren?«

»Ja.«

»So wie wir unsere Juden ausgeplündert, enteignet und ermordet haben?«

»So ungefähr.«

»Also bist du ihretwegen so oft in Istanbul gewesen in den letzten Jahren? Ich hatte mich schon gewundert. Und mich gefragt, was du dort treibst.«

»Ihretwegen, ja, aber eigentlich wollte ich ja das Buch über die Malls von Istanbul schreiben.«

»Ach, deine Einkaufsparadiese. Sind die nicht am Ende und überflüssig, jetzt, wo alle fast alles im Internet bestellen?«

»Gerade weil sie verschwinden werden, sind sie jetzt so interessant. Weil ihre Zeit zu Ende geht.«

»Vorbei ist's mit dem Bonheur des Dames.«

»Apropos, da fällt mir ein, Verkin fragt hin und wieder nach dir.«

»Nach mir?«

»Ja, sie erkundigt sich, wie es dir geht.«

»Aber sie kennt mich doch gar nicht?«

»Ich habe ihr natürlich von dir erzählt. Und Fotos gezeigt. Und manchmal telefoniere ich ja mit dir, wenn sie dabei ist. Sie hört dann mit.«

»Ach – und so, wie du mir von ihr erzählst, erzählst du ihr von mir?«

»Kann schon sein. Kommt vor.«

»Vielleicht sollte ich sie mal besuchen. Vielleicht sollte

ich mal nach Istanbul reisen und einiges richtigstellen. Wahrscheinlich hast du viel Quatsch erzählt, über mich und überhaupt. Du gerätst ja oft ins Phantasieren.«

»Bist du eigentlich schon mal in Istanbul gewesen? Ich weiß das gar nicht.«

»Doch, ich war mal dort. Mit deiner Mutter, 1974 oder 1975 muss das gewesen sein. Vor Hannas Geburt.«

»Und wo sind Miriam und ich geblieben? Ich erinnere mich an keine frühe Istanbulreise. Wo habt ihr uns gelassen?«

»Keine Ahnung. Ihr seid wahrscheinlich bei euren Großeltern gewesen. Oder bei Frau Ops. Jedenfalls seid ihr nicht verhungert, es gibt euch noch. Außerdem war deine Schwester ja schon acht oder neun, da konntet ihr wohl ein paar Tage alleine bleiben.«

»Heute denken Eltern da anders.«

»Deine Mutter wollte unbedingt nach Istanbul und dort alle Kirchen und Moscheen sehen. Und jede Ruine. Und den Basar. Und die gesamte Landmauer sind wir abgewandert, sie hat die Türme gezählt. Dass Konstantinopel erobert worden war, hat ihr nicht gefallen.«

»Wieso?«

»Weil nach der Eroberung so viel von dem zerstört wurde, was sie gern gesehen hätte.«

»Aber die Blaue Moschee wurde doch erst nach der Eroberung erbaut. Und so manche andere Sehenswürdigkeit auch.«

»Später wollte deine Mutter sehen, woher die Gastarbeiter kamen, mit denen sie im Krankenhaus zu tun hatte. Sie hat sogar angefangen, Türkisch zu lernen.«

»Ich glaube, Verkin war damals in New York.«

»Schade. Schon wieder verpasst. Und wie ging es nach den Würsten weiter?«

»Ich bin vier oder fünf Wochen geblieben, Verkin hat mir Galata, Genua und Kasımpaşa gezeigt und von Erdoğan geschwärmt. Und mich irgendwann gefragt, ob ich statt eines Buches über die neuen Basare von Istanbul nicht eines über ihre Großmutter schreiben wolle.«

»Ihre Großmutter? Was war mit der? Und wieso schwärmt sie für Erdoğan?«

»Das mit Erdoğan ist kompliziert. Und ihre Großmutter hatte ebenfalls ein aufregendes Leben: Sie muss eine selbständige und sehr selbstbewusste armenische Istanbulerin im späten Osmanischen Reich gewesen sein. Armenisches Großbürgertum, wohnhaft in Pera. In einer arrangierten Ehe wurde sie nach Ankara verheiratet, in eine der ältesten armenischen Familien überhaupt – kehrte aber bald nach Konstantinopel zurück und bekam dort sieben Kinder von sieben verschiedenen Männern.«

»Und ihr Ehemann?«

»Den hatte sie aus Ankara mitgebracht und sich mit ihm in einer Josefsehe arrangiert. Nachdem seine Familie 1915 ihr Vermögen verloren hatte, wurde er Schuster.«

»Und, hast du das schon aufgeschrieben?«

»Nein, ich habe Verkin gesagt, dass ich nur Bücher über Nicht-Orte und Familienmitglieder schreibe.«

»Gehören Verkin und ihre Großmutter nicht schon zur Familie? Oder du vielmehr zu ihrer? Hättest du dir die Großmutter nicht ansehen können?«

»Sie ist ja lange tot. Und so aufregend sich alles, was sie

gemacht hat, anhörte – Verkin, die in Fleisch und Blut vor mir saß, interessierte mich viel mehr. Sie war da, in diesem Moment, saß vor mir und erzählte. Sie sagt zwar oft, sie möge die Vergangenheit nicht, aber wenn ich sie frage, erinnert sie sich doch ganz gern.«

»Warum mag sie die Vergangenheit nicht?«

»Weil die mit so vielen Toten gepflastert ist? Weil so viele gestorben sind? Weil sie selbst fast gestorben wäre? Ich weiß es nicht. Sie interessiert sich immer mehr für das, was jetzt ist. Für die Gegenwart. Sie liebt die Gegenwart und das, was noch kommen kann. Und die Aktion: Immer hat sie etwas vor, immer etwas zu tun, eine Unternehmung steht immer aus. Als hätte sie bis heute keine Zeit gehabt.«

»Ich glaube, ich fliege bald mal nach Istanbul.«

»Vergiss nicht, sie ist meine Freundin, Papa. Nicht deine.«

JUAN GABRIEL VÁSQUEZ

Die Gäste

Für Beatrice und Mani

Drei Jahre sind seit jenem Gespräch vergangen, doch schon fünfzig seit den Vorfällen, die es mir offenbart hat, und mir scheint, es kann niemanden mehr stören oder verletzen, wenn ich jetzt davon schreibe: nicht einmal Beatrice, die Frau, die für mich der Ursprung dieser Erzählung ist und sie vielleicht lesen und sich fragen wird, ob es ein Fehler war, sich mir zuliebe an diese Geschichte zu erinnern. Beatrice war oder ist die Eigentümerin eines zweistöckigen Hauses in der Elfenaustrasse, eine ruhige Gegend in Muri, einem Vorort von Bern, und als ich dort im Februar 2017 eintraf, vermietete sie seit kurzem den letzten Stock – eine kleine Einliegerwohnung – auf einer der Webseiten, auf denen Reisende wie ich inzwischen Zuflucht suchen: Reisende, die oft für mehrere Monate mit Familie unterwegs sind und für die gewöhnliche Hotels kaum in Frage kommen und normale Mietverträge lästige Behördenwege und Bürokratie bedeuten. Wir hatten Beatrice' Wohnung für einen Monat gemietet, auch wenn wir sechs in Bern bleiben würden, denn wir wollten uns ein paar Tage Zeit geben, die Stadt kennenzulernen – ihr geheimes Leben zu verstehen, ihre verborgenen Launen, den

Charakter ihrer Viertel –, und uns dann etwas Zentraleres suchen, vor allem näher an der Universität, wo ich unterrichten würde. Die ersten zwei, drei Wochen blieben wir bei unserem Plan: Obwohl uns die Wohnung gefiel, ebenso das Leben bei einer Familie und die Ruhe der Elfenaustrasse, war Muri für uns immer noch weiter vom städtischen Leben entfernt, als uns lieb war, denn schon immer haben wir gern am Nabel der großen, geschäftigen Städte gewohnt, wo die Türen bis spätabends offen stehen und man in ein paar Schritten eine Bäckerei erreicht, eine Apotheke, eine Buchhandlung, ein sauberes, gut beleuchtetes Café. Doch wir zogen nicht um. Das war ein Bruch mit den Plänen, die wir so sorgfältig entworfen hatten, und der Grund dafür waren unsere Gastgeber.

Beatrice und ihr Mann Mani waren liebenswürdig, aber nicht aufdringlich; aufmerksam, aber nie indiskret. Er war Pfleger in einer psychiatrischen Klinik, was für mich untrennbar mit seiner Leidenschaft für Krimis zusammenhing. Sie sprach perfekt Spanisch, mit einem Akzent, der mich an Buenos Aires denken ließ, lächelte schnell, umarmte spontan und weckte vom ersten Augenblick an meine Neugier, denn von jeher habe ich eine Vorliebe für Menschen, die mehr als eine Kultur mit sich tragen oder einander widersprechende, entgegengesetzte Kulturen: Es lag auf der Hand, dass Beatrice ihre liebevollen, körperlichen Umgangsformen – ihre Art, meiner Frau und meinen Töchtern die Wange zu streicheln, mir beim Sprechen den Arm zu tätscheln – nicht in ihrem Geburtsland, der Schweiz, erlernt hatte.

Unsere Wohnung war der ausgebaute Dachboden, Räume mit so niedrigen Dachschrägen, dass man sich den Wänden nicht nähern konnte, ohne sich den Kopf zu stoßen. Doch in diesen Schrägen öffneten sich riesige Fenster, die das schüchterne Licht jener Februartage hereinließen. Wo das Haus stand oder steht, macht die Elfenaustrasse eine Kurve, gegenüber ein Feld, das damals mit Schnee bedeckt war, und dieses Schneefeld vor den breiten Fenstern warf bei Sonnenschein wie ein Spiegel das ganze Licht der Welt zurück. Abends musste nur der Mond scheinen, damit wir die Lichter ausschalteten und eine Weile im Anblick des bläulichen Glanzes verharrten, so hell, dass man das Feld ohne Taschenlampe hätte überqueren können.

In unserem Wohnzimmer, in das der Himmel eintrat, saß ich vormittags an einem runden gedrechselten Tisch und bereitete mein Seminar über die Kunst des Romans vor, las Cervantes, Proust, Virginia Woolf. Ab und an ging ich mit meiner Frau eine Wohnung im Zentrum Berns ansehen, doch als die Februartage länger wurden, kamen wir wortlos überein, dass nichts, keine belebte Straße in einer wachen Stadt (keine Apotheke, keine Buchhandlung, kein sauberer, gut beleuchteter Ort), das Gefallen wettmachen konnte, das wir an unseren Gastgebern im Vorort Muri bei Bern fanden.

Sie hatten uns ein paarmal zum Kaffeetrinken vor dem Kaminfeuer eingeladen, in einem freundlichen Wohnzimmer, von dessen Decke bunte Stoffe hingen, durch die wir uns auf einem anderen Kontinent wähnten. Das Gespräch mit ihnen war anregend, ihre Neugier echt. Damals las ich gerade Friedrich Dürrenmatts Roman *Das Versprechen*, den mir Professor Oliver Lubrich, der für meinen Aufenthalt in

Bern verantwortlich war, zur Begrüßung geschenkt hatte. Mani sprach davon mit der Leidenschaft des erfahrenen Lesers und empfahl mir zwei weitere Romane des Autors, in denen dieselbe Figur auftaucht, Inspektor Barlach oder Scharlach (der Name ist mir entfallen). Damals erzählte mir Beatrice auch von ihrer Kindheit in Lateinamerika und bestätigte meine Vermutungen. Es stellte sich heraus, dass ihr Vater Diplomat gewesen war und sie ihre Kindheit und Jugend in Venezuela und Brasilien, vor allem jedoch in Uruguay verbracht hatte, dem Land, das sie am meisten liebte, wo sie die längste Zeit verbracht und dessen Akzent sie sich bewahrt hatte. Eines Tages zeigte sie mir ein Zeugnis dieser Nomadenzeit, von ihrer Station in Brasilien. Es war eine feierlich gestaltete Karte mit vielen Großbuchstaben, auf der oben das Staatswappen Argentiniens prangte:

Señora María Eva Duarte de Perón

hat das Vergnügen, den Excelentísimo Señor Secretario der Schweizer Gesandtschaft zu einem Ball zu Ehren von Eurico Gaspar Dutra einzuladen, Señor Presidente der Republik der Vereinigten Staaten von Brasilien, am 19. August um 22 Uhr in der Botschaft der Republik Argentinien.

Uniform oder Frack. Orden. Bitte Einladung vorzeigen.

Von wann ist das?, fragte ich. Achtundvierzig oder neunundvierzig, sagte Beatrice mit verschmitztem Lächeln, wie ein Kind, das ein Spielzeug herzeigt. Sie erlaubte mir, es mit dem Handy zu fotografieren, und musste wohl in meinem Gesicht die Faszination oder die kindliche Aufregung bemerkt haben, die mir solche alten Dokumente stets bereitet haben, diese Gespenster aus der Vergangenheit, vor allem, wenn sie uns einen Blick durch den Türspalt der Geschichte erlauben. Ah, sagte Beatrice, was Papa alles für Anekdoten erzählt hat … Ich sagte, die würde ich liebend gern hören, doch dann versank ich in den Vorbereitungen für mein Seminar über die Kunst des Romans, ließ die Zeit verstreichen, ohne mich ins Wohnzimmer mit den hängenden Stoffen zum Kaffee einladen zu lassen. Jedenfalls blieben wir, meine Familie und ich, im Haus in der Elfenaustrasse, in der Wohnung oben, die früher ein Dachboden gewesen war. Im Nachhinein überfällt mich Beklemmung, wenn ich mir vorstelle, dass ich ohne diese Zufallsentscheidung, eher irrationaler Sympathie geschuldet als rationalen Gründen, niemals erfahren hätte, was ich später erfuhr. Doch wie schon eine Figur in *Das Versprechen* sagt: Der Wirklichkeit ist mit Logik nur zum Teil beizukommen. Der Protagonist darin ist ein alter Kriminalkommissär, der dem Erzähler, einem Krimiautor, vorwirft, der Zufall spiele in den Kriminalromanen keine Rolle. Ein Geschehen, sagt der alte Kommissär, kann schon allein deshalb nicht wie eine Rechnung aufgehen, weil wir nie alle notwendigen Faktoren kennen, sondern nur einige wenige, meistens recht nebensächliche. Und das Zufällige, Unberechenbare, Inkommensurable spiele eine zu große Rolle.

Es mochte Anfang April gewesen sein, als Beatrice mir jene Geschichte erzählte. Wir saßen unter den hängenden

Stoffen, das Kaminfeuer flackerte (es war ein ungewöhnlich kalter Abend), Beatrice und Mani hatten uns zum Apéro eingeladen. Und da saßen wir nun, ein Glas Wein in der Hand, als mir die Frage in den Sinn kam, seit wann das Haus im Familienbesitz sei. Die Beschreibung im Internet hatte meine Neugier geweckt: Gemütliche, gut eingerichtete Wohnung in einem lebendigen Drei-Generationen-Haus, stand da zu lesen. Beatrice erzählte mir, dass ihr Vater das Haus gekauft hatte, nachdem er von seinen diplomatischen Stationen in Lateinamerika zurückgekehrt war, Anfang der Sechziger. Die Regeln der diplomatischen Laufbahn erforderten, wie sie mir erklärte oder wie ich zu verstehen glaubte, dass man im Auswärtigen Dienst nach einer Anzahl von Jahren im Ausland zurückkehrte und vor der nächsten Entsendung eine Art obligatorische Pause einlegte. Das war damals der Fall gewesen, erklärte Beatrice, und in diesem neuerworbenen Haus in der Elfenaustrasse hatten sie und ihre Geschwister als Halbwüchsige gelebt. Dann tauschten Beatrice und Mani Blicke, ein Blickwechsel, den ich nie vergessen werde: Dabei musste etwas Wichtiges vorgegangen sein, ein echter Dialog ohne Worte, da wurden Entscheidungen getroffen und Konsequenzen abgewogen. Eigentlich war damals, erklärte Beatrice, der zweite Stock noch keine richtige Wohnung gewesen wie heute, sondern ein Dachboden mit einem kleinen Gästezimmer und jeder Menge Platz, um kreuz und quer alte Dinge zu stapeln, Reisekoffer, ja sogar Lebensmittelkonserven, die nicht mehr in die Speisekammer gepasst hatten. Dann war alles umgebaut worden, nur unser Schlafzimmer nahm immer noch denselben Platz zwischen denselben Wänden ein. Das Bett war natürlich nicht mehr dasselbe, stand jedoch an derselben Stelle wie sein Vorgänger. Jedenfalls schlafen du und deine Frau, sagte Beatrice, auf demselben Stück Welt, denselben drei Quadratmetern, auf denen Generationen von Gästen in diesem Haus geschlafen haben. Und ich will dir die Geschichte eines dieser Gäste erzählen, sagte Beatrice, und so erfuhren wir von Fräulein Carlen.

Ich war siebzehn geworden, als Fräulein Carlen zu uns kam, sagte Beatrice. Ich musste an sie denken, sagte sie, weil das nun genau fünfzig Jahre her ist. Es war 1967, Anfang April. Mein Vater verbrachte gerade die obligatorische Inlandspause der Diplomaten. Wir alle haben uns gefragt, wohin man ihn wohl als Nächstes schicken und wann man uns benachrichtigen würde. Ich war im letzten Schuljahr und überlegte mir, was ich mit meinem Leben anstellen wollte. Ich erinnere mich noch genau an das Gefühl, dass mir nur noch wenige Monate von meinem alten Leben blieben, dann der Sommer kommen und nach dem Sommer ein anderes beginnen würde: das einer erwachsenen Frau. Das Haus hat sich seitdem kaum verändert, das heißt, Mani und ich haben es durch all die Dinge verändert, die uns gefallen, doch das Esszimmer ist noch dort, wo es damals war, ebenso das Wohnzimmer und der Kamin. Hier habe ich an jenem Freitag gesessen und in einem Schulbuch gelesen, als mein Vater wie jeden Abend nach Hause kam, diesmal jedoch nicht allein: Ein Mann hat ihn begleitet und die beiden eine Frau. Der Mann war im Alter meines Vaters, um die fünfzig, und es lag auf der Hand, dass sie einander gut kannten, denn sie haben sich geduzt, sind ganz ungezwungen miteinander umgegangen, haben Stühle aus dem Esszimmer geholt und mit der Vertrautheit von Kollegen die Gläser auf den Tisch gestellt. Er war ganz offensichtlich auch Diplomat, ich hatte gelernt, sie an ihrem Verhalten zu erkennen, an ihrer Gabe, den richtigen Ton bei der Begrüßung zu treffen. Wären die Begrüßungen Lieder, dann hätten Diplomaten das absolute Gehör, und dieser Mann war einer von ihnen. Er hat mir liebenswürdig, aber nicht zu vertraulich die Hand gereicht und gesagt, er heiße Antonino Janner. Ich konnte den Blick nicht von der Frau wenden. Sie hatte etwas seltsam Ungewohntes, etwas, was ich noch nie gesehen hatte, und dieser Eindruck war umso verblüffender, weil es mir zugleich schien, als wäre mir noch nie eine so einfache, so gewöhnliche oder unauffällige Person begegnet. Sie war ungeschminkt, trug das Haar kurz und nachlässig und ging in braunem Rock, weißer Bluse und grauem Pullover, als wollte sie absichtlich in der Menge untergehen. Sie hatte einen kleinen Koffer dabei, den sie absetzte, um mir die Hand zu geben. Mein Vater hat sie mir auf Englisch vorgestellt, allerdings nur mit dem Nachnamen: Fräulein Carlen, hat er gesagt, sei Irin und gerade aus Indien zurück und werde zwei, drei Nächte bei uns bleiben. Ob es mir etwas ausmache, das Zimmer oben herzurichten? Und bevor ich noch meine Sachen wegräumen und der Aufforderung folgen konnte, stand die Frau schon in der Wohnzimmertür, den beidhändig gepackten Koffer auf ein Knie gestützt, bereit, mit mir hinaufzugehen. Das ist nicht nötig, sagte ich auf Englisch. Ich komme nachher herunter und sage Ihnen Bescheid, wenn ich fertig bin. Aber Fräulein Carlen entgegnete: Auf keinen Fall. Ich mache schon genug Umstände.

Und so haben wir kurz darauf gemeinsam das Gästebett mit den gebügelten Laken bezogen, die den frischen Duft des fernen Tages verloren hatten, an dem sie weggeräumt worden waren. In dem Zimmer gab es keinen Schrank, aber mein Vater hatte hinter einem Vorhang eine Stange anbringen lassen, damit die Gäste dort auf Holzbügeln ihre Kleidung aufhängen konnten. Ich habe sie Fräulein Carlen gezeigt, doch sie hat mit schüchternem Lächeln abgewinkt, so lange werde sie nicht bleiben. Und dann hat sie etwas Merkwürdiges hinzugefügt: Ich bin es inzwischen gewohnt, aus dem Koffer zu leben. Es war seltsam, das so auszudrücken, aber ich verstand sehr gut, was sie meinte. Ich habe mir ein Wanderleben vorgestellt, wie bei so vielen, die ich kennengelernt hatte, und sogar gedacht, dass Fräulein Carlen Diplomatin war wie mein Vater oder eine Diplomatentochter wie ich. Dann fragte ich, mehr aus Höflichkeit (und um Konversation zu betreiben, während wir das Zimmer herrichteten, in dem Fräulein Carlen die folgenden Nächte verbringen würde), was sie nach Indien geführt habe und wohin sie nach ihrem Aufenthalt in Bern gehen werde. Fräulein Carlen hatte gerade ihren kleinen Koffer auf dem Stuhl abgestellt, außer dem Holzbett und dem Nachttischchen das einzige Möbelstück im Zimmer, und für einen Moment schwebte ein Schweigen im Raum, dass ich schon dachte, ich wäre zu aufdringlich gewesen. Doch dann erzählte mir Fräulein Carlen von ihrem Mann, einem Inder, Sohn eines Radscha (ob ich wisse, was ein Radscha sei, fragte sie; so ungefähr, antwortete ich), der im Oktober gestorben sei und sie in seinen letzten Stunden gebeten habe, seine Asche, wie es indischer Brauch sei, im

Ganges zu verstreuen. Um den Willen ihres verstorbenen Mannes zu erfüllen, sei sie nach Indien gereist. Nach dieser Erklärung, die mir das Gefühl gab, indiskret gewesen zu sein, sagte sie noch: Wenn es Ihnen nichts ausmacht, würde ich gern meine Sachen ordnen, bevor ich hinuntergehe. Ich komme gleich nach. Und ich ließ sie allein.

An dem Abend haben wir alle gemeinsam gegessen, meine Familie, Fräulein Carlen und Herr Janner. Es war ein heiterer Abend, mein Vater gab Anekdoten zum Besten, und meine Mutter steuerte Details und Korrekturen bei, wie sie es immer gemacht hatten, seit ich denken konnte, und Herr Janner erklärte mir, er lebe in Bern, seine Mutter stamme aus der italienischen Schweiz, wie meine Großeltern mütterlicherseits auch, und er habe einen kleinen Jungen. Da hat sich Fräulein Carlen eingeschaltet, hat begeistert und zärtlich von dem Kind gesprochen, und in ihrem Gesicht glänzte so etwas wie Dankbarkeit. Es stellte sich heraus, dass sie ein paar Tage zuvor bei Janner zu Abend gegessen hatte, und der Junge (Marco hieß er) hatte sie zur Begrüßung so herzlich umarmt und ihr einen so überschwenglichen Kuss gegeben, ihr im Laufe des Abends so viele Geschenke gemacht (Buntstift- und Wachsmalbilder, einen Marzipanelefanten), dass Fräulein Carlen bei uns am Esstisch einen Moment der Rührung nicht unterdrücken konnte und sich mit der Stoffserviette über die Augen fahren musste, um die verstohlenen Tränen wegzuwischen. Meine Mutter legte ihr eine Hand auf den Arm, Fräulein Carlen dankte es ihr mit einem zarten Lächeln, und mein Vater kam schnell auf die Flusslandschaft der Aare zu sprechen, die gleich hinter dem Haus vorbeifließe, rühmte die

Auwälder, die den Fluss säumten, und regte an (oder verlangte von mir), ich solle mit Fräulein Carlen einen Spaziergang dorthin machen. Morgen ist Samstag, sagte er. Warum zeigst du Fräulein Carlen nicht die Umgebung? Das bekommen Touristen niemals zu sehen. Ich erklärte mich gern bereit dazu. Abends nach dem Essen, als Herr Janner fort war und Fräulein Carlen sich in ihr Gästezimmer zurückgezogen hatte, hielt es mein Vater für angebracht, mir eine Art Erklärung zu geben. Fräulein Carlen wartet auf ihr Visum, um in die Vereinigten Staaten zu fliegen, hat er mir gesagt. Dort wird sie leben. Bis dahin wird sie unser Gast sein. Er hat mir wohl angesehen, wie sich die Fragen in meinem Kopf überschlugen, denn er hat hinzugefügt: Sie ist eine wichtige Persönlichkeit. Und du hast ihr gefallen. Ich hoffe, es macht dir nichts aus, morgen den Vormittag mit ihr zu verbringen.

Das war natürlich ein Auftrag, aber es fiel mir nicht schwer, ihn zu erfüllen. Von jeher bin ich gern am Fluss entlanggegangen. Jetzt nicht mehr so oft, weil mir meine Knie manchmal zu schaffen machen, aber damals ließ ich seit Frühlingsanfang kein Wochenende ohne lange Spaziergänge verstreichen, fast immer allein. Es sind ungefähr zehn Minuten bis zu dem Saum, wo unser Viertel aufhört und der Wald beginnt, man nimmt eine kleine Holzbrücke über ein Bächlein und gelangt auf einen Pfad, von dem aus man den Fluss sieht, seinen metallischen Glanz an Sonnentagen, das Wasser, das zahm dahinzufließen scheint, aber genügend Kraft hat, einen stämmigen Mann mit sich zu reißen. Fräulein Carlen ging zufrieden neben mir her. Sie gestand mir, für Berglandschaften habe sie niemals etwas übriggehabt, sie finde sie bedrückend. Lieber waren ihr die offenen Räume, die Strände, die Ebenen, und ihre Vorstellung von Glück war kein Sandstrand, sondern ein Steinstrand, über den der Wind strich und wo es nicht zu heiß war. Doch hier, neben mir am Flussufer, in dieser Abgeschiedenheit, verspüre sie Ruhe. Ich weiß nicht, wann sie anfing, mir von ihrem Leben zu erzählen, ich erinnere mich nicht, sie danach gefragt zu haben. Mein Vater hatte mich ein Leben lang in der Tugend der Diskretion unterwiesen, und ich wusste, dass meine Neugier nicht immer freie Bahn hatte. Zunächst wollte sie mein Alter wissen. Ach, rief Fräulein Carlen nach meiner Antwort aus: genau wie meine Tochter. Sie heißt Katie. Ich habe noch einen älteren Sohn, Joseph. Wie sehr sie mir fehlen, sagte sie, ohne mich anzusehen, als spräche sie zu sich selbst. Und wo sind sie?, habe ich gefragt. Sie fehlen mir sehr, wiederholte sie, aber sie sind schon erwachsen, sie brauchen mich nicht mehr. Sie kommen allein zurecht. Ich habe reisen müssen, Beatrice, weil mein Mann mich vor seinem Tod darum gebeten hat und ich ihm versprochen habe, seine Asche zum Ganges zu bringen, und er ist beruhigt gestorben. Das war meine Pflicht, nicht wahr, Beatrice? Sie würden das verstehen, nicht wahr? Wenn Sie an Stelle von Katie wären, von meiner geliebten Katie, würden Sie es verstehen? Es stimmt, die Reise hat sich unerwartet in die Länge gezogen. Ich hätte schon vor einigen Tagen zurück sein müssen, aber die Reise hat sich nun einmal in die Länge gezogen. Doch sie sind schon erwachsen und können es verstehen. In Ihrem Alter, Beatrice, ist ein Mädchen kein Mädchen mehr, es versteht bereits alles, glaube ich. Was meinen Sie, Beatrice?

Dann fragte sie, ob ich *Doktor Schiwago* gelesen hätte. Als ich gesagt habe, ich hätte das Buch nicht nur nicht gelesen, sondern nicht einmal davon gehört, war sie ehrlich überrascht, wollte ihre Überraschung jedoch gleich überspielen, als hätte sie Angst, besserwisserisch zu wirken. Ich lese es gerade, sagte Fräulein Carlen, Antonino hat es mir geschenkt. Was für ein Roman, Beatrice, was für ein Roman. Laras Liebe, Laras verlorene Liebe! Das ist die Art Roman, bei dem man am liebsten dem Autor schreiben, ihm danken, ihm sagen möchte, dass er uns verstanden, dass er uns Worte geschenkt hat, um zu benennen, was wir fühlen. Soll ich Ihnen etwas gestehen? Genau das habe ich getan. Während dieser Tage in der Schweiz mit all den ungenutzten Momenten, all den Stunden des Wartens, habe ich an Boris Pasternak geschrieben. Natürlich ist er längst tot und wird meinen Brief niemals lesen. Aber das ist kein Grund, ihm nicht zu schreiben. Da habe ich mit der Kühnheit meiner siebzehn Jahre die Behauptung gewagt, genau das täten doch letztlich alle Schriftsteller: Briefe in die Zukunft schicken, denen, die am Leben sein werden, wenn sie gestorben sind. Fräulein Carlen gefiel dieser Gedanke sehr. Ach, glauben Sie, Beatrice?, hat sie gesagt. Ja, genau so ist es. Was für ein schöner Gedanke und wie wahr. Genau das tun die Schriftsteller, sie schicken uns Briefe, und wir können auch ihnen Briefe schicken, etwa nicht? Obwohl sie tot sind. Und sie niemals lesen werden.

Fräulein Carlen hat den Nachmittag in ihrem Zimmer unter dem Dach verbracht, in tiefem Schweigen, ist nicht einmal zum Apéro heruntergekommen. Mein Vater erkundigte sich kaum nach unserem Spaziergang am Aareufer.

Er wollte nur wissen, ob wir einem Bekannten begegnet seien, ob jemand uns angesprochen habe. Am nächsten Tag ist Herr Janner wiedergekommen, hat Fräulein Carlen abgeholt, um mit ihr, wie er ungefragt erklärte, den Tag am Thunersee zu verbringen. Nach dem Mittagessen bat mich meine Mutter, ins Gästezimmer hinaufzugehen und nachzusehen, ob alles in Ordnung, ob Wasser im Krug und das Fenster geöffnet sei, damit vor der Abendkälte gelüftet wurde. Ich habe getan, was sie mir aufgetragen hatte, aber auch etwas, was sie mir verboten hätte, ja wofür meine Eltern mich streng getadelt hätten, wenn es herausgekommen wäre, doch Fräulein Carlens Koffer lag offen vor mir auf dem Stuhl: Was konnte Schlimmes daran sein, wenn ich einen Blick hineinwarf? Ich bin vorsichtig näher getreten, habe aufgepasst, dass ich nichts berühre, nichts verrücke, habe sogar die Arme hinter dem Rücken verschränkt, damit meine Hände nicht auf eigene Gedanken kamen. Ich redete mir ein, wenn ich nichts anfasse, nichts verrücke, mir bloß ansehe, was vor meinen Augen liegt, was ist Schlimmes dabei? Ich entdeckte ein Handtuch mit eingesticktem Monogramm, ein Paar Schuhe, eine Stofftasche, deren Form darauf schließen ließ, dass sie ein großformatiges Buch enthielt, daneben noch ein Buch mit weißem Umschlag, darauf eine einfache Zeichnung, die von einem Kind hätte stammen können und die ein schneebedecktes Haus und einen kahlen Baum zeigte, über Haus und Baum ein Himmel, zuerst dunkelviolett, dann grau, ein sehr helles Grau, weniger Grau als ein dunkles Weiß, und über dem Himmel der Buchtitel, zwei Wörter in kyrillischen Buchstaben, die ich nicht lesen konnte.

An dem Abend ist Fräulein Carlen spät zurückgekommen, als alle im Haus schon schliefen, so dass ich sie nicht wiedergesehen habe. Am Montagmorgen musste ich in die Schule, und als ich zurückkam, war Fräulein Carlen schon fort. Ich bin zum Gästezimmer hinaufgestiegen, und das Bett war abgezogen, Laken und Decke säuberlich auf der Matratze zusammengelegt, das Fenster offen. Auf dem Nachttisch war nicht mehr der kleine Wasserkrug, auf dem Stuhl nicht mehr der kleine Koffer. Wieder unten, wartete ich neben dem Kamin auf meinen Vater, im selben Sessel, in dem ich jetzt sitze, und als er kam, musste er mich nur ansehen und wusste, was mit mir los war. Er hat gesagt, es tue ihm leid, lieber hätte er mir von Anfang an die Wahrheit gesagt, aber das Außenministerium, in dem Antonino Janner die Osteuropaabteilung leite, habe darum gebeten, Fräulein Carlens Identität während ihres Aufenthalts hier im Haus in der Elfenaustrasse geheim zu halten. Es sei eine Frage des Protokolls gewesen, erklärte mein Vater, dem man nicht habe zuwiderhandeln können, denn am vergangenen Wochenende hätten schon alle Journalisten der Welt nach ihr gesucht, und einige hätten sie bereits in ihrem ersten Versteck aufgespürt: einer Pension in Beatenberg. Von dort hatte sie die Schweizer Regierung in ein Exerzitienhaus gebracht, in der Nähe von St. Antoni, von dort in ein Kloster in Freiburg, wo die Nonnen angewiesen waren, keine Fragen zu stellen. Die Lage war so heikel, dass sich das Ministerium an die Mitglieder des diplomatischen Korps gewandt hatte, mit der Bitte, die Frau abwechselnd bei sich zu Hause aufzunehmen, um das Risiko möglichst gering zu halten, dass sie jemand von all denen fand, die nach ihr suchten: die Journalisten, die bloß auf eine Schlagzeile aus waren, und die Agenten des KGB, die noch weniger lobenswerte Absichten hatten: Stalins Tochter zu entführen, deren Flucht eine Katastrophe für das Regime bedeutete, und sie zurück in die Sowjetunion zu bringen.

Wie mir Beatrice dort vor dem Kamin ihres Hauses erzählte, war Swetlana Allilujewa, Stalins jüngste Tochter, am 21. April 1967 von Zürich zum Flugplatz John F. Kennedy in New York geflogen. Es waren an die sechs Wochen vergangen, seit sie den Aufpassern der sowjetischen Botschaft in Neu-Dehli entwischt war und an die Tür der anderen großen Botschaft im Viertel geklopft hatte: die der Vereinigten Staaten. Damit war der Überlauf vollzogen und unwiderruflich, eine Flucht, deren Konsequenzen sie von Anfang an in Kauf genommen hatte, auch die schmerzlichste von allen: ihre Kinder Iossif und Katia zurückzulassen, deren Namen Swetlana Beatrice gegenüber umgewandelt hatte. Während der folgenden fünfzig Jahre hatte Beatrice Swetlanas Spuren verfolgt, deren turbulentes Leben immer wieder durch die Zeitungen ging, und so erfuhr sie, dass der KGB ihre Kinder in einer weltweit ausgestrahlten Fernsehsendung hatte auftreten lassen und aus ihrer Traurigkeit ein Spektakel gemacht hatte, eine Erpressung, bei der sie als groteske Köder dienten. Sie begriff, dass das Buch im Koffer *Doktor Schiwago* gewesen war, und hatte Grund genug zur Annahme, dass das andere Buch in der Stofftasche kein Buch gewesen war, sondern ein Manuskript: *Zwanzig Briefe an einen Freund,* das aus Swetlana, Stalins Tochter, eine millionenschwere Berühmtheit machte. Mehrmals, sagte mir Beatrice, habe sie das Buch kaufen und in die Dachgeschosswohnung legen wollen, als Gastgeschenk. Ihre Mieter würden niemals den Grund für dieses Geschenk erfahren, doch es wäre eine stille Hommage an ihre Begleiterin, die Begleiterin auf einem Spaziergang am Ufer der Aare.

Der Stuhl, auf den Swetlana Allilujewa ihren kleinen Koffer gestellt hatte, ihren Fluchtkoffer, in dem sie das subversive Manuskript aufbewahrte, befand sich nicht mehr in dem Zimmer, in dem meine Frau und ich sechs Monate lang schliefen: das alte Gästezimmer von 1967, nun das Schlafzimmer der Einliegerwohnung. Das Bett, wie Beatrice gesagt hatte, ist nicht mehr dasselbe, doch an der hinteren Wand befindet sich noch die Kleiderstange, und dort hängte ich während unserer Berner Zeit meine Kleidung auf. Als der Frühling kam, gewöhnte ich mir an, nachmittags am Fluss entlangzugehen, und überquerte jedes Mal die Brücke, von der Beatrice erzählt hatte, und ging flussaufwärts bis zu dem Punkt, an dem der Pfad landeinwärts biegt und sich vom Ufer entfernt. Dann kehrte ich um, stieg vom Pfad hinauf zum Ortsrand von Muri, erreichte das Haus in der Elfenaustrasse von hinten, ging die beiden Treppen hinauf zur Schiebetür der Einliegerwohnung, und dort, vom Treppenabsatz aus, sah ich meine Töchter in ihren Betten und meine Frau in dem unseren: in dem Bett, das nicht mehr dasselbe ist wie vor fünfzig Jahren, aber dieselben Koordinaten einnimmt in der Welt.

Aus dem Spanischen von Susanne Lange

LOUIS-PHILIPPE DALEMBERT
Der letzte Tango der Kindheit

> Im Käfig ihrer Schreie ist stets
> ein Kindheitsstrang verflochten.
> *Abdurahman A. Waberi*

Seit einer Woche redeten alle Jungs im Viertel, egal, ob jünger oder älter, von nichts anderem mehr. Wozu gesagt werden muss, dass das Radio dafür mehrmals täglich Anlass bot: *Der letzte Tango in Paris*, der am Samstagabend im Ciné-Parc, einem der vier Freiluftkinos von Port-au-Prince, gezeigt wurde, war für alle unter achtzehn verboten. Als gerade einmal zehnjähriger Knirps warst du davon weit entfernt. Zumal bei euch die Väter und Mütter – mit deiner Großmutter als Anführerin des Kreuzzugs – die Angelegenheit auf ihre Weise geregelt, die Zahl noch einmal erhöht und der offiziellen Zensur zwei Jahre hinzugefügt hatten. So kam es, dass in eurem Teil der Hauptstadt *Der letzte Tango in Paris* für alle unter zwanzig verboten war. Eure Eltern hielten die Weißen für Perverse, die eine diebische Freude daran hatten, die Jugend zu verderben, und euch in Filme lockten, in denen zu sehen war, wie Männer und Frauen sich schamlos auf der Straße angrabschten oder Mädchen mit nacktem Busen am Strand spazierten … Um ihre Engelchen zu schützen, war den Erwachsenen jedes

Mittel recht. Was nichts daran änderte, dass ihr im Viertel tagtäglich das Schauspiel sich begattender Straßenköter bestaunen konntet. Und euch am liebsten im Dunstkreis der Älteren herumgetrieben habt, an ihren Lippen hängend und ihre schmutzigen Sprüche aufsaugend. Was dich betraf, hattest du sogar schon Doktorspiele mit der Tochter von Tonton Hermann hinter dir. Du hast sie so erfolgreich und so ausführlich abgehorcht, dass du ihren Vater gar nicht hast kommen hören, der euch dafür mit einer Tracht Prügel belohnte, die dir immer noch in den Knochen steckt. Ehrlich gesagt, hattest du damals vor allem Riesenschiss, dass er dir verbieten würde, jemals wieder die Füße in seinen Hof zu setzen; zu deiner großen Erleichterung war das nicht der Fall. Vorsichtshalber hast du dich in den Wochen, die auf die Schandtat folgten, aber lieber schnell verdrückt, sobald auch nur das leiseste Brummen seines Mercury zu hören war.

Glaubte man den Gerüchten, ging *Der letzte Tango* noch viel weiter, als ihr es von den unzüchtigen Umtrieben der Hunde oder den schweinischen Witzen der älteren Jungs kanntet. Allein nach der Radiowerbung hätte allerdings keiner so recht sagen können, warum die Erwachsenen euch die Filmvorführung verbieten wollten. Da wart ihr an ganz andere, drastischere Ankündigungen für Western, Sandalen- oder Kung-Fu-Filme gewöhnt, bei denen ihr gelernt hattet, am Geräusch der Revolverschüsse eines Lee Van Cleef oder Clint Eastwood, am wütenden Degenklirren von Charlton Heston oder am Miauen von Bruce Lee zu erkennen, ob es sich um einen guten Film handelte. Das half dabei, Streifen zu vermeiden, die auf die Tränendrüse drückten, wie *Rosas blancas para mi hermana negra* (*Weiße Rosen für meine schwarze Schwester*), oder den blanken Horror von Filmen wie *Circus der Vampire* oder *Dracula*, die einem echt den Schlaf rauben konnten.

Aber in der Reklame für *Der letzte Tango* war nichts, bis auf das Gestöhne einer Frau, aus dem sich irgendwie entnehmen ließ, dass sie verbotene Dinge trieb. Auf dem Gebiet der Liebesseufzer hattest du allerdings schon ganz anderes gehört, spätestens seit *What'd I say* von Ray Charles von früh bis spät im Radio lief. Als du beim Herumfingern am Apparat das erste Mal darauf gestoßen bist, hat sich Grannie in einen so biblischen Zorn hineingesteigert, dass sie beschloss, von jenem Tag an nur noch den protestantischen Sender Radio Lumière einzustellen, der nichts als Kirchenlieder brachte.

Vielleicht hatten die Erwachsenen ja in *Le Matin* oder *Le Nouvelliste* eine schlechte Besprechung des Films gelesen, die deinem Scharfblick entgangen war. Warum sonst dir dein einziges allwöchentliches Kinovergnügen streichen? Offiziell jedenfalls. Bei Grannie gab es klare Regeln: Kein Film am Freitagabend, und das galt selbstverständlich fürs ganze Jahr, und unter der Woche auch nicht, denn nach der Schule hattest du deine Hausaufgaben zu machen. Wehe dir, wenn sie dich mit einem anderen Druckerzeugnis als dem *Buch der Bücher* oder den *Fabeln* von La Fontaine erwischte! Weshalb dir außerhalb der Schulferien nur der Samstagabend blieb, um deiner Leidenschaft zu frönen. Andere Eltern – entweder weil sie toleranter waren oder weil ihre Sprösslinge ein gutes Zeugnis nach Hause gebracht hatten – erlaubten es auch an Werktagen, der 18-Uhr-Vorführung beizuwohnen. Bei Grannie dagegen war die Antwort ein klares *njet,* egal, ob dein Schulheft mit goldenen Sternchen geschmückt war oder nicht – außerdem erwartete sie das sowieso von dir, sonst setzte es die Streicheleinheiten des Rohrstocks mit den drei Lederriemen, den sie B12 nannte, wie das Vitamin!

Was dich jedoch nicht daran hinderte, ihr Verbot mit Hilfe der Mutter von Freud, deinem besten Freund, zu umgehen. Als deine Komplizin hatte sie sich bereit erklärt, jederzeit zu schwören, du hättest den Abend bei ihr verbracht, während du in Wirklichkeit hastig deine Hausaufgaben erledigt hast, um dich dann zusammen mit der fröhlichen Bagage des ganzen Viertels im großen Hinterhof von Ton' Hermann einzufinden. Wichtig war dabei, vor den anderen da zu sein, denn nur so konntest du einen der besten Plätze ergattern, mit einem Höllenblick auf den Ciné-Parc. Wahrlich ein interessanterer Zeitvertreib als die Gute-Nacht-Geschichten, die du schnell zum alten Plunder weggeräumt hast, seit deine Familie umgezogen war und nur ein paar Steinwürfe von dem großen Freiluftkino entfernt wohnte, dessen riesige Leinwand auf der anderen Seite der kleinen Schlucht emporragte. Tagsüber, wenn du dort mit deinen Freunden Ortolane jagtest, leuchtete die Leinwand sinnlos weiß und nackt; am Abend aber bevölkerte sie sich mit Mysterien aller Art.

An den Abenden damals – und an den Wochenenden ganz besonders – strömte das gesamte Viertel im Hinterhof von Ton' Hermann zusammen. Die Alten ließen sich den Stuhl von einem Kind tragen, das, von Hand zu Hand weitergereicht, seinen Platz schließlich auf dem Gipfel des gigantischen Holzstapels fand, der darauf wartete, als Baugerüst für weitere Zimmer oder das obere Stockwerk des Hauses verwendet zu werden, das du auch später noch als ewige Baustelle gekannt hast. Die Gelenkigsten unter euch – und es dorthin zu schaffen war kein Kinderspiel – richteten sich auf der Tribüne ein, anders ausgedrückt auf dem Dach, wo sie nicht nur über alle anderen Ränge herrschten, sondern ihnen auch niemand mehr den freien Blick auf die riesige Leinwand nehmen konnte. Außerdem wehte dort oben immer ein leichtes Lüftchen. Am schönsten aber war es, wenn während der Abendvorführung um 20 Uhr – Port-au-Prince, dieser wild gewordene Ameisenhaufen, kam da allmählich zur Ruhe – von der Abendbrise Dialogfetzen zu dir herübergeweht wurden. Das war Spitze! Da konnte nichts mithalten, weder das Fußballspiel, bei dem du den Gegner in Grund und Boden geschossen hast, noch der erste dicke Schmatzer von einem Mädchen.

In euer Viertel umzuziehen war ein echter Segen für dich, denn deine Begegnung mit der siebten Kunst, so viel lässt sich ohne Übertreibung sagen, hatte zuvor unter einem eher ungünstigen Stern gestanden. Bei der ersten Filmvorführung deines Lebens musst du vier gewesen sein. Es war an einem Sommerabend und ereignete sich in Thorland, einem Vorstadtviertel am südlichen Rand von Port-au-Prince, in einem Klassenzimmer der großen Volksschule, deren Direktor Ton' Antonio war, der jüngere Bruder von Grannie. Als während des Films auf einmal ein Auto direkt auf dich zuraste, als wollte es gleich aus der Leinwand springen und dich niedermähen, hast du einen Riesensprung zur Seite gemacht und dabei mehrere Stühle und Kinder umgerissen, was dir eine halbe Ewigkeit den Spott der anderen eintrug und erst ein Ende nahm, als du in euer Viertel gezogen bist. Hier hattest du Gelegenheit, deine Scharte auszuwetzen und dir ein kinematographisches Wissen anzueignen, das dich vor den Hänseleien deines Bruders, deiner Schwester und deiner Cousins schützte.

Seither hattest du keinen einzigen Film verpasst. Im Pausenhof wurdest du zum Spezialisten in der Materie, Monsieur Cinéma, den man konsultierte, um Gedächtnislöcher zu stopfen, eigene Behauptungen bestätigt zu sehen, anderen gegenüber aufzutrumpfen. Natürlich hast du dich gehütet, deinen Schulkameraden mitzuteilen, dass du die Filme alle ohne Ton gesehen hattest. Außerdem gab es bei euren Abendvorführungen sowieso immer einen, der behauptete, den Film in einem der vielen Kinos von Port-au-Prince bereits gesehen zu haben, und der dann ganz allein für die Tonspur sorgte, so ausführlich, dass man ihn schließlich bitten musste, mit seinem Gequassel aufzuhören; so als wäre das versammelte Schweigen für das Verständnis der stummen Bilder der notgedrungen richtigere Zugang. Das Ganze artete regelmäßig aus und teilte die Versammlung im Hof von Ton' Hermann in zwei Lager, die fest auf ihrer Meinung beharrten; alte Streitigkeiten flackerten wieder auf, Nachbarn nutzten die Gelegenheit, um sich wochenlang bis aufs Blut zu bekämpfen, und verdarben dir dein Kinoerlebnis.

Du hast jedenfalls Filme in Hülle und Fülle gesehen, manche wieder und immer wieder, was für das Nacherzählen natürlich am besten war. Nicht nur die Radiowerbung, bereits die Titel der Western machten dir den Mund wässrig: *Zwei glorreiche Halunken, Für eine Handvoll Dollar, Django – Sein Gesangbuch war der Colt, Gott vergibt … Django nie!, Leg ihn um, Django, Von Mann zu Mann, Die Satansbrut des Colonel Blake, Halleluja … Amigo, Die letzte Rechnung zahlst du selbst …* Die Sandalenfilme standen dahinter nicht zurück und versetzten dich in weit zurückliegende, biblische Zeiten – mit *Maciste, der Rächer der Verdammten, Ursus im Tal der Löwen* oder *Herkules im Netz der Cleopatra*, wo du immer wieder verzweifelt gehofft hast, dass Samson sich am Schicksal rächen möge. Hatte doch diese falsche Schlange von Dalila ihn glatt seiner Unbesiegbarkeit beraubt, indem sie ihm im Schlaf die Locken abschnitt. Später kamen die ersten Kung-Fu-Filme hinzu: *Die Todesfaust des Cheng Li, Die Todeskralle schlägt wieder zu …* Bruce Lee entthronte in deiner Phantasiewelt Ringo, Django und andere Hallelujafäuste.

Du weißt noch, wie hilflos und ungläubig vor Wut du geheult hast, als Samuel, dieser kleine Blödmann, damit daherkam, dass Trinità (Terence Hill) und Bambino (Bud Spencer) in Wirklichkeit Mario Girotti und Carlo Pedersoli hießen – sein Vater hatte das aus irgendeiner billigen Illustrierten. Indem der Blödmann sich vor den anderen mit dieser Neuigkeit brüstete, kam er nicht nur dir ins Gehege, noch schwerer als seine Anmaßung wog für dich, dass die Namen mit ihren fremden Konsonanten und ihrer Überfülle an »Os« und »Is« überhaupt nicht zu den Figuren passten: mit dem Finger schnell am Abzug, stets zu ein paar Ohrfeigen bereit. Der Wichtigtuer hätte auch selbst gleich eine kräftige Abreibung von dir bekommen, wenn die anderen ihn nicht von deinen Fäusten weggezerrt hätten.

Nur ein einziges Mal vergingen zwei lange Wochen, ohne dass du einer Filmvorführung beiwohnen konntest: um die Folgen deiner Unfolgsamkeit zu spüren, wie deine Großmutter verkündet hatte. Womit sie sich darauf bezog, dass du, ohne zu zögern, mit den anderen in den Lieferwagen von Freuds Mutter eingestiegen warst, die genug davon hatte, alle Filme immer nur aus der Ferne und ohne Ton zu sehen. Deshalb hatte sie eines Abends beschlossen, sich alles einmal aus größerer Nähe anzusehen. Und weil man denselben Preis, nämlich zwei Dollar, bezahlte, egal, ob es sich um einen Mercury, einen Citroën DS oder einen randvoll beladenen Lieferwagen handelte, hatte die Mutter deines Freundes alle ringsum eingeladen, und die Hälfte des Viertels hatte sich, dicht gedrängt wie Ölsardinen, auf der Ladefläche eingefunden. Tja, und was dich betraf, so hattest du leider ganz vergessen, dass es Freitagabend war und dass außerdem *Die Braut des Teufels* gezeigt wurde, ein mit dem diabolischen Christopher Lee gedrehter Film, der dir sieben Nächte lang den Schlaf rauben sollte. Es war das einzige Mal, dass sich dein Hintern am Sabbat den Streicheleinheiten von B12 ausgesetzt sah!

Die harten Liebkosungen des Rohrstocks hatten sich in deiner Erinnerung bereits in sanftes Kitzeln verwandelt, als im Radio das erste Mal die Reklame für *Der letzte Tango* zu hören war. Es dauerte keinen Tag, bis die Gerüchte über den Film sich im ganzen Viertel verbreitet hatten, vom Heim für Straßenkinder über den Fußballplatz und die Kirche Saint-Yves bis zur Polizeiwache, wo die Bullen wie üblich die Zeit totschlugen, indem sie mit den jungen Händlerinnen von Naschwaren schäkerten: Am Samstagabend im Kino, das würde echt scharf werden, die Jungs des Viertels seien bereits aufgefordert worden, ihre Neugierde woanders zu befriedigen. Zutritt zum Hof von Ton' Hermann verboten. Ein Nein wie ein Donnerhall! Die ganze Woche hast du darüber nachgegrübelt, wie du die Zensur umgehen konntest. Dein Ruf stand doppelt auf dem Spiel: einmal als wandelndes Filmlexikon, das keinen neuen Film verpassen durfte, und dann als einer, der den Verboten der Erwachsenen trotzte. Einen Film anzuschauen, der erst ab achtzehn erlaubt war – nach den Gesetzen des Viertels ab zwanzig –, das würde es den andern mal zeigen, die dich oft von oben herab behandelten, sei es wegen deines Alters – du warst einer der Jüngsten eurer Bande – oder wegen deiner Großmutter, dieser »Schnapperlapapp«, wie sie sie nannten und der sie vorwarfen, sie für Nichtsnutze zu halten, womit sie nicht unrecht hatten, und mit denen du dich nicht herumtreiben durftest, unter Androhung von Strafe, falls es ihr doch zu Ohren käme.

Für den Film war nur eine einzige Vorführung angesetzt, und zwar um 20 Uhr, wegen des Skandals, der ihm bereits vor seinem Eintreffen in Haiti vorausgeeilt war und den die örtliche Presse genüsslich ausgebreitet hatte. Besorgte Gemüter hatten warnend den Zeigefinger erhoben und in Zeitungen und Radio lautstark ihren Unmut kundgetan; andere hatten schlicht und einfach die Absetzung des Films von den nationalen Lichtspielstätten gefordert. Die verschiedenen christlichen Kirchen ließen ihre ewigen Streitereien für dieses eine Mal ruhen und gingen ebenfalls auf die Barrikaden: Wenn der Film sogar im Heimatland des Regisseurs verboten worden war und in anderen Ländern als Pornographie galt, warum sollte er dann auf unseren Leinwänden gezeigt werden und eine Jugend verderben, die bereits zur Genüge weiteren schädlichen, von anderswo eingeschleppten Moden ausgesetzt war, wie Afrolook, Schlaghosen und Plateauschuhen? Warum den Kindern unzüchtige Szenen zumuten – beiläufig wurden offene religiöse Rechnungen beglichen –, wie man sie sonst nur in Voodoo-Zeremonien finden konnte?

In eurem Viertel wurde unter Federführung der zahlreichen Offiziere, die dort wohnten, eine Versammlung einberufen, in der man die Angelegenheit debattierte: Sollte der Film am Abend der Vorführung boykottiert werden, oder galt es, die künstlerische Freiheit zu achten? Für die Frauen, angeführt von deiner Großmutter, die mit ihrer feministischen Ader den Inhalt empörend fand, handelte es sich um ein schändliches Machwerk. Laut Grannie vermittelte der Film – den sie selbstverständlich nicht gesehen hatte, das wäre ja wohl noch schöner – nicht nur ein herabwürdigendes Frauenbild, sondern war außerdem ein Werk des Satans. Und wenn sie das verkündete, wehe dem, der ihr Vernunft beibringen oder sie zu einem Kompromiss bewegen wollte! Schon allein der Titel sage alles, urteilte Tante Venus, die sich dieses eine Mal auf die Seite ihrer jüngeren Schwester schlug: Der Tango sei eine anstößige Angelegenheit, bei der ein Mann und eine Frau sich unter dem Vorwand des Tanzes in aller Öffentlichkeit Obszönitäten erlaubten. Am Ende trug das männliche Geschlecht, Witwer und Junggesellen voran, den Sieg davon, wenn auch mit einem kleinen Dämpfer für euch: Die Schranke zum Hof von Ton' Hermann würde von Beginn der Vorführung an geschlossen bleiben, um die jugendlichen Schwarzseher fernzuhalten.

Was allerdings kein unüberwindliches Hindernis war: Man brauchte nur lange vor dem Ereignis bereits im Hof zu sein. Doch hieß das vergessen, dass die Vorführung ja am Samstag stattfand, wo es dir nach der Rückkehr vom Kirchgang bis zum Sonnenuntergang streng verboten war, das Haus zu verlassen. Du musstest dir also etwas anderes einfallen lassen. Und so reifte in dir der Plan, den du kurz darauf Freud, deinem unzertrennlichen Gefährten, mitgeteilt hast. Freud war begeistert.

Erster Schritt: die Verhältnisse vor Ort auskundschaften. Die gemeinsam mit Freud angestellten gewissenhaften Nachforschungen ergaben, dass eine Stunde vor der Vorführung ein Zerberus vor der Schranke platziert sein würde, der die Weisung hatte, keinen mit kurzen Hosen reinzulassen und auch nicht die Jungs, die sich schnell noch einen Bart wachsen ließen, um älter zu wirken. Falls er im Zweifel war – was für all diejenigen galt, die er nicht hatte auf die Welt kommen sehen, mithin für zwei Drittel der Kinderschar des Viertels –, hatte er die Erlaubnis, ihnen die Nase zu verdrehen, um zu sehen, ob daraus noch Milch floss. Wie auch immer, deine Pläne wurden damit jedenfalls durchkreuzt: Bis der Sabbat vorbei war und deine Großmutter im Herd Feuer geschürt hatte, um das Abendessen zuzubereiten (Haferschleimsuppe, was sonst), wäre es bereits nach sieben. Das Abendessen durftest du nicht sausenlassen, sonst hätten bei deiner geliebten Grannie die Alarmglocken geläutet. Und auf eine Mahlzeit hattest du außerdem noch nie verzichtet, geborener Hungerleider, der du warst.

Aber Zerberus oder nicht, es gab immer noch die Möglichkeit, sich durch das Loch in der Umzäunung zu schlängeln, die den Hof der Livingstones von dem Ton' Hermanns trennte – und schon war man drin, still und heimlich! Das Dumme war nur, dass es bereits dunkel sein würde und Freud ein ziemlicher Angsthase war. Um diese Stunde kamen die Werwölfe allerdings noch nicht aus ihren Löchern, und falls doch, hattest du ein Gegenmittel parat: ein ganzes Bündel Psalmen, die du auswendig wusstest und ihnen entgegenschleudern würdest, um sie in die Hölle zurückzubefördern. Was dich stärker beunruhigte, war die Tatsache, dass die Umzäunung aus Stacheldraht und Wolfs-milchkakteen bestand: ein zerrissenes Hemd, ein Loch in der Hose, eine ärgerliche Schramme, und du würdest dir den doppelten Schmerz einfangen, denn Grannie würde dich mit aller Härte bestrafen. Nach einigem Nachdenken hast du Freud dann gebeten, das Loch heimlich ein wenig zu vergrößern, damit ihr auch im Dunkeln mühelos hin-durchgelangen konntet.

Das zweite Hindernis erwies sich als hartnäckiger: So-bald ihr im Hof wart, wo wolltet ihr euch da verstecken? Du hattest dafür scharf überlegen müssen, warst im Kopf tausend Möglichkeiten durchgegangen, eine riskanter als die andere, bis dir schließlich die Lösung einfiel: Ihr wür-det es euch im Mangobaum bequem machen, der direkt gegenüber der Leinwand aufragte, hinter dem Holzhaufen, rechts neben der Hauswand. Niemandem würde in den Sinn kommen, auf der Suche nach einem unbefugten Zu-schauer, der sich in den Baum geflüchtet haben könnte, den Kopf zu heben; außerdem wärt ihr in der Dunkelheit unmöglich auszumachen. Du warst da bereits häufiger raufgeklettert: Der Blick von dort oben war sogar noch besser als vom Dach. Außerdem hattet ihr Glück, bis zur Mangoernte war es noch lange hin. Deshalb bestand keine Gefahr, dass Fledermäuse oder Ratten zwischen den Zweigen Kapriolen schlugen, um ein paar Früchte zwischen die Zähne zu kriegen.

Als der Tag schließlich gekommen war, lief alles wie geplant. Nach dem Ende des Sabbats, der sich diesmal ewig hinzog, und der abendlichen Haferschleimsuppe hast du Grannie gebeten, den Livingstones einen Besuch abstatten zu dürfen. Du wusstest, dass sie dir die Bitte nicht abschlagen würde, denn die Livingstones waren brave Leute, deren Kinder den Herumtreibern des Viertels immer als Vorbild hingestellt wurden. Die ganze Woche hattest du sie nachgeahmt, warst pünktlich von der Schule nach Hause gekommen, ohne dich auf dem Heimweg ablenken zu lassen. Du hattest deine Hausaufgaben rechtzeitig gemacht, hattest nicht mit den falschen Jungs herumgelungert, diesen »Halbstarken«, hattest den Sabbat auf den Buchstaben genau eingehalten. Grannie hätte suchen können, soviel sie wollte, sie hätte nichts gefunden, woraus sie dir einen Vorwurf zimmern konnte.

Und dann warst du auch schon zum Hof der Livingstones unterwegs, wo Freud dich bereits erwartete. Mir nichts, dir nichts habt ihr euch unter dem Stacheldraht hindurchgeschoben, Gott sei Dank ohne jeden Kratzer, und euch danach vorsichtig umgeguckt und vergewissert, dass sich noch niemand an Ort und Stelle befand. Glück gehabt! Auf Zehenspitzen schnell weiter, dabei immer mal wieder stehen geblieben, um wie die Sioux-Indianer in einem Spaghettiwestern nach rechts und nach links zu spähen. Keinesfalls durfte der Zerberus auf der anderen Seite der Schranke auf euch aufmerksam werden. Du hast Schmiere gestanden, während Freud den Baum hochkletterte, und bist ihm dann in die dichte Krone hinauf gefolgt, wo jeder von euch sich rittlings auf einen Ast setzte. Was auch immer geschehen würde, hattet ihr verabredet, ihr würdet euch nicht von euren Plätzen rühren, bis der Film zu Ende und der letzte Zuschauer gegangen war. Danach hieß es ausharren. Eine Dreiviertelstunde musste von euch rumgebracht werden, bis endlich die Werbung kam und dann die Vorschauen für die nächsten Filme.

Als endlich *Der letzte Tango in Paris* begann, wusstest du sofort, dass sich die Warterei und die Risiken gelohnt hatten. Es ging auch wirklich gleich in die Vollen. Bereits nach fünfzehn Minuten wurde einem eine stürmische Szene geboten, in der Marlon Brando Maria Schneider brutal das Höschen runterriss, um sie im Stehen aufzuspießen, bei einer blitzschnellen, schroffen Paarung – sogar die Rüden beschnupperten und leckten den Schlitz der Weibchen, bevor sie ihr Ding reinsteckten. Danach, von ihrem eigenen Tun überwältigt, stürzten der Mann und die Frau atemlos zu Boden. Die Frau blieb eine Weile seitlich abgestützt liegen, rollte sich dann lustvoll um sich selbst – und ein paar Sekunden lang, so wild und dicht wie der Amazonasregenwald, konntest du ihr Bermudadreieck sehen. Davon hattest du in Erdkunde gehört: Die größten Ozeandampfer der Welt verschwanden darin spurlos. Und dieses Dreieck befand sich in der Karibik, nicht allzu weit weg von Haiti, das hatte dich beeindruckt. Jedoch nicht so sehr wie die Szene gerade eben, die dich völlig benommen zurückließ, dein kleines Jesulein steif wie ein Holzsplitter vom Stamm des Allmächtigen, dein Herz so stark hämmernd wie sämtliche Trommeln zusammengenommen, von denen König David in seinen Psalmen spricht. Neben dir gab Freud keinen Laut von sich; er stand ebenfalls unter Schock.

Doch das Beste sollte noch kommen. Die Heldin und der Held saßen jetzt splitterfasernackt auf einem Bett, ineinander verschlungen wie in einer Kamasutra-Position, die lange in Vergessenheit geraten war. Dann lag die Schauspielerin auf dem Bauch, ihr ganzer Körper vor Erregung angespannt, die Hand hatte sie unter den Körper geschoben, genau dorthin, wo ihre Schamhaare waren, und befriedigte sich selbst. Ihr Liebhaber schaute ihr dabei zu. Und als ob das noch nicht genug wäre, lagen nun beide wieder auf dem Boden ausgestreckt; neben ihnen ein Stück Butter, von dem du dich schon eine Weile gefragt hattest, was es da zu suchen hatte. Marlon Brando sollte dir umgehend die Antwort liefern. Er fuhr nämlich mit seinen Fingern in die Butter und steckte sie danach irgendwo in den Intimbereich seiner Partnerin hinein, die er jetzt von hinten ritt – wie du es bei den Straßenkötern gesehen hattest. Großaufnahme des Gesichts der Frau, vor Lust verzerrt …

Das waren die letzten Bilder, die du an diesem Abend zu sehen bekamst, denn im selben Augenblick geschah, was geschehen musste: Freud und du, ihr habt beide angefangen herumzuzappeln, um die Stechmücken zu vertreiben, die bereits seit einer Ewigkeit eure Nacken, Arme und Beine belagerten und euch in den Ohren brummten wie Jagdflugzeuge aus dem Ersten Weltkrieg. Du hattest im Vorhinein alles bedacht, nur nicht diesen hartnäckigen Sturmangriff der Mücken. Die Erwachsenen entdeckten euch daraufhin und brachten euch zu euren Familien zurück. An diesem Abend waren die Attacken von B12 wütender als die von Marlon Brando. Aber während Grannie dich verprügelte, geschah etwas Merkwürdiges mit dir: Dir wurde bewusst, dass der Film, dessen Ende du erst viele Jahre später sehen solltest, dich mit einem Mal zum Erwachsenen gemacht hatte. Dank dem *Letzten Tango in Paris* warst du zum Mann geworden, und ein Mann, auch wenn er die Streicheleinheiten von B12 zu spüren bekommt, der heult nicht.

Aus dem Französischen von Bernadette Ott

Die Flucht der Bärin

Ich heiße Marianna Polna. Ich bin siebzig Jahre alt. Ich wohne in Warschau. Ich bin Lyrikerin und Übersetzerin. Mein Vater war Jan Nepomucen Polny, Arzt und Mitglied der medizinischen Akademie. Er hatte Alzheimer und ist vor einem Monat im Alter von siebenundneunzig Jahren gestorben. Heute ist der 17. Juli. Der 17. Juli im Jahr 2021. Ich bin in Bern. Bern ist die Hauptstadt der Schweiz. Seit meiner Ankunft redet man nur noch von der Flucht einer Bärin aus dem Tierpark am Fluss. Die Bärin heißt Cora. Ich wohne im Hotel Bellevue. Im Zimmer Nummer 12. Ich bin nach Bern gekommen, um mich von meinem Leben zu trennen.

Ich weiß, dass ich mein Gedächtnis verliere, wie mein Vater. Ich habe die Krankheit von ihm geerbt. Ich fühle mich wie ein altes Haus, das nicht mehr zu reparieren ist. Deshalb sage ich mir jeden Morgen beim Aufwachen als Erstes wieder, wie ich heiße, wie alt ich bin, wo ich wohne, was ich an diesem Tag zu erledigen habe. Heute zum Beispiel werde ich mich von meinem Leben trennen, was mich praktischerweise davon entbindet, Pläne zu machen und mir morgens immer wieder aufs Neue zu sagen, wie ich heiße. Sich vom Leben trennen – das hört sich viel besser an als Selbstmord oder gar Euthanasie, als wäre ich eine alte Schindmähre, die nichts mehr zu sagen hat. Ich habe sehr viel Sinn für die Schönheit der Sprache, mein Vater war als Wissenschaftler ein Befürworter der Euthanasie. Er hielt sie für ein Recht des Menschen und wollte auch davon Gebrauch machen, aber dann dachte er nicht beizeiten daran, und das Leben trennte sich von ihm, lange bevor sein Körper starb. Das Sichtrennen vom Leben sollte ein Grundelement des Lebens selbst sein. Ich entscheide, wann und wie. Ich weiß, wann es Zeit ist. Abgesehen von meinen Gedächtnisproblemen habe ich auch Herzbeschwerden, deshalb sollte es ziemlich einfach gehen. Ich habe beschlossen, in der Aare zu ertrinken, und zwar deshalb, weil dieser Fluss das reine Schöne ist und mein Körper auf diese Weise ganz im Dienst des reinen Schönen sein wird, jedenfalls möchte ich es so sehen. Ich habe immer nur Romane und Gedichte übersetzt, die den Kriterien der aristotelischen Idee von Kunst entsprachen, indem sie Mitleid und Furcht erweckten und eine Katharsis bewirkten. Das ist das wahre Schöne. Der andere Grund ist der, dass sich vor zwanzig Jahren an der Aare der wichtigste Augenblick meines Lebens ereignete. Ich traf eine Entscheidung, die bewirkte, dass sich mein ganzes Leben nur in vorher oder nachher einteilte. Der Mann, den ich liebte, ging in Richtung Nydeggbrücke davon, und ich starrte in das aquamarinblaue Wasser, das an mir vorüberfloss, und rief seinen Namen nicht. Die folgenden Jahrzehnte waren geprägt von der Pflege meines Vaters, von Arbeit und einem Bedauern, das allmählich zur Hinnahme der Tatsachen erstarrte. Diese Hinnahme brachte keine Erleichterung und auch keine Läuterung. Wäre sie ein sichtbares Ding gewesen, hätte sie grau und rissig-rauh ausgesehen, wie ein alter Bimsstein am Badewannenrand. Heute bin ich aufgewacht und habe versucht, mich an das Wort Katharsis zu erinnern. Dunkel saß es da in meinem Hirn wie ein kleines Brandloch. Ich wusste noch, was es heißt, ich wusste auch noch, dass ich so vor Jahren mal einen Lyrikband genannt hatte. Doch an das Wort selbst konnte ich mich nicht mehr erinnern, und das bereitete mir großen Kummer. Es half nichts, innerlich das Alphabet aufzusagen und vor meinem geistigen Auge einen Buchstaben nach dem anderen durchzugehen, um festzustellen, ob dieser vielleicht der Anfang des Verlorenen sei, nach dem ich suchte. Aaaah, stöhnte ich. Beeee, heulte ich. Schließlich half mir das Internet. »*Sie, Katharsis* ist der wichtigste Lyrikband von Marianna Polna.« Wenn man den Computer nach etwas so Wesentlichem wie der Katharsis befragen muss, dann ist es Zeit, sich zu verabschieden. Mein Vater trug immer Gift bei sich, abgefüllt in einer leeren Patronenhülse. Er wollte im richtigen Augenblick vom Leben Abschied nehmen. Doch er hat den Augenblick verpasst und dann vergessen, was er immer präsent haben wollte.

Am Anfang kamen meinem Vater einzelne Wörter abhanden, so wie es mir seit ein paar Jahren geschieht. Oder er ging aus dem Haus, und anstatt nach links abzubiegen, wandte er sich nach rechts, um kurz darauf orientierungslos und verlegen stehen zu bleiben. Es wurde nicht wieder besser. Eines Morgens traf ich ihn in der Küche an, wo er dabei war, einen Wecker zu zerlegen. Damit begann die Phase der Zerstörung mechanischer Gegenstände, deren Funktionsweise er verstehen wollte. Am meisten interessierten ihn die Dinge, die etwas maßen: Uhren, Waagen, Thermometer. Die auseinandergenommenen Dinge konnte er nicht wieder so zusammensetzen, dass sie funktionierten, dann packte ihn die Wut, und er schleuderte sie an die Wand. Auf die Seitenränder der Bücher, die er sein Leben lang mit größter Achtung und Umsicht behandelt hatte, kritzelte er jetzt gedankenlos seine Anmerkungen, zuerst waren es sinnlose Sätze, schließlich nur noch Reihen einzelner Buchstaben, Ketten von Buchstaben, wie Christbaumschmuck. Bei einem feierlichen Empfang zu seinen Ehren rührte er den Kaffee mit dem Messer um, und die versammelten Mediziner taten so, als sähen sie nicht, wie er den Zucker mit der Messerspitze aufnahm und verstreute. Die Wörter entfielen ihm und kamen in verkehrter Bedeutung wieder zurück und schmeichelten wie hungrige Katzen. Einmal, vor fünfzig Mark, fing er an, dabei meinte er Jahre, aber ganz sicher konnte ich nie sein. Ich sah ihn an, meinen Felsen, den Anführer unserer Zweierbande, und mir war, als hätte jemand den Inhalt dieser äußeren Hülle ausgetauscht. Ein verschrecktes, aggressives Kind sah ich. Er legte sich eine Tabelle an, und solange er dazu noch in der Lage war, vermerkte er darin die Uhrzeiten, wann ich ausging und zurückkam, und bei jeder Verspätung fing er einen Streit an. Wenn ich zu lange telefonierte, kniff er mich. Er mochte keine Musik mehr, und wenn ich ihm eine seiner Lieblingsplatten auflegte, etwa *Alcina* von Händel oder die Goldberg-Variationen, schrie er wie im Schmerz, also blieb der alte Plattenspieler stumm. Manchmal besann er sich auf meinen Namen und weinte, dabei sagte er immer wieder Mari. Mari. Meine Tochter! Doch am nächsten Tag wurde er wütend und fragte, wieso ich ihm dauernd sage, ich sei Marianna, Mari, welche Mari, wozu soll ich mir die Namen fremder Leute merken! Ich weiß nicht mehr, was ich noch weiß!, weinte er verstört. Ich habe vergessen, was ich vergessen habe. Gib mir!, rief er aus der Tiefe seiner Verzweiflung, aber das verlorene Wort war nicht mehr aufzufinden. Gib mir!, schrie er, und mir brach das Herz. Wasser? Brot? Liebe? Tod? Doch dann erstarb die Sprache ganz, was blieb, war eine minimale Gehirntätigkeit und die elementaren Körperfunktionen. Atmen, Essen, Ausscheidung, Angst. Mein kluger, eleganter Vater wurde ein Tier. Wenn er sich bedroht fühlte, erstarrte sein besabbertes Gesicht, und unweigerlich machte er einen Haufen in der Dusche. Und schließlich, nach drei langen Jahren, war er ganz bettlägerig und wurde mit einer Sonde ernährt. Seine Augen, die früher vor Geist und Witz sprühten, waren trüb und leblos geworden.

Früher hatte ich ein phänomenales Gedächtnis. Zu gut, scherzte ich verbittert. So konnte ich mich an jeden einzelnen Tag der sechs Monate erinnern, die ich auf Einladung der dortigen Universität in Bern verbrachte, und erst recht jede Stunde, die ich mit Rafael verbracht hatte. Ich bekam für meinen letzten Lyrikband einen großen Preis, und meine Literatur- und Lyrikübersetzungen fanden viel Beachtung. Ich war über fünfzig, aber ich fühlte mich noch jung und immer noch attraktiv. Ich hielt ein Übersetzungsseminar und wechselte mit Leichtigkeit zwischen den drei Landessprachen hin und her. Ich hatte mich in diesem Land immer wohl gefühlt, denn hier verband sich Schönheit der Natur mit überragenden Werken der Kultur und großem zivilisatorischem Fortschritt. Ähnlich wie mein Vater fühlte ich mich nur an solchen Orten wohl, an denen die umgebende Struktur der Welt zuließ, dass man sich auf sein Innenleben konzentrieren konnte, ohne je um Leib und Leben bangen zu müssen. Rafael war fünfzehn Jahre jünger als ich, er wollte einfach nur, dass ich blieb. Das sagte er zu mir, als wir in der Aare schwammen. Ich sollte bei ihm bleiben, an diesem Ort, der hübsch war wie eine teure Bonbonnière, durchschnitten von der kristallenen Klinge des Flusses – wenn man von den paar hässlichen Wohnblocks am Ufer absah. Und für die Sommer würden wir in das kleine Bergdorf bei Sion fahren. So redete Rafael beim Planen unserer gemeinsamen Zukunft. Ich müsse zurückgehen, sagte ich ihm. Rafael ging davon, in Richtung Brücke, in ein Leben ohne mich, von dem mir manchmal Bruchstücke zu Ohren kamen, wie Steine, die jemand geworfen hatte. Eine andere Frau, ein Leonberger Hund, die Berge.

Als ich anfing, mein Gedächtnis zu verlieren, wusste ich, was mir bevorstand. Ich würde immer diese eine Geschichte vom Ufer der Aare erzählen, aber niemand würde sie hören wollen, genauso wenig wie ich die Geschichte meines Vaters, die eine, immergleiche, die er erzählte, die Geschichte, die ich seit meiner Kindheit kannte. Das einzige Datum, an das er sich nach einem guten Dutzend Jahren des Ringens mit seiner Alzheimererkrankung erinnerte, betraf den 31. Januar 1946, an dem Bury dreißig Bauern in dem Dorf Puchaly Stare in Podlesie umbrachte. Mein Vater, einer der Grünschnäbel, die dieser verbrecherische Anführer der Landesarmee mit Gewalt für seine Zwecke eingespannt hatte, entging der Erschießung wie durch ein

Wunder. Niemals redete er von meiner schon lange verstorbenen Mutter, den vielen Geliebten, den komplizierten Eingriffen, die er am Hirn nichtanästhesierter Patienten vorgenommen hatte. Alles, was noch zählte, war dieser Januartag, mit den dreißig toten Weißrussen, ein vor Hass rasender Verbrecher, die Flucht, die erfrorenen Zehen, der Wald. Es spielte keine Rolle, wer in sein Visier geriet, mein Vater legte mit seiner Geschichte los. Beim Briefträger, beim Arzt, bei der Putzfrau. Und am häufigsten bei mir. Er sprach immer hässlicher, in immer größerer Verzweiflung, die Wörter überschlugen sich, die Sätze quollen aus seinem Mund wie Nägel aus einer Selbstmörderweste. Sein Dorfjargon tauchte auf, die Kindheitssprache drängte aus der zugesperrten Lade im Kopf meines Vaters wie ein unruhiger Geist. Wie der Bury is nach Lozice kummen, zur Hochzeit, das war a Hatz. I hab fei gschaut, wie die sich haben dreihaun lassn. Und ich? Ich würde erzählen, wie Rafael bat: Bleib doch, bleib, im Sommer fahren wir dann in die Berge, in dieses Dorf bei Sion, dessen Namen ich schon vergessen habe. Ich muss zurück, hab ich geantwortet. Erbärmlich.

Beim Frühstück im Bellevue haben die Gäste am Nachbartisch von der entflohenen Bärin geredet. Cora, sie heißt Cora, hat die Frau, die etwa in meinem Alter war, auf Französisch gesagt, und ihr Begleiter hat ihr zugestimmt, so eine Bärenflucht, die sei doch etwas ganz Unglaubliches, und er hat sich mit der Serviette den Mund abgewischt. Sie haben die frischen Croissants zerpflückt und in ihren Milchkaffee getaucht. Ich hab gespürt, jetzt ist es an der Zeit. Meine Sinne waren ganz geschärft, doch gleichzeitig fühlte ich mich wie berstend, ächzend. Ein verfallenes Haus, durch das der Wind heult.

Ich ging durch Bern, das roch wie vor zwanzig Jahren. Ich wollte so lange gehen, wie ich Kraft hatte, in Richtung Berge, dort, wo die Aare entspringt, den Blick auf die verschneiten Gipfel gerichtet. Und erst dort ins Wasser gehen, wo es leer war, wo niemand die ertrinkende Alte sehen würde, wie sie vom Leben Abschied nimmt. Es war ein klarer Tag, keine einzige Wolke stand am Himmel. Meine Ausweispapiere und das Telefon ließ ich im Hotel. Nur meine Tabletten hatte ich mit, die meinen Herzschlag verlangsamen und dafür sorgen, dass ich nicht lange schwimmen kann. Mein altes Herz würde in dem klaren eisigen Wasser einfach stehenbleiben. Niemand wartete auf mich. Niemand wusste, wo ich war. Den Wagen von Polizei und Feuerwehr an der Nydeggbrücke schenkte ich keine Beachtung, und auch nicht der Gruppe uniformierter Männer, die sich gerade auf die Suche nach der aus dem Tierpark entflohenen Bärin machten. Ich hatte das Gefühl, etwas vergessen zu haben, doch ich konnte mich nicht darauf besinnen, was es war, und wusste nicht mehr, ob es der Mühe wert war, das ganze Alphabet durchzugehen, um auf den Anfangsbuchstaben zu kommen. Ich ging ziemlich weit, ohne müde zu werden. Hier war niemand mehr. Ich zwängte mich durchs Gebüsch und setzte mich ans Ufer. Das Wasser hatte die Farbe von Aquamarin. Alles war so, wie ich es mir vorgenommen hatte. Still und menschenleer, unfassbar schön. Bleib einfach bei mir, hatte Rafael vor zwanzig Jahren gesagt. Ich muss zurück, hatte ich geantwortet, aber das spielte jetzt keine Rolle mehr. Und da sah ich sie. Die Bärin Cora, die aus dem Zoo am Ufer entkommen war. So wie ich saß sie auf den Steinen am Ufer und blickte auf die vorbeifließende Aare. Der Geruch von ihrem Fell stieg mir in die Nase. Sie roch nach Freiheit.

Aus dem Polnischen von Esther Kinsky

Marie

Unbemerkt von dem Mann, der sie in Angst und Schrecken hielt, hatte Marie die Bilder der Tragödie auf dem kleinen Bildschirm ihres Mobiltelefons endlos an sich vorbeiziehen lassen. Der Gefangene, der unter dem Knie eines Polizisten erstickte … das war sie. In der starren Miene des Beamten erkannte sie den Sadismus ihres eigenen Peinigers wieder: die kranke Lust, Gewalt über Leben und Tod eines anderen Menschen zu haben, dem man nach Belieben Leid zufügen, Gnade erweisen oder neue Qualen bereiten kann, dieses Überlegenheitsgefühl im kalten Lächeln des Folterers.

Gebannt hatte sie auf ihr Handy gestarrt und sich lange nicht aufraffen können, bis das immer verzweifeltere Flehen des Opfers ihr wie ein endloses Echo ihrer eigenen Bitten um Schonung in den Ohren klang. Der Arme, dachte sie, auf Gedeih und Verderb diesem Vertreter der Ordnungsmacht ausgeliefert, dem Vollstrecker öffentlicher Gewalt, der Verkörperung der Herrschaft, ohne jede Chance, sich aufzulehnen, zu fliehen, dem unausweichlichen Tod zu entkommen. Wie viele Menschen auf der Welt litten wohl ebenso unter willkürlicher Brutalität, wie viele waren dem Zugriff eines aggressiven Mannes hilflos ausgesetzt? Deshalb hatte es sie zunächst gestört, dass immer die Hautfarbe des Opfers erwähnt wurde. Es ging doch um einen viel größeren Kampf, es ging um die Sache aller Unterdrückten! Besonders um die, die keiner sieht, denen wir täglich begegnen, ohne sie zu bemerken, weil sie so geübt darin sind, sich zu verstecken. Weil sie so gut gelernt haben, sich unsichtbar zu machen, sich zu verstellen, zu verschwinden im verlogenen Einerlei ihrer scheinbar wohlgeordneten Existenz, aus der nichts nach außen dringt, nichts Störendes jedenfalls. Um all die Namenlosen, die wie sie selbst in ihren vier Wänden eingesperrt sind und die Last der Angst, die ihnen vom Aufstehen bis zum Schlafengehen wie ein Stein im Magen liegt, kaum ertragen. Um all jene, die wie sie an ein Leben gekettet sind, das sie mit jedem Tag mehr bedrückt und erstickt.

Sie brauchte ein paar Tage, um sich zu entscheiden. Glücklicherweise müsste ihr Mann arbeiten, wenn die in den sozialen Netzwerken angekündigte Demonstration zum Gedenken an George Floyd stattfände, er würde wichtige Kunden ziemlich weit ins Hinterland fahren und länger abwesend sein. Marie hatte einen sehr guten Vorwand gefunden, um nicht ins Büro zu müssen: Sie würde einfach behaupten, eines ihrer Kinder sei krank geworden. Nach der Schule könnte die junge Babysitterin, der sie vollkommen vertraute, sich um die Kleinen kümmern, und das Ganze bliebe ein Geheimnis zwischen ihnen beiden. Wie hatte sie bei der Vorstellung gezittert, ihre Teilnahme am Protestmarsch zu planen, sie war so ängstlich geworden, so abhängig! Dabei hatte sie, solange sie sich erinnern konnte, die Verantwortung für ihre Entscheidungen stets mit Stolz übernommen. Von Kindheit an rebellisch, ganz besonders in der Pubertät, hatte sie ihren Eltern nie blind gehorcht, sondern dickköpfig ihre Rechte eingefordert, hartnäckig argumentiert und ausführliche Erklärungen verlangt, bevor sie nachgab.

Sie betrachtete ihr blasses Spiegelbild und musste seufzen. Wie sie sich schämte für das Ding, das da unter ihrem Blick die Schultern einzog und den Oberkörper krümmte, um die Brust zu verbergen! Diesen willenlosen Schatten mit gebeugtem Rücken und dunklen Ringen unter den gesenkten Lidern. Mit der flachen Hand fing sie die schweren Tränen auf, die ihr aus den geröteten Augen quollen und über die Wangen liefen. Im Bad ließ sie ewig das Wasser rinnen und trödelte so lange, bis ihr Mann die Geduld verlor und einschlief. Gut zehn Minuten hörte sie ihm beim Schnarchen zu, bevor sie leise zu ihm ins Bett kroch und unter die Decke schlüpfte. Hauptsache, sie weckte ihn nicht auf, denn wenn er sich in seiner Nachtruhe gestört fühlte, wurde er besonders wütend. Sie versuchte, möglichst flach zu atmen. So konnte sie nicht schlafen. Wie lange war sie schon nicht mehr Herrin ihrer Entscheidungen, ausgerechnet sie, die gemeinsam mit ihren beiden älteren Schwestern immer die Fahne der Emanzipation hochgehalten und die individuelle Freiheit als nicht verhandelbare Grundvoraussetzung verteidigt hatte? In ihrem Studium der internationalen Finanzwirtschaft hatte sie stets geglänzt und in Debatten, in denen das männliche Geschlecht das Wort führte, laut und selbstbewusst ihre Stimme erhoben. Als engagierte Feministin hatte sie sämtliche Formen des Sexismus verurteilt, von anzüglichen Bemerkungen der Dozenten bis zu Grabschereien. Anschließend machte sie im unbarmherzigen Wettbewerb dieser Männerwelt Karriere. Sie war eine Kämpferin, die sich nie die Butter vom Brot nehmen ließ, sie wehrte sich gegen die Klischees, die man ihr überstülpen wollte, sie bestand darauf, nicht auf ihr Äußeres, auf ihr Geschlecht reduziert zu werden. Mit Hartnäckigkeit, Ernst und Fleiß gelang es ihr, sich allenthalben Respekt zu verschaffen.

Aufgrund ihrer Fähigkeiten genoss sie das Vertrauen ihrer Vorgesetzten, sie konnte über ihre Arbeiten und Reisen weitgehend selbst bestimmen. Mit 25 hatte sie erreicht, was sie sich erträumt hatte, sie war erfolgreich und verdiente gut – der Inbegriff einer unabhängigen, starken Frau. Sie liebte ihren Beruf, weil er ihr Anerkennung einbrachte und ein aufregendes Leben ermöglichte. In ihrer verantwortungsvollen Stellung reiste sie durch die Welt, um Entscheidungsträger aus Politik und Wirtschaft zu treffen. Ihre Fähigkeiten und Einschätzungen waren unter Kollegen wie Kunden unbestritten. Marie erregte oft Bewunderung, eckte aber auch hier und da an oder verstörte ihr Gegenüber. Immer mehr verunsicherte sie die Männer in ihrer Umgebung, da sie so gar nicht dem Bild entsprach, das diese von Frauen im Allgemeinen und der Frau, mit der sie sich eine gemeinsame Zukunft samt Kindern vorstellen konnten, im Besonderen hatten.

Nach einer unruhigen Nacht steht Marie als Erste auf, weckt die Zwillinge, schickt sie gemeinsam unter die Dusche und geht dann in die Küche, während die beiden sich unter großem Theater in ihrem Zimmer anziehen. Der

Morgen ist kühl, die Entscheidung gefallen, auch wenn sie ihr wie ein Stein im Magen liegt. Marie beobachtet sich bei jeder Bewegung, um die vorbildliche Frau abzugeben, die ihr Mann so gern in ihr sieht, er glaubt sogar, dass er sie dazu gemacht hat, dass er sie nach seinen Vorstellungen zu diesem Etwas formen konnte, das ausschließlich für ihn und sein Wohlergehen da ist. Diensteifrig deckt sie den Tisch mit seinem Lieblingstischtuch, platziert Messer und Gabel zentimetergenau, legt den Löffel auf die Untertasse, drapiert die Serviette fächerförmig im Wasserglas und schenkt die richtige Menge Kaffee ein. Dazu ein Stück Zucker, das sie natürlich nicht einfach hineinwirft, sondern langsam und sorgfältig in der heißen, schwarzen Flüssigkeit zergehen lässt. Und vor allem trägt sie den Anschein vollkommener Unterwerfung zur Schau, mit geneigtem Kopf und gesenktem Blick, nicht einmal verstohlen sieht sie zu ihm auf, geschweige denn, dass sie seinem Blick standhielte. Der Triumph steht ihm ins Gesicht geschrieben.

»Siehst du«, jubiliert er, »es ist gar keine Zauberei! Ein bisschen guter Wille, und alles läuft bestens. Ich liebe dich, das weißt du!«

Dann winkt er sie mit dem gekrümmten Zeigefinger zu sich heran, sie nähert sich zaghaft, weil sie weiß, dass sie unvermittelt ein Schlag treffen könnte. Als sie fast vor ihm steht, hält er sie auf, hebt vorwurfsvoll den Finger und zeigt auf einen winzigen braunen Fleck links von seinem Teller. Seine Miene verdüstert sich, er sagt kein Wort, seufzt nur empört. Marie zuckt zusammen und weicht zurück. Trotz ihres Schreckens gelingt es ihr, ihn lächelnd um Verzeihung zu bitten, er hält ihr die Wange zum Kuss hin und küsst sie väterlich auf die Stirn, streichelt kurz ihren Hintern und nötigt sie, auf seinem Schenkel Platz zu nehmen.

»Pass das nächste Mal besser auf!«, ermahnt er sie.

Marie heuchelt Verständnis, wartet aber nur auf eines: dass er endlich verschwindet. Noch ein paar Minuten muss sie diese Komödie durchhalten, bis er geht und die Kinder in den Kindergarten bringt. Dann kann sie ihren Plan umsetzen und sich dem Chor all derer anschließen, die die Verkehrsadern der Innenstadt fluten und lauthals ein Ende des Unrechts und der Gewalt gegen die Schwächsten fordern werden.

Endlich allein, setzt Marie sich aufs Sofa und lässt ihre Blicke durch das Wohnzimmer schweifen. Bald wird nichts mehr sein wie vorher. Sie schwankt ein wenig, weil sich alles um sie dreht. Um den Schwindel loszuwerden, massiert sie ihre Schläfen. Was sie sich alles ausgedacht und veranstaltet hat, um von ihm unbemerkt das Haus zu verlassen, wird er ihr niemals verzeihen, das weiß sie. Mit diesem Betrug hat sie den Punkt erreicht, an dem es kein Zurück mehr gibt, weil sie damit die Illusion seiner Überlegenheit untergraben hat. Aber eigentlich kann es ihr egal sein, wie er reagiert. Entscheidend ist, dass sie aus ihrer Lethargie erwacht, aktiv wird und etwas unternimmt. Sie hat genug davon, ihm zu Füßen zu liegen. Außerdem ist ihr das erschütternde Bild, das sie vor ihren Söhnen abgibt, mehr und mehr zuwider. Sie muss handeln, bevor sie die Situation vollends durchschauen. Ihre Jungs sollen wissen, dass sie den Typ Mann, den ihr Vater verkörpert, verabscheut. Sie muss alles dafür tun, ermahnt sie sich, dass sie dessen Verhalten ablehnen. Und zwar schnell, bevor es zu spät ist.

Zitternd steht sie unter der Dusche und zuckt zusammen, als sie glaubt, die Tür aufgehen zu hören. Das warme Wasser auf ihrer Haut beruhigt sie ein wenig, doch die Angst bleibt. Um möglichst wenig aufzufallen, zieht Marie unförmige, nicht zu enge Jeans an, verhüllt ihre Formen mit einem langärmligen, weiten T-Shirt, bindet die Haare zum Pferdeschwanz und setzt eine Baseballmütze auf. Durch Demütigung und Manipulation hat er es geschafft, ihr Selbstwertgefühl zu erschüttern und sie glauben zu machen, dass sie nie jemand so lieben wird wie er, dass sie ihm dankbar sein muss, wenn er bei ihr bleibt. Noch gelingt es ihr nicht, sich den Vorschriften zu entziehen, mit denen er sie seit Jahren aus dem öffentlichen Raum fernhält und sie zwingt, sich anderen gegenüber kühl und teilnahmslos zu geben, weil er der Einzige sein will, dem sie ihre Weiblichkeit offenbart.

Am Anfang ihrer Beziehung fühlte sich Maries Ego durch diese Besitzansprüche sicher und geschmeichelt. Immer und überall wollte er sie bei sich, um sich, für sich allein haben. Das machte sie zu einem einzigartigen, außergewöhnlichen Wesen, auf den Sockel gehoben von einem Mann, der sich ständig Gedanken um ihr Befinden zu machen schien und stets dafür sorgte, dass es ihr an nichts mangelte und sie sich wohl fühlte. Mit größter Aufmerksamkeit und flammendem Blick schuf er einen erotischen Kult um ihren Körper, dem er von früh bis spät huldigte. Er fragte sie nach ihren geheimsten Gedanken und lauschte ehrfürchtig und ergeben ihren Antworten. Er behandelte Marie wie eine Göttin, das war ein ganz neues Gefühl für sie.

Davor hatte sie sich ausschließlich ihrer Arbeit gewidmet und Männern so wenig getraut, dass sie gar kein Gefühlsleben kannte. In dieser Zeit wechselseitiger Entdeckungen nahm ihr der Zwangscharakter ihres Gefährten noch nicht die Luft zum Atmen. Im Gegenteil, es war, als ob ihr Flügel wüchsen, weil sie sich nicht mehr allein in einer feindlichen Umgebung behaupten musste, weil es jemanden gab, der über sie wachte. Von ihrer ersten Begegnung an war sie beeindruckt von seiner Fürsorge und seinem Interesse an ihr, von der Sorgfalt, die er den kleinsten Details widmete, und seinem Lächeln, als er ihr vor dem Flughafen die Tür seines Taxis aufhielt. Und wie sanft er ihre Hand berührte, als er ihr den schweren Koffer abnahm, um ihn in den Kofferraum zu legen! Wie taktvoll er sie bat, mehr über sich und ihre Geschichte zu erzählen, ohne sich je ein Urteil zu erlauben! So öffnete sie sich ihm immer mehr. Mit leicht zusammengekniffenen Lippen hörte er ihr zu und nickte nur dann und wann. Vor allem das verwirrte und verführte sie: wie gut er zuhören konnte. Bald wurde ihr klar, dass er im Gegensatz zu anderen Männern und trotz des sozialen Gefälles zwischen ihnen keine Angst vor ihr hatte. Er akzeptierte sie, wie sie war. Irgendwann gab er ihr seine Visitenkarte, damit sie sich immer direkt an ihn wenden konnte, wenn sie ihn brauchte. Dank seiner entgegenkommenden Art wurde er schnell zu einer Art Privatchauffeur, der immer zur Verfügung stand, wenn sie anrief. Und mit der Zeit machte sie immer mehr Geschäftsreisen, weil sie so gern im Fond seines Wagens saß und sich entspannt seinem freundlichen Ohr anvertraute. Allmählich erwachte in ihr der Wunsch, ihre Einsamkeit hinter sich zu lassen, und ihr schlummerndes Herz deutete dieses Gefühl als Vorboten einer großen Liebe. Das erste Mal liebten sie sich auf dem Sofa in ihrem Wohnzimmer, nachdem sie ihn zum Dank auf ein letztes Glas eingeladen hatte. Dabei offenbarte er so viel Leidenschaft, Zärtlichkeit und Inbrunst, vertieft durch seine hinreißend gewählten Worte, dass Marie sich vorkam wie in einem Tagtraum. Noch nie hatte sie so intensive Momente erlebt. Sie wollte ihn schon jetzt nicht mehr missen und stürzte sich Hals über Kopf in die Romanze, die damit ihren Anfang nahm.

Zögernd reiht Marie sich in den Demonstrationszug ein. Dabei wird ihr bewusst, wie unendlich lange es her ist, dass sie nach Lust und Laune über ihre Zeit verfügen konnte. Irgendwann hatte sie sogar ihre Geschäftsreisen aufgegeben und war damit vollends zur Gefangenen geworden. Seither stand sie unter der totalen Kontrolle ihres Mannes, und ihr Leben beschränkte sich darauf, ins Büro zu gehen und so schnell wie möglich wieder nach Hause zu kommen. Es war ihr verboten, ohne die Kinder oder den mittlerweile absoluten Herrscher über ihr Leben auszugehen. In der ständig wachsenden bunten Menge fühlt Marie sich zunächst unwohl und fehl am Platz, am liebsten würde sie sich verstecken oder von hier verschwinden. Gewissensbisse plagen sie, sie ist angespannt und erwägt, nach Hause zu gehen. In dem Moment beschließt die Demonstrationsleitung, die Menge, die auf der Stelle tritt, losgehen zu lassen, mehrere tausend Menschen setzen sich in Bewegung und nehmen Marie einfach mit. Wenn sie jetzt versuchte umzukehren, fiele sie bestimmt auf. Da sie aber unbedingt anonym bleiben will, zieht sie ihre Mütze tief in die Stirn und folgt dem Sog des sich allmählich formierenden Protestzugs. Mühelos passt sich ihr Schritt dem langsamen Rhythmus der Menge an. Sie entspannt sich und lässt sich von der guten Laune um sie herum anstecken. Es sind überwiegend junge Leute mit leuchtenden Augen, offen und optimistisch, voller Vertrauen in eine bessere Zukunft. Viele zeigen ihre Zugehörigkeit zu Antifa- und anderen politischen Gruppierungen, die sich zu diesem Anlass erstmals zusammengefunden haben. Auch Familien mit Kindern sind dabei, und Marie bedauert für einen Augenblick, dass sie ihre Zwillinge nicht mitgenommen hat. Sie freut sich über die vielen Schwarzen, Transgender, Feministinnen, Schwulenaktivisten und Menschen mit Behinderung, die an diesem Nachmittag vereint gegen die Unterdrückung der Minderheiten, der Verletzlichsten protestieren. Lautsprecherdurchsagen verkünden, dass gleichzeitig viele andere Demonstrationen in mehreren großen Städten des Landes und der ganzen Welt stattfinden. Eine ungeahnte Kraft durchflutet Marie, als sie erkennt, dass sie in ihrer Verzweiflung nicht allein ist. Erhobenen Hauptes schließt sie sich der Menge an und deren Slogans gegen Gewalt. Ja, sie lässt sich sogar auf das waghalsige Unternehmen von einem Dutzend Frauen ein, auf das Dach einer Metrostation zu klettern. Sie nimmt die Mütze ab, löst ihre langen Haare und genießt, die Hände als Blendschutz über die Augen gewölbt, den Panoramablick. Zigtausende haben sich versammelt, um laut nein zu sagen und Widerstand zu leisten. Und dort oben, hoch über den Menschen, fragt sich Marie, wann ihre Liebesgeschichte eigentlich zu einem Alptraum geworden ist.

Sie taucht in die Schrecken ihrer Ehe ein und versinkt eine Weile im Morast ihrer schmerzlichen Erinnerungen. Sie erinnert sich, wie sie bald nach den ersten wilden Küssen und Umarmungen auf ihrem Wohnzimmersofa zur großen Überraschung ihrer Familie und ihrer wenigen Freunde geheiratet hat. Er hatte darauf bestanden, weil er, wie er sagte, den größten Wert darauf legte, ihr zu beweisen, dass es ihm ernst sei mit seinen Gefühlen, und er tagtäglich mit ihr zusammen sein wollte. Dabei schloss er sie fest in die Arme, und sie war weit davon entfernt, ihn in seiner romantischen Verve – etwas, das sie noch nie zuvor in dieser Intensität erlebt hatte – zu bremsen und ihn damit womöglich zu verletzen oder zu verärgern. Wie Wellen einer belebenden Flut drangen seine zärtlichen Worte an ihr Ohr, während sein heißer Atem ihren Nacken streifte, ihr Schauer über den Rücken jagte und ein Kribbeln in ihrem Bauch verursachte. Es gab Komplimente und jeden Tag Geschenke. Diese alltäglichen kleinen Wunder führten zu einem Hochgefühl, das jeden Zweifel hinwegfegte und sie blind und taub dafür machte, wie ihr Mann allmählich ihr ganzes Leben in Beschlag nahm. Er brachte sie morgens ins Büro, ging mittags mit ihr in der Kantine essen und wartete nach der Arbeit auf sie, um mit ihr nach Hause zu fahren – wie frisch Verliebte, sagte er und legte ihr den Arm um die Taille. Und wie aufmerksam er war! In Gesellschaft sorgte er immer dafür, dass sie genug zu essen und zu trinken hatte. Beim geringsten Luftzug bedeckte er ihre Schultern und küsste sie auf den Hals. Er hörte ihr zu und fragte jedes Mal nach, um noch mehr von ihr zu erfahren und sie besser zu verstehen. Sie fand es bemerkenswert, wie er die Komplexität ihres Berufs durchdrang und das Funktionieren der internationalen Finanzwelt begriff, obwohl er nie studiert hatte. Sie sparte nicht mit Lob und rühmte seine Intelligenz in höchsten Tönen. Mit der Zeit lernte er, sich immer gewandter auszudrücken. Bald traute er sich, sie zu unterbrechen oder auf Fragen zu antworten, die eigentlich an sie gerichtet waren, bis er schließlich selbst endlose Monologe hielt und ihr ins Wort fiel, wenn sie versuchte, wieder ins Gespräch zu kommen. Als sie ihm eines Abends deshalb Vorwürfe machte, verzog er das Gesicht, brach in Tränen aus und schluchzte:

»Dabei gebe ich mir solche Mühe, dir gerecht zu werden!«

Das tat ihr so leid, dass sie sich sofort entschuldigte und sich dafür tadelte, so unsensibel und grausam zu sein. Ihr betrübtes Herz schmolz dahin, als sie das verzweifelte, zerbrechliche Wesen, das sich an ihre Brust schmiegte, in ihren Armen tröstete. In diesem Moment tiefster Rührung fragte er sie mit kummervollen Zügen, aber strahlenden Augen, ob sie ein Kind von ihm wolle. Und sie war so bezaubert von der Situation, dass sie ohne zu zögern ja sagte.

Die ersten drei Monate ihrer Schwangerschaft waren schwierig, sie litt unter Übelkeit, und die Frauenärztin verordnete ihr mehrere Wochen Bettruhe. Glücklicherweise konnte sie in dieser Zeit auf die Unterstützung ihres Mannes bauen, der sich vorbildlich verhielt, stets geduldig und verfügbar war. Erst viel später begriff Marie, dass er sie umso mehr liebte, je schwächer und abhängiger sie war. Am liebsten war es ihm, wenn sie sich ihm völlig unterordnete. Vom vierten Monat an, als Marie sich an ihren Zustand gewöhnt hatte und ihr normales Leben, also die Arbeit und ihre sonstigen Aktivitäten, wieder aufnehmen wollte, ging es mit ihrer Ehe bergab. Erste Spannungen traten auf. Er mache sich Sorgen um sie, sagte er so zärtlich wie beharrlich, sie könne doch einfach zu Hause bleiben, um sich zu schonen und zu pflegen, und alles andere ihm überlassen. Gerührt bedankte sie sich, er brauche sich aber keine Sorgen um sie zu machen und könne ihr vertrauen. Er ließ nicht locker. Sie ärgerte sich, ließ sich aber nicht von ihrem Vorhaben abbringen, stand auf und ging trotz seiner Proteste zur Tür. Wütend packte er sie am Arm.

»Du tust mir weh«, sagte sie ruhig.

Er sah ihr drohend in die Augen, lockerte seinen Griff aber nicht. Sie trotzte seinem Blick und versuchte sich zu befreien.

»Es ist mein Kind, das du in dir trägst!«, schrie er. »Du solltest mir lieber gehorchen.«

Eine gewaltige Ohrfeige war die Antwort auf das spöttische Lächeln, das Maries Lippen umspielte. Fast wäre sie zu Boden gegangen, sie wankte, torkelte ein paar Schritte zurück, hielt sich die Wange und schaute ihn entsetzt an. Daraufhin fiel er schluchzend vor ihr auf die Knie und flehte sie an, ihm zu verzeihen, er wisse nicht, was in ihn gefahren sei, nie habe er die Hand gegen sie erheben wollen, es würde nie wieder vorkommen, das gelobe er. Der ganze Auftritt war so schnell vorbei, dass sie den Ernst der Lage unterschätzte. Sie versuchte, ihn wiederaufzurichten, und gab klein bei. Gleich darauf liebten sie sich.

So begann der Teufelskreis, der Maries Leben beherrschen und schließlich verschlingen sollte. Es folgten Jahre, in denen ihr Mann wahllos auf sie einschlug, gleich darauf in Tränen zerfloss und um Verzeihung bat. Sie schämte sich ihrer Blutergüsse und Narben, belog zuerst Kollegen und Familie, dann begann die Zeit der Verheimlichung und Verleugnung, und am Ende war sie im Kerker ihrer Ehe gefangen. Statt Ohrfeigen gab es Fausthiebe oder Fußtritte. Und seit sechs Monaten benutzte er auch seinen Gürtel und entschuldigte sich nicht mehr.

Langsam setzt sich der Protestzug wieder in Bewegung, und Marie fühlt sich mehr und mehr in ihrem Element. Mit einem Lächeln auf den Lippen und hochgereckter Faust singt sie die Lieder mit, ruft immer wieder neue Parolen und redet motivierend auf ängstlichere Mitdemonstranten ein. Plötzlich tauchen links und rechts auf den Bürgersteigen streng geschlossene Reihen von Schilden auf. Die behelmten Männer dahinter sind darauf trainiert, anderen weh zu tun, um ihren Widerstand zu brechen, nicht die Menschen zu sehen, sondern nur den Feind, den es zu vernichten, zu zermalmen gilt. Während die Ordnungskräfte alle Anstalten treffen, die Demonstration zu zerschlagen, spürt Marie die zunehmende Entschlossenheit der Frauen und Männer auf der Straße, den Einschüchterungsversuchen nicht nachzugeben – komme, was wolle. Sie sind wie elektrisiert von ihrer Mission, aufzustehen gegen das Unrecht. Marie begreift, dass der erste Sieg gegen die Unterdrückung darin besteht, das Unannehmbare abzulehnen, die Angst abzuschütteln und aufrecht in den Kampf zu gehen, egal, wie ungleich er ist.

Sie betrachtet ihre vielen neuen Gefährten, deren Kraft auf sie übergeht und eine unerhörte Energie in ihrer Seele freisetzt – das ist Balsam für ihren geknickten Stolz und bestärkt sie darin, Rückgrat zu zeigen. Mit neu erwachtem Mut richtet Marie sich auf, streckt die Brust heraus, ihr Blick leuchtet, sie will sich nicht damit abfinden, eine geschlagene Frau, ein Opfer zu sein. Die um sie herum aufschießenden Parolen tanzen ihr auf den Lippen, bis sie sich ihrer bemächtigt: Schluss mit der Gewalt, Schluss mit den Demütigungen, Beschimpfungen und Misshandlungen! Im gemeinsamen Rhythmus reckt sie die Faust zum Himmel. Fest verbunden mit allen neben, vor und hinter ihr, beschließt Marie, keinen Fußbreit zu weichen. Nie wieder wird sie eine willkürliche Beschränkung ihrer Freiheit oder ihrer Würde hinnehmen. Überrascht vom friedlichen, aber lückenlosen Vorrücken der dichtgedrängten Menschen, die lauthals Achtung und Schutz für jedes Leben fordern, geben die Träger der Staatsmacht den Versuch auf, sie auseinanderzutreiben.

Plötzlich springt ein Funke über und breitet sich wie ein Lauffeuer in dem ganzen Protestzug aus. Nacheinander verstummen alle, bis vollkommene Stille herrscht. Über acht Minuten dauert das schweigende Gedenken an den Todeskampf des Mannes, der in den Vereinigten Staaten ermordet wurde. Währenddessen lässt Marie die fünf Jahre Leiden und Entwürdigung seit der Geburt der Zwillinge Revue passieren. Zeit, um endlich Schluss zu machen, Zeit, den freien Fall zu stoppen, der sie und ihre Kinder in den Abgrund zu reißen droht, Zeit zu handeln, bevor das Schlimmste passiert. Ein Schrei aus Tausenden Kehlen beendet das stumme Gedenken. Er wird für Marie zum Weckruf gegen Duldsamkeit und Kapitulation.

Später, nachdem die Demonstration sich aufgelöst hat, kehrt wieder Ruhe ein. Das Echo der Parolen, die zur Befreiung von aller Tyrannei ermutigten, klingt noch in Maries Ohren nach, als sie sich auf den Heimweg macht. Aus ihnen schöpft sie die Kraft, ihr Mobiltelefon wieder einzuschalten und die unzähligen Nachrichten, Beschimpfungen und Drohungen ihres Mannes auf der vollen Mailbox zu ignorieren. Marie hat keine Angst mehr, sie beißt die Zähne zusammen und ballt die Faust um ihren Schlüsselbund wie um einen Schlagring. Erfüllt von einem nun unerschütterlichen Willen, wird sie den Blick nicht mehr senken. Sie holt tief Luft und stößt ihre letzten Ängste aus, bevor sie entschlossen an die Eingangstür klopft … Niemand, nicht ihr Mann und auch sonst keiner, wird je wieder die Hand gegen sie erheben!

Aus dem Französischen von Brigitte Große

XIAOLU GUO

Das Leben einer Seidenraupe

SCHLÜPFEN

Der echte Seidenspinner unterscheidet sich von dem, was wir uns unter einer gewöhnlichen Motte vorstellen. Er kann überhaupt nicht fliegen. Er ist gespenstisch einheitlich und gräulich weiß. Die weibliche Motte legt 400 bis 500 Eier auf einmal, welche die Größe eines Stecknadelkopfs haben. Sie stirbt unmittelbar nach dem Ablegen. Die männliche Motte nicht viel später. Die Eier brüten gewöhnlich zwischen neun und zwölf Tagen, dann schlüpfen die Larven.

Die asphaltierte Straße von Meis Haus zur Fabrik folgt dem Weg, den sie seit sieben Jahren jeden Tag nimmt. Sie könnte ihn blind gehen. Jeden Morgen folgt ihre unauffällige Erscheinung dem violett-blauen Licht des starken Verkehrs. Wenn sie das Haus verlässt, steht der Mond noch immer über dem Horizont, während die Sonne vielleicht schon neben den Feldern hinter den neuen Wohntürmen aufgegangen ist. Mit dem blassen Mond auf der einen und der wärmenden Sonne auf der anderen Seite des Himmels fühlt sie sich wie eine Schlafwandlerin.

Die Straße war noch bis vor kurzem ein holpriger und staubiger Feldweg. Der neue Asphalt ist erst in den letzten

Tagen getrocknet. Er glänzt schwarz, und sein Geruch nach Öl mischt sich in der warmen Frühlingsluft mit dem von frischem Gas. Es riecht gut. Anders als die Umgebung in ihrer Seidenfabrik. Auf dem neuen Belag scheinen Autos und Busse auch schneller fahren zu können. Deswegen muss sie jetzt vorsichtiger sein. Jedes Mal, wenn sie diesen Weg nimmt, möchte sie etwas Schönes sehen. Bauern unter kegelförmigen Hüten arbeiten mit ihren Büffeln auf den Feldern. In der Ferne verdunkeln tiefhängende Wolken die Berge. An der Straße stehen hier und da alte Maulbeerbäume, die ihr das Gefühl geben, der Himmel würde ihr folgen. Die hellgelben Blüten der Rapsfelder wecken ihre noch immer nicht ganz wachen Augen. Bald verändert sich die Landschaft, und Baumaterialien, aus denen vielleicht irgendwann neue Industrieanlagen entstehen werden, tauchen auf. Der wilde Raps hat derart feste und dicke Stengel, als hätte die Verbindung von Asphalt und Dreck sein Wachstum gefördert. Jetzt, während sie weitergeht, kann sie die Umrisse der Fabrik erkennen. Die monströs graue Erscheinung des riesigen Werks mit seinen zwei Schornsteinen, die in den Himmel ragen. Sie weiß, dass es noch weitere zehn Minuten dauern wird, bis sie da ist. Nach ihrer Ankunft und nachdem sie ihre Uniform angezogen und die weiße Mütze aufgesetzt hat, fühlt sie sich, als wäre sie in einem Kokon gefangen, in einem dicken Seidenkleid, das auch die Seidenraupe um sich herum wickelt, nicht ahnend, wohin das führt. Dann schon beginnt sie, sich nach dem Ende ihrer Schicht zu sehnen, die noch nicht einmal begonnen hat.

Nach neun bis zwölf Tagen schlüpfen aus den Eiern die Raupen. Zu diesem Zeitpunkt sind sie etwa sieben Millimeter lang und haben sich viermal gehäutet. Ihre Körper sind leicht gelblich geworden und ihre Haut fester. Jetzt beginnt die Verpuppungsphase.

Diese Woche muss sie die Blätter des Maulbeerbaums zerkleinern und die jungen Raupen damit füttern. Die Blätter, die ihre Einheit heute bekommen hat, sind schon etwas alt, aber noch von guter Qualität. Sie hatte gehört, dass die Maulbeerbäume vom Baumzentrum der Stadt vor kurzem von einer Krankheit betroffen waren. Für einige Tage bekamen sie deswegen vom Lieferanten nur Kisten mit Blättern von schlechter Qualität. Die Blätter hatten kleine Löcher und braune Flecken. Die Seidenraupen, die sie aßen, wurden krank und starben, so dass die Prüfer sie entsorgen mussten. Es konnten nur noch die alten Blätter benutzt werden, die sie auf Lager hatten.

Ihre Finger berühren die scharfe Spitze der Blätter. Der ihr bekannte Geruch erreicht ihre Nase, und sie fragt sich, was er für die Raupe bedeuten könnte. Sie stellt sich vor, selbst eine Raupe zu sein, die geduldig an einem grünen Blatt nagt. Erkennt sie die Farbe der Blätter, oder erfährt sie die Welt nur über ihre Haut? Dann werden ihre Überlegungen von den anderen Mitarbeiterinnen unterbrochen, die auch ihre weißen Uniformen angezogen haben und an ihren Arbeitsplatz gegangen sind. Sie beginnen, die Blätter zu schneiden und auf dem Futterplatz auszubreiten, dessen Untergrund aus Bambusstielen besteht. Dann werden die Larven darauf verteilt. Die kleinen, fetten und weißen Würmer sind nun fast halb so groß wie ihr kleiner Finger. Sie beobachtet ihre Bewegungen auf den zerkleinerten Maulbeerblättern und schiebt die Tiere auseinander. Sie machen ein Geräusch, das sie noch nirgendwo anders gehört hat. Schah, Schah, Schah! Es ist einfach, aber aufregend und eindringlich, ein Geräusch, das sie niemandem beschreiben könnte, der ihre Arbeit nicht kennt oder noch nie in seinem Leben Seidenraupen aufgezogen hat. Es klingt wie ein leichter Landregen in der Nacht – winzige Regentropfen, die zu Boden fallen. Aber nicht ganz. Das Geräusch ist noch viel feiner, viel eindringlicher, auch weil die Seidenraupen ihre Körper über die Blätter bewegen, während ihre kleinen Münder kauen. Die Raupen schlängeln sich und erzeugen einen bebenden Nachklang, während sie essen. Sie bekommt beim Zuhören eine Gänsehaut und denkt an den Klang der kleinen Steine, die in der letzten Nacht auf ihre Fensterscheibe trafen. Ihr Herz pochte. Die winzigen Kiesel prasselten gerade an ihre Scheibe, als sie schlafen ging. Sie ging hinüber und winkte im Dunkeln, in der Hoffnung, er würde sie bemerken. Aber gerade in diesem Moment traf erneut ein Stein die Fensterscheibe. Dieses Mal lauter. »Schusch!«, schrie sie und fürchtete, das Glas könnte zerbersten und ihre Eltern aufwecken. Sie öffnete das Fenster und winkte wieder. Sie stand im Schatten des Baumes und wusste nicht, ob sie zu sehen war. Sie winkte nun noch heftiger und flüsterte: »Schusch …« Dann zog sie ihren Mantel an und ging auf Zehenspitzen hinaus. Sie traf ihn hinter dem Haus. Er lächelte sie an, und sie folgte ihm.

Ihr war klar, dass sie ihn nie gemocht hatte, obwohl sie sich nie weigerte, ihn zu treffen. Aber warum traf sie ihn noch immer? Weil sie nie einen Besseren kennenlernte. Das Haus seiner Familie liegt unweit von ihrem, und es schien ihr, als würde er sie immer beobachten. Er ist Arztsohn. Beide Eltern arbeiten im lokalen Krankenhaus. Er selbst hat gerade die Abendschule als Pfleger beendet. Er ist kein Jüngling, dem ein Mädchen hinterhersehen würde. Er ist nicht einmal witzig. Er hätte ihr einen Brief schreiben und ihr seine Liebe bezeugen können. Das hätte ihn attraktiver gemacht. Gelegentlich trafen sie sich auf dem Hügel hinter den Häusern, wo der Bambus im Mondschein leuchtete. Nun, nicht genau im Mondschein. Einmal gab es gar kein Licht, erinnert sie sich jetzt. Es war stockdunkel. Und er hielt sie dort auf einem kalten Fleck mit nassem Gras fest. Er versuchte, sie zu küssen. Sie wollte zuerst nicht. Ließ es dann aber zu. Was gibt es im Leben neben der Arbeit und dem Schlaf denn sonst noch, dachte sie. Zumindest war er jung und nicht hässlich. Sie stellte sich die Hochzeit vor, das Zusammenleben und wie sie nach einigen Jahren aufhören würden, miteinander zu sprechen, genauso wie ihre Eltern. Sie wechselten kaum noch ein Wort. Gingen aneinander vorbei, wie sie an den alten Möbeln im Haus vorbeigingen. Sie lebten nebeneinander, stritten nicht und sprachen nur selten über etwas Bestimmtes. Das ist wohl normal. Sie weiß von anderen Familien, denen es genauso geht.

Letzte Nacht auf dem Hügel erlaubte sie ihm nach einigem Zögern, ihre Brüste zu berühren. Er knetete sie begierig. Seine Lust ängstigte sie. Sie sagte ihm, ihr sei kalt und sie wolle nach Hause. Er hörte zu und gehorchte. Und sie gingen zurück, Hand in Hand, im Dunkeln. Auf ihrem Weg wurde das Quaken der Frösche immer lauter. Sie gingen am Teich vorbei. Sie liebt diesen Teich, in dem jeden Sommer der Lotus blüht. An den Wochenenden, wenn sie frei hat, sitzt sie oft hier auf einem mit Moos bewachsenen Felsen. Sie beobachtet die Frösche, wie sie zwischen den Wasserlilien herumspringen. Manchmal betrachtet sie eine Lilienknospe, ganz versunken in deren Schönheit, unendlich lang. Niemand stört sie. Es ist ihr Teich. Doch nun, als sie an die Vorkommnisse der letzten Nacht denkt, ist alles um sie herum wie verlangsamt: die Bewegung der Raupen auf den Blättern, die Arbeiterinnen, die um sie herumgehen, ihre Hände, die die Maulbeerblätter schneiden. Alles scheint sich automatisch zu bewegen und zu funktionieren, als wäre sie gar nicht da.

VERPUPPEN

Für etwa sechs Wochen frisst die Seidenraupe ununterbrochen. Wenn sie ihre volle Größe erreicht hat, hört sie auf zu fressen und ändert ihre Farbe. Die Seidenraupe ist nun bereit, den Seidenkokon zu spinnen. Dieser bietet während der bedrohlichen, fast bewegungslosen Phase der Verpuppung lebensnotwendigen Schutz. In der Natur klebt die Seidenraupe an einem Strauch, um ihren Kokon zu spinnen.

Sie steht in der Schlange vor einem Fenster mit der Aufschrift: ›Knödel und Nudeln‹, und wartet darauf, dass ihr Teller gefüllt wird. Die Kantine ist am Mittag normalerweise sehr voll. Es ist jetzt kurz nach zwölf. Kurz vor dem Ansturm. Dreitausend Arbeiterinnen mit leerem Magen strömen fast zeitgleich herein. Jede reiht sich in die Schlange, in der das Menü angeboten wird, für das sie sich entschieden hat – in der Hand das Plastikbesteck. Einige Arbeiterinnen schreien etwas ins Telefon, während sie bestellen. Andere wollen nebeneinandersitzen. Sie bestellt zwei Portionen Fenchelknödel. Als sie ihr Essen bekommt, sieht sie einen freien Platz am Ende der Kantine. Sie setzt sich und schlürft ihr noch warmes Essen, ohne das Treiben um sie herum zu beachten.

Man sagt, die schwerste Arbeit in der Seidenfabrik sei nicht die am Fließband, sondern die in der Küche. Sehr früh jeden Morgen müssen die Köche Berge von Mahlzeiten zubereiten: Schweine- und Rindfleisch, Fisch und Gemüse, Tofu und Haferbrei, Reis und Nudeln. Sie waschen, hacken, dämpfen, grillen und backen. Natürlich ist für die Arbeiterinnen das Mittagessen die angenehmste Zeit des Tages. Die Mittagszeit ist nie langweilig. Immer hört man etwas beim Essen: Gerede über Liebesaffären, Beschwerden über die Eltern, Probleme in der Familie oder Lustiges über Mitarbeiterinnen und ihre herzlosen Vorgesetzten. Aber heute ist sie nicht an den Gesprächen beteiligt. Während die Knödel langsam in ihren Magen sickern, sind ihre Gedanken woanders. Sie erinnert sich an ein Bild, das sie am letzten Wochenende gesehen hat, als sie an einem Kopierladen vorbeiging. Bevor sie das Bild bemerkte, ging sie ziellos durch die Straßen. Die Luft roch stark nach Öl, und die Gehwege waren voll von Abfall und Plastiksäcken. Nach dem Schaufensterbummel wusste sie nichts anderes zu tun, als sich in einen McDonald's zu setzen und sich mit ihrem Telefon zu beschäftigen. In dem Moment, als ihr das Bild auffiel, fühlte sie sich, als wäre sie in einer anderen Welt. Das Bild war eine Kopie eines Gemäldes aus dem Westen, auf dem weiße Mandelblüten vor einem blauen Himmel zu sehen waren. Man sah keinen einzigen Ast mit Blättern, sondern nur strahlende Blüten. Sie wurde an einem trüben und regnerischen Samstagnachmittag von diesem Bild überwältigt. Sie las den Titel: *Mandelblüten von van Gogh*. Sie hatte van Goghs Namen in der Schule gelernt und wusste noch, dass er ein Maler war, aber nicht mehr. Irgendwie löste das Bild eines blühenden Baumes vor einem blauen Himmel etwas in ihr aus. Sie glaubte, sie hätte das alles schon einmal gesehen und tatsächlich erlebt. Sie wusste aber nicht mehr, wann und wo. Der Frühlingshimmel in ihrer Provinz ist immer grau und die Luft verschmutzt. Sie kann sich kaum daran erinnern, wann sie das letzte Mal einen reinen blauen Himmel gesehen hat. An diesem Samstagnachmittag war sie von diesem Bild wie besessen. Während sie im gedämpften Licht der Dämmerung nach Hause ging, stellte sie sich vor, sie würde unter einem Schirm aus Blüten vor einem unendlich reinen und klaren Blau spazieren gehen.

Seidenraupen, die für die Seidenproduktion benutzt werden, haben keine Möglichkeit, Motten zu werden. Der fertige Kokon wird mit Dampf behandelt oder in kochendes Wasser getaucht. Damit wird die Seide vom Kokon gelöst. Die toten Seidenraupen werden dann weggeworfen oder den Schweinen verfüttert.

Ihr Kopf ist leer, und ihre Beine sind schwer nach der Arbeit. Sie ist wieder auf derselben Asphaltstraße. Um diese Zeit ist ihr Schatten im Abendlicht lang und einsam. Sie kann sehen, wie ihr Proviantsack zu einem langgezogenen Schatten wird, der mit ihr auf der Straße zu tanzen scheint. Die meisten Arbeiterinnen sind entweder mit dem Fahrrad oder mit dem Bus nach Hause gefahren. Diejenigen, die noch unterwegs sind, beeilen sich. Sie läuten wild mit ihren Fahrradglocken beim Vorbeifahren, auch wenn ihnen niemand den Weg versperrt. Trotzdem geht sie in aller Ruhe an den Rapsfeldern vorbei. Ihr Blick ist getrübt, und ihre Kräfte haben sie fast verlassen. Sie weiß, dass an diesem Abend kein Essen auf sie wartet, da ihre Eltern zu ihren Verwandten in die Nachbarstadt gefahren sind. Eine ihrer Cousinen wird heiraten, und ihre Eltern werden auf der Hochzeit sein. Sie ist froh, dass sie nicht mitgehen muss. Sie sehnt sich danach, allein zu Hause zu sein, obwohl sie sich in ihrem Elternhaus noch nie zu Hause gefühlt hat. Irgendetwas an ihren schweigsamen Eltern, aber auch die alte Toilette oder die dunklen Räume sind der Grund dafür, dass sie sich in diesem Haus unwohl fühlt. Doch Zuhause ist Zuhause, und da ist kein anderer Ort, wo sie hinkönnte.

Sobald sie ihre Straße erreicht, suchen ihre Hände nach dem Schlüssel in ihrer Hosentasche. Sie weiß, dass er sie vielleicht von seinem Zimmer aus beobachtet. Nun ist sie in der Küche und schaut auf die zwei Dosen, die ihr die Mutter auf den Tisch gestellt hat. Beide sind mit dünnen Blechdeckeln verschlossen. Sie öffnet eine. Es sind gebratene Garnelen mit gehacktem Lauch. Dann öffnet sie die andere: Reis und eingemachter Kohl. Beides kalt. Sie beschließt, alles zu essen, wie es ist, weil sie zu müde ist, um es noch aufzuwärmen. Ohnehin hatten sie nie Geld für eine Mikrowelle. Sie hätte gern eine gehabt. Doch an Geld mangelt es der Familie. Ihre Eltern sparen alles ›für die Zukunft‹, wie ihre Mutter zu sagen pflegt. Sie weiß nicht genau, was die Zukunft ihr und ihrer Familie bringt. Sie glaubt nicht, dass ihr Leben eine Zukunft hat. Sie hat keinen Schulabschluss, und sie ist nur eine von Tausenden Arbeiterinnen in der örtlichen Seidenfabrik. Sie lebt das gleiche Leben wie die anderen. Sie kennt alte Fabrikarbeiterinnen, die ihr ganzes Leben bis zum Tag ihrer Rente am selben Ort verbracht haben. Manchmal kommen sie zurück in die Fabrik, weil sie sonst nichts zu tun haben, außer sich um ihre Familie zu kümmern. Wenn das die Zukunft ist, dann unterscheidet sie sich nicht von ihrer Gegenwart. Sie wird jeden Monat bezahlt und gibt die Hälfte ihres Lohns ihrer Familie. Am Wochenende hat sie frei, was ihr die Möglichkeit gibt, an ihrem Teich zu sitzen oder in der Stadt herumzustreifen. Allein oder mit einer Bekannten von der Arbeit. Aber sie ist lieber allein. Sie entspannt sich an den Sonntagen, wenn sie am Morgen allein auf dem grünen Hügel sitzen kann, der Rücken von der Sonne gewärmt, die Augen gebannt auf die Frösche und Lotusblumen im Teich gerichtet. Das ist ihr Moment des Trostes. Auch wenn sie immer noch den Lärm der Haspelmaschinen in ihrem Kopf hören kann, als hätte sich der mechanische Krach der Fabrik in ihrem Hirn festgesetzt.

Unter der nackten Glühbirne in der Küche kaut sie die kleinen Garnelen, die ihr die Mutter gebraten hat. Sie schluckt sie zusammen mit dem Reis. Sie gießt kochendes Wasser aus einer Thermoskanne in eine Tasse. Ihre Mutter sorgt immer dafür, dass die Thermoskanne voll ist. Sie isst langsam und fügt Essig hinzu. Im Haus ist es still, aber sie fühlt sich nicht zu Hause. Ihr Herz pocht. Sie ahnt, dass etwas in den nächsten Stunden auf sie zukommt. Er wartet bestimmt auf sie. Wahrscheinlich weiß er, dass ihre Eltern heute weg sind. Wahrscheinlich hat er sie beobachtet, wie sie das Haus mit Gepäck verließen und die Tür hinter sich schlossen. Ihre Eltern mussten auch die Hochzeitsgeschenke mitgenommen haben. Sie denkt an all das, während sie abwäscht. Mit noch nassen Händen geht sie in ihr Zimmer. Sie sitzt auf ihrem Bett, und obwohl es dunkel ist, macht sie die Nachttischlampe nicht an. Sie wartet im Dunkeln. Und wartet. Doch niemand klopft an die Tür. Und kein Stein schlägt an die Scheibe. Vielleicht interessiert er sich nicht mehr für sie. Obwohl sie sich ihm nie nahe gefühlt hat, kommt sie sich jetzt nutzlos vor. Eine gewisse Trostlosigkeit erfüllt sie. Kälte umgibt sie und den Raum: Ihr Zimmer ist öde, und es gibt nichts Schönes. Allein die zwei kleinen blauen Krüge aus Glas auf dem Nachttisch sind es wert, betrachtet zu werden. Sie entdeckte die Krüge in einem verlassenen Feld und fand sie schön. Sie hat sie mit nach Hause genommen und Efeu darin gepflanzt. Alles andere in ihrem Zimmer ist hässlich und gewöhnlich.

Ungefähr eine halbe Stunde ist vergangen. Nun hört sie einen Stein. Zuerst einen kleinen. Peng. Dann, ein paar Sekunden später, noch einen. Sie bewegt sich nicht. Im Haus ist es dunkel. Sie öffnet das Fenster. Sie könnte hinausspringen, da sie im Erdgeschoss wohnt. Doch er könnte auch in ihr Zimmer klettern, jetzt, da ihre Eltern nicht da sind. Nein, sagt sie sich, er kann nicht hereinkommen. Sie winkt im Dunkeln und meint, er würde sie im schwachen Licht der Straßenlaterne sehen. Trotz der Schatten sieht sie ihn zwischen den Büschen stehen. Sie springt hinaus und schließt das Fenster. Sofort finden sich ihre Hände, und gemeinsam laufen sie zum Hügel.

VERWANDELN

Die Motte gibt es nur, wenn die Seidenraupe nicht von der Hitze getötet wird. Im richtigen Moment findet eine Metamorphose statt. Die Seidenraupe, die die Verpuppungsphase ihres Lebenszyklus überlebt hat, setzt ein bestimmtes Enzym frei, das ein Loch in den Kokon reißt. Daraus schlüpft dann die ausgewachsene Motte.

Er hält ihre Hand derart fest, als fürchtete er, sie würde ihm nicht folgen. Sie verlangsamen ihren Gang, als sie zum dunklen Teich kommen. Der Weg ist mit Moos bewachsen, und er passt auf, dass er nicht ausrutscht. Der Mond ist von Wolken bedeckt. Sie hört das Quaken der sich am Wasser paarenden Frösche. Sie kann sie nicht sehen, auch nicht die Lotusblätter. Aber sie weiß auch so, wie die Blätter sich leise über das Wasser bewegen, wie sie Tau auffangen, wie die Frösche zwischen den Blättern und Steinen auf- und abspringen und wie kleine Blasen in den Kehlen der Tiere die Luft zum Vibrieren bringen, wenn sie quaken. Sie hört auch andere Tiere auf dem Hügel. Eine Heuschrecke bewegt sich in einem Strauch, oder vielleicht fühlt sich ein junges Kaninchen gestört und hopst davon. Er lässt ihre Hand los, oder befreit sie sich aus seinem Griff? Sie folgt ihm bis zu dem Ort, wo sie das letzte Mal waren. Es ist eine ebene Stelle mit kurzem Gras, ein paar Meter von den Bambussträuchern entfernt. Er legt sich einfach hin und sagt: »Komm!« Sie kann ihn im Dunkeln nicht sehen. Sie geht unbeholfen auf ihn zu, doch bevor sie bei ihm ist, spürt sie eine Hand, die nach ihrem Arm greift, und dann fällt sie auf ihn. Ihre Knie schmerzen vom Fall. Dann spürt sie seine warmen Hände und seine Lippen, die er gegen ihre presst. Doch an diesem Abend mag sie ihn nicht küssen. Sie will reden. Ihre Eltern sind weg, und sie kann so lange draußen bleiben, wie sie will. Aber sie will wirklich nur reden. Mit jemandem reden. Mit ihm. Oder mit jemandem, dem sie nahesteht. Zum Beispiel einem Mädchen aus der Fabrik, das sie seit Jahren kennt. Aber ihre Bekannte ist nicht da, hier mit ihr auf diesem dunklen Hügel mitten in der Nacht.

Er will nicht reden. Das letzte Mal, als sie sich getroffen haben, hat er auch nicht viel gesagt. Er fragte nur nach ihren Plänen fürs Wochenende, und sie antwortete, sie habe keine Pläne. Heute Abend möchte sie ein langes Gespräch führen. Sie möchte über ihre Übelkeit sprechen – manchmal wird sie während ihrer Arbeit in der Fabrik ohnmächtig, oder eine Leere erfasst sie, und sie fühlt sich, als würde sie fallen. Aber diese Zustände sind nur von kurzer Dauer. Nach zwei, drei Minuten steht sie wieder auf und fühlt sich besser, nicht mehr krank. Sie möchte mit ihm über diese Zustände sprechen, aber stattdessen küsst er sie heftig. Seine Hände knöpfen ihre Bluse auf. Sie wehrt sich nicht. Nun streichelt eine seiner Hände ihre entblößten Brüste. Er quetscht ihre Brustwarze, und sie spürt den Schmerz. Aber sie lässt ihn machen. Falls sie sich noch richtig erinnern kann, ist dies der einzige körperliche Kontakt, den sie seit ihrer Kindheit mit einer anderen Person als ihrer Mutter gehabt hat. Da war nie eine andere Person, die sie hätte zärtlich berühren oder umarmen wollen. Sie sehnt sich danach. Aber sie weiß nicht, wie sie reagieren soll, wenn ihr diese Intimität aufgezwungen wird. Sie spürt, wie sein Atem schneller und schwerer wird. Er nimmt seine Hand von ihren Brüsten und greift zwischen ihre Beine. Er dringt in ihre Hose ein, dann in ihre Unterwäsche. Er berührt ihre Schamhaare. Sie schämt sich, aber vielleicht überlebt die Scham nicht lange genug in der Dunkelheit. Seine Hand bleibt zwischen ihren Beinen, und er drückt sich fest an sie. Sie fühlt seine Erektion an ihrem Unterleib. Sein Körper tut ihr weh. Sie versucht, ihn wegzustoßen, aber er lässt nicht von ihr ab. Ihr Haar verfängt sich im Gras, die spitzen Halme dringen in ihre Ohren ein und zerkratzen ihren Nacken. Der Schmerz ist qualvoll. Das ist das erste Mal, dass ihr klar wird, dass sie ihn hasst. Sie verabscheut ihn fürchterlich. In dem Moment, als er seine Hand zurückzieht, um seine Jeans zu öffnen, ergreift sie die Gelegenheit und schlüpft unter ihm hervor. Sofort steht sie auf und rennt los. Sie rennt wie verrückt. Rennt den Hügel hinunter. Er zieht seine Hose wieder hoch und jagt ihr hinterher. Sie rennt in Richtung Teich. Unvermittelt gleitet sie ins Wasser. Obwohl sie verängstigt ist, hört sie die Frösche quaken. Er rennt ihr nach. Er zieht sie aus dem Wasser und drückt sie aufs feuchte Ufer. Er versucht erneut, sich mit Gewalt auf sie zu legen. Mit einer Hand drückt er ihren Körper zu Boden, mit der anderen sucht er nach seinem Geschlecht, zieht es heraus und rammt es brutal in sie hinein. In dieser Kälte und Nässe empfindet sie eine bittere Wut, aber auch Angst. Diese Gefühle richten sich nicht nur gegen ihn, sondern auch gegen die Lage, in die sie sich gebracht hat. Als es ihm gelingt, ganz in sie einzudringen, schreit sie auf, jedoch nur kurz. Ihr wird klar, dass es zwecklos ist, nachts im Wald zu weinen und zu schreien. Ihr Kopf schlägt auf die Steine am Ufer des Teichs, als er sie niederdrückt. Ein stechender Schmerz dringt in ihren Unterleib. Sie ist jetzt voll von ihm. Immer wieder dringt er mit ganzer Kraft in sie ein, dabei kann sie seine Wut und Rachegelüste spüren. Dafür, dass sie ihn zurückgewiesen hat. Während ihr Körper auf das feuchte Teichufer gedrückt wird, ertastet ihre linke Hand einen Stein. Es ist kein kleiner Stein. Er hat ein gewisses Gewicht und ist spitz. Sie ergreift ihn. Ohne nachzudenken, schlägt sie ihn mit aller Kraft gegen seinen Kopf. Einmal, zweimal, dreimal, sie schlägt so sehr auf seinen Kopf, dass er herunterfällt und ihr Gesicht trifft. Er schreit vor Schmerzen und stöhnt, plötzlich erstarrt er. Er ist noch immer in ihr, aber nun spürt sie sein ganzes Gewicht auf ihr. Sie kann nicht mehr atmen, als läge ein totes Schwein oder ein toter Hund auf ihrem Körper. Ihr Gesicht ist von einer warmen Flüssigkeit ganz feucht. Sie weiß nicht, ob es sein Speichel ist, ihr gemeinsamer Schweiß, Blut oder sein Gehirn. Sie drückt seinen schlappen Körper zur Seite, und er fällt mit einem lauten Klatschen ins Wasser. Sie hört, wie sein Körper langsam versinkt, und sieht, wie sich das Wasser im Mondlicht bewegt. Sie kriecht und kommt schließlich auf die Knie. Sie zieht ihre Hose hoch und knöpft ihre halb zerrissene Bluse zu. Sie hat noch immer ihre Schuhe an. Wischt sich das nasse Gesicht ab. Voller Angst wagt sie es nicht, den Toten im Teich anzuschauen. Nicht im Traum würde sie den Körper betrachten wollen. Sie taumelt und fängt sich. Dann rennt sie hastig den Hügel hinunter. Zu Hause angekommen, schließt sie ab. Sie rennt in ihr Zimmer und vergewissert sich, dass alle Fenster geschlossen sind. Sie zieht die Vorhänge zu. Dann macht sie Licht. Sie vermeidet es, sich im Spiegel zu betrachten, geht ins Bad und zieht ihre Kleider aus. Sie steht unter der Dusche und lässt das Wasser über sich strömen.

Am nächsten Morgen ist sie so gefasst wie immer. Sie isst ihr Frühstück allein in der Küche – Reisgrütze und ein gesalzenes Ei. Sie macht den Abwasch und sperrt das Haus zu. Sie geht auf derselben Asphaltstraße. Es ist noch früh, und sie ist etwas müde. Sie bemerkt wieder die gelben Rapsblüten am Straßenrand und füllt ihre Lungen mit der kühlen Morgenluft. Sie geht weiter, bis die ersten Gebäude der Fabrik auftauchen. Aber sie nimmt weder die Kamine noch das große Eingangstor wahr. Vor ihrem inneren Auge sieht sie nur das Bild. Das Bild, das im Schaufenster des Kopierladens in der Stadt hängt. Die *Mandelblüten von van Gogh*. Die hellen und weißen Blüten sind alles, was sie sieht. Die Blüten sind ganz geöffnet, dahinter ist der reine blaue Himmel zu sehen. Unvermittelt erinnert sie sich an ein Bild aus ihrer Vergangenheit. An den Obstgarten neben dem Haus ihrer Großeltern, bei denen sie wohnte, als sie klein war. Ihre Eltern waren weg, und sie spielte im Garten mit anderen Kindern. Ein Garten voller Äpfel- und Mandelbäume. Ja, nun weiß sie genau, dass sie dieses Bild kennt und in ihrem eigenen Leben gesehen hat: Sie war klein, stand auf ihren Zehenspitzen und schaute zum blühenden Mandelbaum unter klarem Himmel hinauf. Der Obstgarten ist nicht weit weg. Er gehört noch immer ihren Großeltern, auch wenn ihr Großvater schon vor einigen Jahren gestorben ist. Aber sie weiß genau, wo er sich befindet. Er liegt am Stadtrand, dort, wo am Fuße des Hügels die Schnellstraße die Siedlung verlässt und in andere Teile der Provinz führt.

Vor dem Tor der Fabrik bleibt sie stehen und dreht sich um. Sie geht zu einem schmalen Kiesweg hinunter, weg von der Hauptstraße. Dann folgt sie dem Ufer des trockenen Flussbetts in Richtung des Ortes, der ihr aus ihrer Kindheit in Erinnerung geblieben ist. Zu Fuß könnte es einen ganzen Tag dauern, aber sie weiß, dass der Obstgarten auf sie wartet. Während der Wind die Pollen aufwirbelt und ihre Haare zerzaust, fühlen sich ihre Schritte schon leichter und der Staub in ihrem Mund weniger trocken an.

Aus dem Englischen von Armin Senser

NEDIM GÜRSEL

Zwanzigtausend Schädel oder Der arglose Jüngling

EINE MAUER AUS SCHÄDELN

Es waren schwierige Zeiten. Ich hatte das reife Alter von Anfang siebzig erreicht. Das Leben lag hinter mir, die frohen Tage, Rausch und Lust waren vergangen, Frau und Töchter hatten mich verlassen, und so gab es keinen Grund, optimistisch zu sein. Aber gerade deswegen hatte ich die Idee, eine Erzählung über den Optimismus zu schreiben. Ich wollte mich lustig machen über all das Unglück, das über die Menschen hereinbrach.

So entschied ich mich, das Schloss Voltaires, vielmehr sein Gästehaus in Ferney, zu besuchen, wohin Autoren vorübergehend eingeladen wurden. Ein Freund, der dort angestellt war, sagte mir, ich könne da zu sehr günstigen Bedingungen den ganzen Sommer über arbeiten. Ohne Zögern nahm ich sein Angebot an. Ich würde den Ort entdecken, wo der größte Denker der Aufklärung seine letzten zwanzig Jahre verbracht hatte, seine Persönlichkeit und sein Werk besser kennenlernen, würde das, was er über die Türken geschrieben hatte, vor allem seine Erzählung *Candide oder Der Optimismus,* vor Ort studieren und versuchen, eine Art Parodie dieser berühmten Erzählung zu verfassen.

Mein Freund wohnte in Ferney, hatte aber im schweizerischen Leuk ein Sommerhaus. Ehe ich also nach Ferney reiste, machte ich einen Abstecher nach Leuk, um das Wochenende mit ihm zu verbringen. Er empfing mich sehr gastfreundlich, und zum Abendessen tranken wir die besten Weine der Gegend. Wir kosteten die herrlichen einheimischen Spezialitäten, einschließlich Fondue. Nichts störte unser Behagen.

Früh am nächsten Morgen besuchten wir die Kirche des Ortes. Ach, hätten wir das doch unterlassen! Denn als ich die Schädelmauer in der Krypta der Kirche sah, verflog meine gute Laune. »Wie kann es denn eine Wand aus Totenschädeln geben?«, höre ich Sie einwenden. Aber ja, es erscheint mir angesichts all der Zerstörungen, Kriege und Boshaftigkeiten, die wir uns ausdenken, um diese Welt, auf der wir für kurze Zeit leben, diese tiefblauen Schweizer Seen in der Einsamkeit der auch im Sommer schneebedeckten Gipfel in einen Blutsee zu verwandeln, nicht nur möglich, sondern sogar zwingend, dass unser Leben von einer Mauer aus Totenschädeln umgeben ist. Wie Voltaire an einer Stelle in *Candide* sagt, hat nicht Gott uns die Schwerter, Dolche, Messer, Gewehre und Kanonenkugeln geschenkt, mit denen wir uns gegenseitig zerfleischen. Wir haben sie mit eigenen Händen hergestellt. Und was war die Folge? Wir haben die Welt zerstört, Millionen von Menschen ermordet.

Leuk ist ein kleiner Ort, der hoch oben von einem grünen Hügel ins Rhonetal hinunterschaut. Die Straßen sind wie überall in der Schweiz so sauber gefegt, dass man buchstäblich von ihnen essen könnte, und die Balkone der Holzhäuser sind mit Blumen geschmückt. Die Landschaft ist wunderschön mit ihren alles beherrschenden Grüntönen und dem Blau des fernen Genfer Sees, das sich vom Blau des Himmels abhebt. Das erweckt im Menschen Lebensfreude. Insofern hätte ich nie erwartet, dass diese Freude sich von einem Augenblick zum nächsten in einen Alptraum verwandeln würde, dass ich in einer Natur voller Weinberge und Tannenwälder, die sich an Berghängen hinaufzogen, plötzlich mit Todesgedanken konfrontiert werden würde.

Nachdem ich mit meinem Freund die Kirche von Leuk, die sich kaum von anderen lieblichen Dorfkirchen der Gegend unterschied, betrachtet und für das Gelingen meiner geplanten Erzählung eine Kerze entzündet hatte, ließen wir uns verführen, nach unten zu gehen. In dem feuchten Keller, der hell ausgeleuchtet war wie eine moderne Ausstellungshalle, hing Jesus am Kreuz, sein nackter Körper schmerzverzerrt. Der seltsame Farbton der umgebenden Mauern fiel mir auf. Als ich etwas näher hinschaute, war ich schockiert. Nein, mich rührte nicht der Schlag. Doch ich gestehe, ich war zutiefst erschüttert. Vor mir befand sich eine Wand aus nebeneinander aufgereihten Totenschädeln. An den vier Wänden um die Jesusfigur herum waren Tausende (genau zwanzigtausend!) von Schädeln installiert. Ihre Augenhöhlen waren ausgebrochen, ihre Gesichter zerstört, sie grinsten aus offenen Mündern mit einzeln hervorspringenden Zähnen, als wollten sie sagen: »Was ihr seid, das waren wir. Was wir sind, das werdet ihr sein.«

So schnell wie möglich wollte ich diesem unangenehmen Raum entfliehen. Dennoch hätte ich gerne gewusst, mit welcher Absicht die Totenschädel hier derart nebeneinander- und übereinander gestapelt worden waren. Eine Weile dachte ich an »meinen eigenen Tod, den ich in mir trug«, wie Rainer Maria Rilke sagt, der auf dem Kirchhof von Raron in der Nähe begraben liegt. Die Totenschädel vor mir sprachen nicht, dachten nicht, weinten und lachten nicht. Sie schauten mich nur an. Zwar hatten sie keine Augen, doch schienen sie aus der Dunkelheit ihrer Augenhöhlen die Welt zu beobachten. Einst hatten ja auch sie in dieser Welt gelebt. Sie hatten Glück erlebt, Schmerz erlitten und sich gefreut. Und dann waren sie gestorben oder getötet worden. Ihr bitteres Los erkannte man an den Löchern in den Schädeln. Einige waren jung, sogar sehr jung, manche alt und krank. Reiche und Arme, Männer, Frauen, Kinder. Und seit Jahrhunderten vergessen in der Wand dieses Kellers. So wie sie nebeneinander geschichtet waren, aneinandergeklebt, bildeten sie mit ihrer Existenz eine Wand, deren Sinn es war, den Tod darzustellen.

Auf meine Frage, wie diese Totenschädel hier in die Gruft gekommen seien, bekam ich folgende Auskunft: »In alter Zeit, etwa seit dem 15. Jahrhundert, konnte man in dieser Bergregion den Friedhof nicht mehr erweitern, so dass man die Knochen der länger Verstorbenen ausgrub, um für neue Leichen Platz zu machen. Da man es nicht übers Herz brachte, sie wegzuwerfen oder zu vernichten, beschloss man, sie zu reinigen und auszustellen.«

Als wir die Gruft verließen, schien draußen die Sonne hell, die Luft war rein, das Wasser klar, die Welt schön. Nichts erinnerte an den Tod. Ich lebte, zum Glück.

Mein Freund brachte mich im Auto nach Ferney. Nach der Erfahrung in Leuk erschien mir dieses Städtchen nahe der Schweizer Grenze recht uninteressant. Es gab außer dem Voltaire-Denkmal in der Mitte des Ortes nicht viel zu sehen. Ich richtete mich im Gästehaus ein, um mich in Gedanken über den Optimismus zu versenken, indem ich *Candide* auf andere Weise als in meiner Jugend noch einmal las und das Gespräch mit dem Geist des Autors vertiefte. Voltaire führt am Ende seines Buches seinen Helden nach Istanbul. Ich tat es ihm gleich und beschrieb, was der arglose Jüngling Candide in Istanbul erlebte. Sollte mir die Sprache dabei stellenweise entglitten sein, bitte ich um Verzeihung.

DER GASTWIRT UND DER REISENDE

Candide war so müde, dass er trotz seiner Ungeduld, die Stadt Istanbul kennenzulernen, die ganze Nacht ohne Unterbrechung durchschlief, zum ersten Mal seit Jahren vielleicht. Er träumte auch nicht. So als hätte der Traum von Kunigunde alle anderen Träume aufgezehrt. Als er erwachte, stand die Sonne schon hoch am Himmel und wärmte, obwohl es erst Ende Februar war. Wie schön war das Leben! Nach all dem Schrecklichen, das ihm passiert war, lebte er noch, welch ein Glück! Zumal es Hoffnung auf eine Wiedervereinigung der Liebenden gab. Heute oder aber morgen würde er Kunigunde finden und befreien. Aus dem Harem oder aus jenem Vogelnest zwischen den nackten Zweigen, wo sie in tiefen Schlaf gesunken war.

Er stieg ins Erdgeschoss hinunter, frühstückte und trat hinaus. Direkt vor der Tür sah er sich den hohen Mauern einer Kirche gegenüber. Der Gastwirt hatte gesagt, er könne in dieser Kirche seine Sünden beichten, das machten die christlichen Gäste meistens so, und er könne auch am Sonntagsgottesdienst teilnehmen. »Geh und reinige dich von deinen Sünden!«, hatte er belustigt gesagt. Aus seinen Blicken hatte Geringschätzung für die Christen gesprochen. Doch der arglose Jüngling hatte, sobald der Wirt die Christen erwähnte, ihm sein Inneres erschlossen und dabei nicht die Frage vergessen, wie und wo er seine Geliebte wohl finden könne. Sie musste entweder in einem Harem oder in einem Vogelnest sein. »Wieso denn Vogelnest? Oder meinst du etwa das wohlbekannte Vögelchen?«, fragte der Wirt. So arglos wie immer erkundigte sich Candide, was denn das für ein Vogel sei. »Jetzt tu doch nicht so naiv, Junge, was wird es schon sein, wenn nicht das Vögelchen, das zwischen den Beinen schläft?« Und was das Vogelnest beträfe, so müsse damit wohl ein *Hamam* gemeint sein. Candide erwiderte: »Ach so. Aber wie es im *Hamam* zugeht, weiß ich überhaupt nicht. Wir waschen uns nicht allzu oft, sondern parfümieren uns mit schönen Duftwassern und, Verzeihung, pissen in einen Nachttopf.«

Der Gastwirt wusste ja, wie schmutzig bei den Ungläubigen selbst die Adeligen in ihren Schlössern und Burgen waren. So konnte er sich nicht enthalten, den arglosen Jüngling zu fragen: »Und was macht ihr dann mit dem Nachttopf, in den ihr gepisst habt?«

»Na was wohl? Wir leeren ihn durchs Fenster auf die Straße hinaus.«

Das veranlasste den Wirt, in selbstgefälliger Weise zu schildern, wie die Muslime, auch die Frauen, in Istanbul mindestens einmal die Woche in den *Hamam* gingen, um sich gründlich zu säubern, so wie die Christen sich in der Kirche von ihren Sünden reinigten.

Doch ehe Candide sich von Sünden reinigte, wollte er sich lieber den Schmutz der Reise abwaschen. Wenn er Kunigunde fand, wollte er nach Seife duften. Kurz versank er in den Anblick der hohen Kirchenmauern, dann entschloss er sich, die Beichte zu verschieben und zuerst einen *Hamam* aufzusuchen.

HÜSNÜ, DER SOHN DES ESSIGGURKENVERKÄUFERS

»Auch wenn du ein Nichtmuslim bist, mag ich dich, Junge, du beehrst unseren berühmten *Hamam*. Komm nur her, und steck dir eine Bernsteinspitze in den Mund. Ich weiß, was dir gerade eben angetan wurde. Da bist du erst verwirrt, später gewöhnst du dich daran, magst es sogar gern. Mir ist dasselbe passiert. Ich habe sogar begonnen, Genuss dabei zu empfinden und zu geben. Und vergiss nun endlich deine Geliebte, deretwegen du bis hierher gekommen bist. Ich habe keine Ahnung, wo sie sich befindet. Mach dir nichts draus, schau, auch ich habe keinen Menschen auf der Welt. Aber wenn du nun dein Herz ausschütten willst, dann lass es bleiben. Einem wie dir hört keiner zu. Stattdessen werde ich dir mein Herz ausschütten. Höre, was mir passiert ist.

Mein verstorbener Vater hatte im Neuen Basar einen Laden für Essiggemüse. Die leckersten Essiggemüse Istanbuls legte er ein und verkaufte sie. Doch mein Vater starb jung, sein Laden wurde geschlossen. Ich wurde bei den Janitscharen als Kadett aufgenommen. Dort wurde ich erzogen und kam schließlich in die Klasse der »Springer«. Ich war ein hübscher Junge, als ich dem Verrückten Kurden Hasan, dem ehrlosen Kinderschänder, in die Hände fiel. Ein schwarzer Wolf im schwarzen Pelz. In der Werft galt nur sein Befehl. »Junge, komm her, ich zeige dir die ganze Werft und den Kerker des Chefs«, so legte er mich rein und brachte mich in sein Zimmer. Mit seinem riesigen Schwanz vergewaltigte er mich. Meine Welt brach zusammen. Ich war erschüttert, wie man mich daraufhin behandelte. Schließlich war ich es, dem man unrecht getan hatte. Doch sie sagten, ich könne nun in der Springerklasse nicht weitermachen, sondern mich fortan im *Hamam* ausziehen und das Badetuch umbinden und so meinen Weg finden.

»Hättest du dich doch beschwert!«, wollte Candide schon sagen. Aber Hüsnü erklärte: »Dieser Wolf hatte seine Strafe schon bekommen, er wurde in den Kerker geworfen, den er mir nicht gezeigt hatte, und dort aufgespießt. Aber hör zu, was ich noch weiter erlebt habe. Ich war also ein Badediener, der sich im Beyazıt-*Hamamı* auszog. Und wenn ich an meine Zukunft dachte, fing ich an zu zittern wie ein Verbrecher. Bis ich den Vizeadmiral Patrona Halil kennenlernte. Er lehrte mich, mit meinem Los zufrieden zu sein. Hatte nicht auch Patrona hier Badegäste geschrubbt und denen, die es wollten, den Türklopfer geschüttelt, um dann sich selbst zu finden, indem er zum Aufstand aufrief und im Staatsrat den *Paşas* und Wesiren, ja sogar unserem Herrn Sultan mit dem Finger winkte. Was ich sagen will: Ich war mal ein Springer mit glänzenden Aussichten gewesen, und nun befand ich mich im Schoß geiler Päderasten. Für 300

Akçe pro Abend teilte ich in diesem *Hamam* das Lager mit ihnen. Wir hatten auch prominente Gäste. Unter anderem kam der Dichter Nedim eines Morgens nach einem Ausflug nach Saadabat in unseren *Hamam*. Sein berühmter Zweizeiler:

> *Zierst dich wie eine Jungfrau, schreist wie eine*
>   *hochgewachsene Schöne*
> *Bist eine Katastrophe, heidnisch, selbst ich weiß nicht,*
>   *ob Mädchen oder Junge*

bezieht sich auf mich. Nedim ist ja dann im Aufstand umgekommen. Aber durch Patrona, meinen Weggefährten und albanischen Landsmann, nahm mein Leben eine neue Wendung. Denn wie die anderen Badediener und Heizer habe auch ich mich an dem Aufstand beteiligt.«

Als der Name Patrona Halil fiel, hörte unser Candide, der zwischenzeitlich in Gedanken abgeschweift war, wieder aufmerksam zu. Zwar kannte er das Bild des Malers van Mour noch nicht, hatte aber von seinem Ruhm gehört. Es stellte den Rebellen dar, der den allmächtigen Sultan Ahmet gestürzt und den Kopf des Großwesirs Ibrahim *Paşa* im Ochsenwagen hatte herbringen lassen, um ihn den Hunden zum Fraß vorzuwerfen.

Jenes Porträt hatte ich vor Jahren in Amsterdam im Museum gesehen, lange ehe ich auf Voltaires Landsitz kam, um das zu schreiben, was Sie jetzt lesen. Unter einem leicht bewölkten Himmel steht Patrona Halil vor dem Eingangstor des Serails, zur Linken begleitet von Rebellen, die die Fahne der Aufständischen schwenken, zur Rechten Grün, das sich von einer Mauer rankt, ein pausbäckiger junger Mann mit schmalem Schnurrbart, vollen Lippen, schwarzen Brauen und Augen, rotem Turban und einer Pistole an der Hüfte. Kein armer Badediener, wie ihn die osmanischen Geschichtsschreiber schildern, sondern ein gutaussehender junger Mann im zobelverbrämten Kaftan, wenn auch mit offener Brust. Unter uns gesagt, hat der Maler sein Modell recht hübsch gekleidet. Die grünen Pumphosen und der Federbusch im roten Turban stehen unserem Taugenichts gut. In der Rechten hat er ein Krummschwert, in der Linken den Griff eines Dolchs. In seinen Blicken liegt weniger Feindseligkeit oder Hass als vielmehr Entschlossenheit. Auf jeden Fall sieht er gar nicht aus wie ein Vizeadmiral, der von einem Segelschiff verjagt wurde, um als Badediener im Beyazıt-*Hamamı* seine Zuflucht zu finden.

Eine Menschenmenge aus Männern und Frauen steht um den Ochsenwagen herum. Wenn man das Bild aufmerksam betrachtet, kann man im Wagen einen Leichnam entdecken und zwei weitere an anderer Stelle. Es müssen die Leichen von Nevşehirli Ibrahim *Paşa*, des Schwiegersohns (*damat*) des Sultans, und dessen Schwiegersöhnen, Mustafa *Paşa* und Mehmet *Paşa*, sein.

Bald darauf, ein paar Monate nach dem Aufstand, sollten auch die Köpfe von Patrona Halil und anderer Rebellen rollen, doch der Maler weiß noch nichts von diesem blutigen Tauschhandel. Wenn ihre Zeit gekommen ist, werden die Würger zu den Erwürgten gehören. Der neue Sultan und sein Flottenkapitän, Canım *Hoca* Mehmet *Paşa*, werden dann dem Badediener eine Falle stellen.

Ispirizâde Ahmet *Efendi* war wie sein Vater Freitagsprediger in der Hagia Sophia. Er war ehrgeizig, liebte das Schachern und beteiligte sich an geheimen politischen Umtrieben. Als sein Vater starb, erbte er nicht nur dessen Stellung als Prediger, sondern auch einen *Konak* im Viertel Hocapaşa, festliche Kleidung, Eichhörnchen- und Zobelpelze sowie Bücher mit dicken Ledereinbänden.

Ispirizâde Ahmet *Efendi* bestieg wie jeden Morgen seinen Braunen und gelangte durch enge Gassen, vorbei an Holzhäusern und Brandruinen, bis zum Atmeydanı, dem antiken Hippodrom. Doch ehe er schließlich die Schwelle zur Hagia Sophia überschreiten konnte, musste er sich durch die Menschenmenge drängen. Matrosen, Gemüsehändler in algerischen Schals, Derwische mit spitzen Filzhüten, stolze Leibwächter, die den silberbeschlagenen Krummdolch an der Lende trugen – sie alle würden zu seiner Predigt kommen, so wie auch die Studenten, die in ihrer Bude dösten, und das arme Volk. Aber auch Sektenbrüder, Janitscharenoffiziere, Reeder und Amtsvorsteher, sogar großmächtige Richter. Sie alle gerieten außer sich, wenn er ihnen zurief, die Scharia sei in Gefahr, und die Zeichen des Jüngsten Gerichts seien schon sichtbar, wobei er seine Hände betend zur Kuppel erhob.

Die Hagia Sofia war seit der Eroberung Istanbuls durch Sultan Mehmet zur Moschee umfunktioniert. Das Tageslicht aus den Bogenfenstern um die Kuppel erleuchtete nun nicht mehr den Kopf des Pantokrators mit dem Glorienschein, nicht den furchtbaren Anblick des Erzengels Michael an der Wand, der mit seinen Riesenflügeln jederzeit bereit war loszufliegen. Alle Mosaiken der Kultstätte, die Figuren, die einst in den schönsten Farben geleuchtet hatten, Mutter Maria mit dem Kind auf dem Schoß, die Kaiser und Heiligen, waren weiß übertüncht, dafür waren Koransprüche aufgehängt. Auf einer der runden Tafeln, die von der Decke hingen, stand geschrieben: »Allah ist das Licht des Himmels und der Erde.« Sein Schatten auf Erden, der Padischah, kam auch manchmal mit seinem Gefolge, um vor den Säulen aus byzantinischer Zeit und vor der Gemeinde zu beten, doch dann verschwand er wieder, ohne die Predigt Ispirizâdes anzuhören. Der Prediger fühlte sich durch dieses Verhalten des Sultans schwer gekränkt, und eigentlich wollte er sich dafür auch an ihm rächen, doch in seinen Predigten zeigte er das nicht.

Er redete so schön, dass gleichsam Honig aus seinem Mund floss, selbst wenn er zornig war. Sein Zorn traf vor allem den *Damat* Ibrahim aus Nevşehir. Dieser führe Sultan Ahmet durch Parks und Schlösschen spazieren mit Namen wie Mirabat, Neşetabat, Hümayunabat, mache ihn zum Alkoholiker und habe seinen Namensvetter, den ungarischen Konvertiten Ibrahim Müteferrika, in seinem Haus eine Druckerei einrichten lassen, wo glaubensfeindliche Bücher gedruckt würden. Und während sich die Reichen in ihren Ufervillen und Schlössern vergnügten, müsse sich das Volk mit Brot und Salz begnügen. Von der Kanzel herab ließ der Prediger Feuer auf die Gemeinde fallen. Die Staatskasse sei leer, die Teufelsbrut achte weder die Scharia noch die Sunna des Propheten. Während die Staatsbeamten herrlich und in Freuden lebten, Transvestiten tanzen ließen und mit ihnen schliefen, würden aufrechte Muslime verachtet und müssten in den Moscheehöfen herumlungern. Das alles müsse nun ein Ende haben, den Verschwendern und Polytheisten müsse der Kopf abgehackt werden. Wer nachts in Tulpengärten rauschende Feste feierte und den Anblick brennender Kerzen auf den Rücken von Schildkröten genoss, dem sollte man die Villa über dem Kopf einreißen. Gegen diese Ungläubigen werde der gerechte Gott zu Hilfe kommen. So sei es und Amen!

VOR DEM AUFSTAND

»Keine einzige Predigt von *Hoca* Ispirizâde habe ich verpasst«, fuhr Hüsnü fort. Candide lehnte sich an sein Polster, zog an seiner Zigarettenspitze aus Bernstein und hörte aufmerksam zu. Hüsnü würde ja hoffentlich nicht immer nur von sich erzählen. Ganz sicher würden auch die Tage des Aufstands drankommen. Der Sohn des Essiggurkenverkäufers fuhr also fort: »Der konnte so wunderbar predigen, mal geriet ich in Ekstase, mal seufzte ich tief, mal musste ich schluchzen. Jedes Wort traf mich bis ins Innerste, so dass ich aufstöhnte. Denn er sprach von Leuten wie mir. ›Mögt ihr auch heute in einer Ecke vergessen sein‹, sagte er, ›so werdet ihr morgen oder aber bald glückliche Tage erleben. Auch ihr habt das Recht, von dem *Helva* zu kosten, das in den Kesseln des Serails oder in den Villen des Wesirs kocht. Seht, was sehr bald geschehen wird: Über ihre Trinkgelage, ihre lustvollen Versammlungen, ihre Tulpengärten wird das Strafgericht hereinbrechen. Wenn die Berge erschüttert werden, fallen auf diese Glaubenslosen die Sterne herab. Ehe Großwesir Ibrahim *Paşa* in ein Staatsamt aufrückte und im Schoß der Prinzessin Fatma lag, war er der bettelarme Gehilfe eines *Helva*-Verkäufers, oder etwa nicht? Jetzt macht er seinen Reibach, auch wenn er schlau genug ist, nicht die Staatskasse zu plündern.‹«

Candide hörte aufmerksam zu, was Hüsnü über die Predigten in der Hagia Sophia berichtete. Den Sohn des Essiggurkenverkäufers kümmerte es nicht, dass es langsam Abend wurde und sein letzter Kunde im *Hamam* Zeichen von Ermüdung zeigte. Er fuhr im Erzählen fort: »Ich habe den *Hoca* nicht nur in der Hagia Sophia gesehen, sondern ihn auch hier in dieser Glaskabine bewirtet, so wie dich jetzt. Ich habe auch ihm seine Zigarettenspitze in den Mund gesteckt, ihm persönlich seinen Kaffee auf dem Silbertablett gebracht. Doch nie ließ er, nachdem er in der Schwitzkabine tüchtig geschwitzt hatte, mich seinen gepriesenen Bart mit Seife waschen, seinen Rücken mit all den Muttermalen und seine blassen Beine und Arme mit dem Rubbelhandschuh abreiben, noch ist es mir gelungen, seinen kleinen Übeltäter aufzuwecken. Aus irgendeinem Grund ließ er sich von niemandem berühren außer von Patrona Halil. Er rief mich weder in seine Ecke noch auf sein Lager.

Später luden Ispirizâde *Hoca* und Halil mich zu ihren Besprechungen ein«, fuhr Hüsnü fort. »Sie bereiteten gemeinsam den Aufstand vor. Wir wurden immer mehr, Händler und Handwerker, Badediener wie ich, Theologen und Studenten, Matrosen und Bootsführer, Gemüsehändler und Dichter. Ehe Ispirizâde *Hoca* nach einer Beratung den *Hamam* verließ und seinen Braunen bestieg, fragte er uns immer: ›Habt ihr das Kamel gesehen, seine Glöckchen gehört?‹ Und wenn er dann von uns die Antwort erhalten hatte: ›Wir haben nichts gesehen, nichts gehört‹, strich er sich den weißen Bart und ritt bedächtig zu seinem *Konak* im Viertel Hocapaşa. Der Satz *Wir haben nichts gesehen, nichts gehört* wurde unsere Parole. Wir bereiteten den Aufstand unter größter Geheimhaltung vor, eine Erhebung ist kein Kinderspiel. Wir waren geduldig und warteten auf den richtigen Zeitpunkt.

Großwesir Ibrahim *Paşa* wollte von den Wirren im Iran profitieren, sich mit Zar Peter dem Verrückten einigen und den Westen des Landes aufteilen. Doch weil die Feste in Saadabat viel angenehmer waren als ein Kriegszug, fiel alles ins Wasser. Die Janitscharen erlebten in kürzester Zeit eine Niederlage. Von der Front kamen erschreckende Nachrichten, eigentlich keine Nachrichten, sondern es kamen Soldaten mit abgeschnittenen Mündern, Nasen, Ohren, mit ausgestochenen Augen, ohne Arme und Beine. Und das war alles die Schuld dieses verseuchten Ibrahim. Angeblich beriet sich der Wesir mit dem Sultan, tatsächlich aber saßen sie mit Sängern und Musikanten, mit Tänzerinnen und Transvestiten beim Trunk. Um das Volk zu täuschen, bauten sie Zelte auf, und die Kriegsflotte hisste Flaggen, doch in Wirklichkeit rührte sich niemand. Wie sollte unsere berühmte Flotte denn auch nach Täbriz kommen? So beschlossen wir, am 28. September 1730 – nach eurem Kalender – den Aufstand zu beginnen.«

Draußen war es ziemlich dunkel geworden. Candide wollte nicht länger im *Hamam* bleiben. Auch hatte er seit dem Morgen keinen Bissen gegessen. Zwar hatte ihm Hüsnü angeboten, seine Suppe, die auf der Heizung köchelte, mit ihm zu teilen, doch Candide mochte den Löffel nicht mit ihm in dieselbe Schüssel tauchen. Er hatte beschlossen, Hüsnü seine Uhr als Bezahlung zu überlassen. »Nimm die, ich schenke sie dir, aber halte mich jetzt nicht länger auf. Schau, es ist Abend geworden. Morgen komme ich wieder, dann kannst du da fortfahren, wo du stehengeblieben bist.«

Doch am nächsten Tag erschien er nicht wieder im *Hamam*, wie er versprochen hatte. Er sah den guten Unterhalter, diesen Badediener, nie wieder.

Ich höre Sie empört fragen: »Schön und gut, aber wie ging es denn mit dem Aufstand weiter? Wer wird uns das erzählen?« Regen Sie sich nicht auf. Es wird sich schon ein Erzähler finden. Und wenn nicht, was soll's! Ich nehme meinen Stock zur Hand, winde mir das schwarze Badetuch um die Hüfte und werde selbst erzählen, wie es mir gerade einfällt.

DER AUFSTAND

Die Aufrührer versammelten sich am Donnerstag, dem 28. September, in aller Frühe vor dem Beyazıt-*Hamamı* und marschierten in drei Gruppen los. Sie riefen: »Wir kämpfen gegen das Böse. Wer zu Muhammeds Gemeinde gehört, komme herbei!« Ihre Aufmachung hättet ihr sehen sollen. Nicht einer hatte Schuhe. Die weißen albanischen Strümpfe hatten sie bis zu den Knien hochgezogen. Sie trugen rotgrüne Pumphosen wie Matrosen und waren von Kopf bis Fuß bewaffnet. Bei den Löffelmachern drangen sie in den Großen Basar ein und zwangen die Händler, ihre Läden zu schließen. Einige schlossen sich der Bande an. Die Rebellen marschierten nun durch das *Ağa*-Tor hinaus Richtung Etmeydanı (Fleischplatz), wo die Janitscharenkaserne war. Doch gelang es ihnen nicht, die Janitscharen auf ihre Seite zu ziehen. Die meisten waren sowieso in Üsküdar und bereiteten sich auf den nächsten Feldzug vor.

Die Nachricht vom Aufruhr erreichte den Staatsrat, der gerade tagte. Derweil pflanzte der für die Sicherheit Istanbuls zuständige Kaymak Mustafa *Paşa*, der eigentlich bei dieser Sitzung hätte dabei sein müssen, in seinem Sommerhaus in Çengelköy Tulpen und hörte Musik. Der Sultan und Ibrahim *Paşa* waren der Ansicht, man müsse um jeden Preis Blutvergießen unter Muslimen vermeiden. Also wurde beschlossen, die heilige Fahne nach Üsküdar zu bringen und zu entfalten, die Janitscharen sollten sich unter ihr versammeln, und so sollte der Aufstand unterdrückt werden, doch was im Staatsrat beschlossen war, passte nicht zu den Geschehnissen auf der Straße. Nicht nur die Händler, auch die Rekruten strömten auf dem Fleischplatz zusammen und versammelten sich unter der Badetuchfahne des *Hamam*-Dieners Patrona Halil.

Da geschah etwas Unerwartetes. Ein weißbärtiger Derwisch erschien mit einem Esel, der auf seinem Rücken fünf Körbe trug. Und unter den erstaunten Augen der Menge begann er, die in den Käfigen zwitschernden Vögel freizulassen. Die Aufrührer verstanden die Bedeutung der Geste, nahmen Kurs auf die bekannten Kerker der Stadt, überwältigten die Wärter und befreiten die Gefangenen, die sich mit Beilen, Keulen und Krummschwertern bewaffneten, um sich den Rebellen anzuschließen.

Damat Ibrahim *Paşa* und dessen Schwiegersöhne glaubten zwar nicht, dass der Aufstand einiger weniger Banditen das riesige Reich erschüttern könnte. Trotzdem beschlossen sie, vorsorglich mit dem Sultan zusammen ins Topkapı-Serail zurückzukehren. Das war ein Fehler. In der Nacht entzündeten die Aufständischen auf dem Hippodrom Feuerstellen und bereiteten die Forderungen vor, die der Prediger Ispirizâde als ihr Abgesandter an Sultan Ahmet überbringen sollte.

Am nächsten Morgen gelang es Patrona Halil mit seinen Leuten, in die »Neuen Stuben«, die große Janitscharenkaserne in Aksaray, vorzudringen und die Janitscharen aufzustacheln, mit lügnerischen Behauptungen, Ibrahim *Paşa* sei ein Unbeschnittener, ein armenischer Mischling und Heide, der sogar die Niederlage gegen Persien verschuldet habe. Die Janitscharen hoben den Kessel hoch und schlossen sich dem Aufstand an. Der Wind hatte sich gedreht. Angst hatten jetzt nicht die am Fleischplatz Versammelten, sondern die, die im Topkapı-Serail saßen. Am Freitag gegen Abend waren die Vorbereitungen der Rebellen so weit gediehen, dass sie den Freitagsprediger der Hagia Sophia zusammen mit dem Theologen Zülâli Hasan *Efendi* mit einer Botschaft in den Serail schickten. Ihre Klage richtete sich nicht gegen den Sultan persönlich, dafür aber verlangten sie die Auslieferung von genau siebenunddreißig namentlich genannten »federführenden« Staatsvertretern, an der Spitze *Damat* Ibrahim *Paşa*. Auch beschlossen sie, den Fleischplatz zu verlassen und von nun an vom Hippodrom aus den Aufstand zu leiten.

Im Serail warteten die Unterhändler inzwischen auf den Hinrichtungsbefehl für *Damat* Ibrahim *Paşa* und dessen Schwiegersöhne. Der Sultan dachte lange nach, vielleicht sträubte er sich auch lange, doch gegen Morgen opferte er schlicht und einfach den Wesir, seinen lieben Weggefährten und Trinkkumpan, *Damat* Ibrahim Paşa aus Nevşehir, und dessen Schwiegersöhne Kaymak Mustafa *Paşa* und Kethüda Mehmet *Paşa*. Um sich selbst zu retten, verkaufte er auf dem Seelenmarkt für einen Fünfer seine Wesire. Anders gesagt, er schickte ihnen den Henker und ließ sie erwürgen. Ihren Besitz beschlagnahmte er. Die Leichen der Wesire, die in einer Nacht von »Beliebten« zu »Getöteten« geworden waren, ließ er auf Ochsenkarren den Rebellen ausliefern, wie es das Bild von van Mour zeigt. Nachdem die Aufständischen auch die anderen Mächtigen kaltgemacht hatten, setzten sie Sultan Ahmet ab und sperrten ihn in einen Käfig, und an seiner Stelle inthronisierten sie seinen Neffen als Sultan Mahmut I.

Ich werde Ihnen jetzt nicht schildern, wie zwei Monate nach der Thronbesteigung des neuen Sultans die Anführer des Aufstands zusammen mit Tausenden von einfachen Leuten in den Serail eingeladen wurden und so in die Falle gingen. Dass ihre toten Körper in ihrem Blut fortgeschwemmt wurden, als ihre Köpfe fielen, während die hübschen Schlösschen und Tulpengärten am Goldenen Horn dem Erdboden gleichgemacht wurden. Auch vom Ende des Predigers Ispirizâde erzähle ich nicht. Ich begnüge mich, Ihnen mitzuteilen, dass Patrona Halil und Kahlkopf

Mehmet *Ağa* im Topkapı-Serail im Beschneidungszimmer von zwischen den Kleiderschränken versteckten Henkern erdrosselt wurden, als sie, schon mit dem Kaftan bekleidet, auf ihre Bestallung warteten. Ihre entkleideten Leichname wurden aus dem Sultanstor hinausgeschleppt und – … nein, nicht den Hunden zum Fraß vorgeworfen, sondern in einem mit Steinen beschwerten Sack ins Meer geworfen. Ob die Fische sie gefressen haben, weiß ich nicht. Trotzdem, trotz all dieser schmerzlichen Schicksale der Mörder und Ermordeten, machen wir es wie Candide: Nehmen wir es nicht so tragisch, und verlieren wir unseren Optimismus nicht. Carpe diem!

Aus dem Türkischen von Barbara Yurtdas

Susan und Paul

Eine Art Tusch ertönt, während Susan auf die Bühne tritt, ihre Schritte wirken zugleich entschlossen und unsicher. Sie hat den linken Arm in die Seite gestützt und lässt ihn hin und her pendeln, ihre Bewegungen wirken übertrieben. Ihr fülliger Körper steckt in einem goldenen knielangen Kleid. Sie trägt weiße Schuhe mit hohen Absätzen, auf der Brust auf einem Stück Stoff mit dem Logo der Veranstaltung eine Nummer, von der nur die ersten drei Ziffern zu erkennen sind, 432. Um den Hals trägt sie eine goldene Kette, an den Händen mehrere große Ringe. Ihr Haar ist gekraust und wirkt kaum frisiert. Als sie stillsteht, korrigiert sie kurz die Position ihrer Füße wie ein Soldat, der die Habachtstellung einnimmt. Die Musik verstummt.

»Wie ist dein Name, Darling?«, fragt Simon, der ein schwarzes T-Shirt mit V-Ausschnitt trägt. Er hebt aufmunternd den Kopf.

Susan antwortet wie eine gehorsame Schülerin und mit starkem schottischem Akzent: »Mein Name ist Susan Boyle.«

»Okay«, sagt Simon, »wo kommst du her?«

Susan hat sich ein bisschen nach vorn geneigt, als könne Simon sie so besser verstehen. Sie hält das Mikrophon in der rechten Hand, die linke hat sie immer noch in die Taille gestützt. »Ich bin aus Blackburn in der Nähe von Bathgate, West Lothian.«

Amanda, die neben Simon sitzt, blickt feindselig, Piers, der dritte Juror, macht sich eine Notiz.

»Das ist eine große Stadt?«, fragt Simon.

»Es ist eine Art Ansammlung von …«, sagt Susan, zögert und macht mit der linken Hand eine Kreisbewegung, »eine Ansammlung von …« Sie tippt sich mit dem Zeigefinger an die Stirn, dann fällt ihr endlich das Wort ein: »Dörfern. Das ist ein Ding, mein Lieber.«

Das Publikum lacht, jemand pfeift.

»Und wie alt bist du, Susan?«

»Ich bin 47«, sagt Susan und schüttelt dabei den Kopf, als könne sie es selbst kaum glauben. Das Publikum lacht noch lauter als vorhin. Simon verdreht die Augen und schaut hinüber zu Amanda. Susan wackelt mit den Hüften, dreht die Hüften im Kreis, als schwinge sie einen Reif, der nicht herunterfallen darf. »Und das ist nur eine Seite von mir.«

Piers macht ein Gesicht, als habe er auf eine saure Frucht gebissen. Simon reißt die Augen auf und spielt mit seinem Kugelschreiber. Das Publikum klatscht und pfeift. Susan nickt einmal kräftig mit dem Kopf, wie um diesen Teil der Vorstellung abzuschließen. Simon bläst seine Wangen auf, schaut halb belustigt, halb resigniert hinüber zu Amanda und sagt: »Okay. Was ist der Traum?«

Susan hat ihre Augen zusammengekniffen, als müsse sie sich anstrengen, Simon zu verstehen oder sich an ihren Traum zu erinnern. Sie nickt wieder und sagt: »Ich versuche, eine professionelle Sängerin zu werden.«

Die Kamera zeigt eine junge, dunkelhaarige Frau im Publikum, die grinst, die Augen verdreht und dann mit abschätzigem Blick etwas zu ihrer Sitznachbarin sagt.

»Und warum hat es bis jetzt nicht geklappt, Susan?«

»Man hat mir nie eine Chance gegeben. Ich hoffe, das wird sich jetzt ändern.« Sie macht mit der flachen Hand eine Bewegung nach oben, als wolle sie sich selbst in die Höhe heben.

»Okay«, sagt Simon, »und so erfolgreich wie wer möchtest du werden?«

»Elaine Paige«, sagt Susan, als sei es eine Selbstverständlichkeit, »jemand wie sie.«

Im Publikum wird gemurmelt, Empörung macht sich breit.

»Was wirst du uns heute Abend singen?«, fällt Piers in das Gespräch.

»Ich werde ›I dreamed a dream‹ aus *Les Misérables* singen«, sagt Susan. Sie spricht die französischen Worte mit starkem Akzent aus, aber sie scheint sich ihrer Sache jetzt sicherer zu sein.

Amanda nickt anerkennend. »Okay, großer Song«, sagt Piers und lacht.

»Für den nächsten Bewerber scheint die Welt des Showbusiness eine Million Meilen entfernt«, sagt eine Stimme aus dem Off. Das Erste, was wir von Paul sehen, sind seine Hände, er scheint mit seinem Ehering zu spielen. Die Kamera schwenkt nach oben. Paul ist Mitte dreißig. Er steht vor einer weißen Backsteinwand, den Kopf gesenkt, er wirkt nachdenklich. Auf seinem pausbackigen, glattrasierten Gesicht ist schon wieder ein Bartschatten zu sehen. Pauls Haar ist kurzgeschnitten. Er trägt einen Nadelstreifenanzug und ein fliederfarbenes Hemd ohne Krawatte, auf seinem Jackett klebt die Nummer 31829. »Es ist Paul«, spricht die Stimme weiter, »ein Handyverkäufer aus Südwales.« Paul geht unruhig hinter der Bühne hin und her. Er sitzt in einem Aufenthaltsraum, wird interviewt. »Tagsüber verkaufe ich Mobiltelefone«, sagt er mit starkem walisischen Tonfall. »Mein Traum ist es, mein Leben damit zu verbringen, wofür ich glaube geboren worden zu sein.«

Paul tritt auf die Bühne, er wirkt etwas steif. »Wozu bist du hier, Paul?«, fragt Amanda. »Um Oper zu singen«, sagt Paul mit unsicherer Stimme. Seine unregelmäßige Zahnstellung ist zu sehen. Amanda nickt etwas ungläubig. Sie trägt eine Bluse mit einem roten und weißen Blumenmuster auf grauem Grund. Die Bluse hat Puffärmel, der tiefe Ausschnitt wird am Hals von einem rosa Band zusammengehalten. Piers in schwarzem Jackett und weißem Hemd macht ein skeptisches Gesicht und schaut Amanda von der Seite an mit dem Anflug eines Lächelns. Noch einmal sehen wir Paul beim Interview vor der Show. »Ich wollte immer berufsmäßig singen«, sagt er. Kurz sehen wir ihn auf der Bühne, wie er gequält lächelt. Zurück beim Interview sagt er: »Selbstvertrauen war immer eine, nun, schwierige Sache für mich. Ich fand es immer ein bisschen schwierig, ganz zufrieden mit mir zu sein.« Und wieder sehen wir Paul auf der Bühne stehen. Seine Arme hängen herunter, die Hände verschwinden fast in den Ärmeln des Jacketts.

Simon sagt: »Okay. Bereit, wenn du es bist.« Er trägt ein senfgelbes T-Shirt mit weitem Ausschnitt und nach hinten gerafften Ärmeln. Er erhebt sich leicht, rückt seinen Stuhl zurecht und setzt sich wieder hin.

Susan schaut zur Seite, zeigt mit dem Daumen nach oben. Jemand drückt die Playtaste eines CD-Spielers, und man hört den Beginn eines Playbacks, das von einem Sinfonieorchester eingespielt wurde. Susan schaut sehr ernst, sie wechselt das Mikrophon von der rechten in die linke Hand.

Amanda, die ein weitausgeschnittenes petrolgrünes Kleid mit Rüschenkragen trägt, hat sich zurückgelehnt und die Arme hinter dem Kopf verschränkt. Sie lächelt. Simon hat den Kopf in die Hand gestützt, Piers schaut erwartungsvoll und beißt sich auf die Lippen. Kurz vor ihrem Einsatz geht ein verschmitztes Lächeln über Susans Gesicht. Ein Blick ins Publikum zeigt gespannte Minen.

Susan singt »I dreamed a dream in times gone by.«

Auf dem Bildschirm wird ihr Name eingeblendet, ihr Alter und das Wort arbeitslos. Noch während der ersten Zeile des Liedes fängt das Publikum zu jubeln und zu klatschen an. Simon schaut verwundert und hebt die Augenbrauen. Amanda öffnet mit einem erstaunten und zugleich begeisterten Gesichtsausdruck ganz langsam den Mund, es wirkt, als spiele sie ihr Erstaunen überdeutlich für die Kamera. Ihr Lächeln wird noch strahlender. Sie schaut nach rechts, wo Piers sitzt.

»When hope was high and life worth living«, singt Susan. Die Rufe des Publikums werden leiser, der Applaus stärker. Jetzt klatscht auch Piers mit begeistertem Gesicht in die Hände und wendet sich Amanda zu.

»I dreamed that love would never die«, singt Susan und

macht mit der rechten Hand eine weitausladende Geste. Das Publikum tobt, in den hinteren Rängen erheben sich die Ersten, dann auch in den vorderen.

»I dreamed that God would be forgiving.«

Simons Lächeln wirkt vollkommen glücklich. Piers schluckt, es sieht aus, als fange er gleich an zu weinen.

»Then I was young and unafraid«, Susan hebt immer wieder die Hand, es scheint die einzige Geste zu sein, die sie beherrscht. »And dreams were made and used and wasted.«

Jedes Mal, wenn sie am Ende einer Zeile einen langen Ton mit viel Vibrato hält, wallt der Jubel des Publikums wieder auf. Amanda hat die Hände vor dem Gesicht gefaltet. Ihre Fingernägel sind in knalligem Rot lackiert.

»There was no ransom to be paid.«

Piers macht ein Gesicht, als sehe er einen geliebten Menschen wieder, den er lange Jahre vermisst hat. Amanda hält immer noch die Hände vor dem Gesicht, sie kann sich für keinen neuen Gesichtsausdruck entscheiden und wirkt wie eingefroren.

»No song unsung, no wine untasted.«

Susan singt seit kaum einer Minute. Das Publikum ist etwas ruhiger geworden, die Begeisterung brandet auf und ebbt wieder ab.

»But the tigers come at night,
With their voices soft as thunder.«

Simon lächelt immer noch glücklich, Amanda klatscht ein paarmal in die Hände und hebt dann in Erwartung des Höhepunktes des Liedes den gekrümmten Zeigefinger, als wolle sie ihre Umgebung darauf hinweisen.

»As they tear your hope apart,

As they turn your dream to shame.«

Susan hält das Mikrophon wieder in der rechten Hand, die linke streckt sie in die Höhe, während sie am Ende des Chorus auf das in die Länge gezogene Wort »shame« eine ansteigende Tonleiter singt. Es ist der Höhepunkt des Songs, und auch die Begeisterung im Saal hat ihren Höhepunkt erreicht. Alle Zuhörerinnen und Zuhörer stehen jetzt, jubeln, klatschen. Auch Amanda ist aufgesprungen, klatscht mit ungelenk ausgestreckten Armen und macht ein Gesicht, als wolle sie sagen: »Ich habe es euch ja gesagt.«

»And still I dream he'll come to me,

That we will live the years together.«

Amanda hat sich wieder hingesetzt, atmet erleichtert aus.

»But there are dreams that cannot be,

And there are storms we cannot weather.«

Susan nickt jetzt ganz langsam, sie scheint von Anfang an gewusst zu haben, was geschehen wird. Sie ist in der Musik zu Hause, niemand erreicht sie hier, niemand kann sich über sie lustig machen.

Der Jury scheinen die Gesichtsausdrücke ausgegangen zu sein. Simon hat den Kopf in beide Hände gestützt.

»I had a dream my life would be

So different from this hell I'm living

So different now from what it seemed

Now life has killed the dream I dreamed.«

Paul schaut zur Seite und nickt. Eine blonde junge Frau ist zu sehen, die hinter der Bühne sitzt. Sie trägt ein blaues Sweatshirt mit Kapuze und dem Logo der Sendung. Sie drückt auf den Playknopf eines Abspielgeräts. Paul schaut kurz seitwärts nach unten, hebt dann langsam den Kopf. Simon atmet tief ein, es sieht aus, als habe er einen Kaugummi im Mund. Er hat den Kopf in die linke Hand gelegt, seine übergroße Stoppuhr ist zu sehen, die er seltsamerweise seitlich am Arm trägt, der Kamera zugewandt. Sein Gesicht zeigt eine Mischung aus Müdigkeit und Überdruss. Auch Amanda atmet tief ein. Ihr langes, kastanienbraunes Haar ist über der Stirn toupiert. Die Orchestereinleitung erklingt. Paul schaut jetzt in den Saal, sein Gesicht hat einen fast heroischen Ausdruck angenommen, nur seine Augen wirken traurig. Im Publikum sind einige blonde junge Frauen zu sehen, die sich alle gleichen. Sie wirken gespannt, etwas spöttisch vielleicht, eine der jungen Frauen hat einen Finger in den Mund gesteckt, eine andere reißt die Augen weit auf, als könne sie nicht glauben, was sie da sieht. Die Kamera zeigt zwei alte, freundlich blickende Frauen und dann wieder Paul. »Nessun dorma!«, beginnt er zu singen, es ist die Arie des Prinzen Kalaf aus Giacomo Puccinis *Turandot*. Simon hat seinen Kugelschreiber in den Mund gesteckt und schaut mit schräg geneigtem Kopf von unten auf die Bühne. Er öffnet den Mund ein wenig, dreht den Kugelschreiber. Amanda betrachtet das Geschehen mit starrem Gesicht, nur für den Bruchteil einer Sekunde verzieht sich ihr Mund zu einem halben Lächeln. »Nessun dorma!«, singt Paul. Er steht so steif auf der Bühne wie eine Schaufensterpuppe. Über seinem tiefhängenden Gürtel ist der Ansatz eines Bauches zu sehen. Die nächsten Takte der Arie überspringt Paul, um gleich an der Stelle weiterzusingen, wo die Musik dramatischer wird. »Ma il mio mistero è chiuso in me.« Doch mein Geheimnis ist in mir verschlossen. Ein junges Paar im Publikum, der Mann in einem gestreiften Pullover und mit gleichgültigem Gesicht, die Frau in einem grünen Kleid. Sie blickt fürsorglich, nickt und lächelt. Auch Amanda lächelt, obwohl ihr Mund immer noch Skepsis ausdrückt. Sie schluckt, schnappt kurz nach Luft.

»Il nome mio nessun saprà«, singt Paul, der jetzt selbstsicherer wirkt als zuvor. Piers scheint sein Urteil noch nicht gefällt zu haben. Er spitzt kurz die Lippen, wirkt etwas blasiert, zumindest distanziert. Simon hebt den Kopf aus der Hand und massiert sich mit zwei Fingern fast zärtlich das linke Ohrläppchen. Auch er öffnet kurz den Mund. Paul ist jetzt aus größerer Entfernung von der Seite zu sehen. »No, no«, singt er und überspringt wieder ein paar Zeilen und den Part des Chors, um sofort zum Höhepunkt der Arie zu kommen.

»Dilegua, o notte! Tramontate, stelle!

Tramontate, stelle! All'alba vincerò!«

Jeder Stern erbleiche, damit der Tag ersteh und mit ihm mein Sieg! Die zwei alten Frauen von vorhin sind noch einmal zu sehen, eine wischt sich über ein Auge, aber es sieht nicht aus, als ob sie weine. Pauls Kopf zittert ein wenig während des Singens, als wolle er sich mit diesem kurzen unwillkürlichen Nicken selbst bestätigen.

Amanda hat die Hände gefaltet und hebt ganz langsam den Kopf, Simon hat sich mit einem leicht ironischen Gesichtsausdruck zurückgelehnt. Piers wirkt erstaunt. Simon hat sich wieder vorgelehnt und den Kopf in die Hand gelegt, sein Mund ist offen, auch er scheint zu staunen.

»Vincerò!«, singt Paul. »Vincerò! Vincerò!« Ich werde gewinnen. Seine Intonation wirkt nicht ganz sicher, es scheint, als befürchte er, nicht mehr genug Atem zu haben, aber das starke Vibrato überdeckt seine gesangliche Unsicherheit.

Amanda wirkt aufgelöst und plötzlich viel jünger, ihr Mund ist geöffnet, erst auf den zweiten Blick sieht man, dass ihr Tränen über das Gesicht laufen. Das Publikum applaudiert und schreit, einige stehen auf.

Bei den letzten Tönen hat Paul die Arme ausgebreitet und sich nach hinten gelehnt, als müsste er die Worte bis in den hintersten Winkel des Saales schleudern.

Zweieinhalb Minuten lang hat Susan gesungen. Bei den letzten Worten sind auch Piers und Amanda aufgestanden und klatschen begeistert mit dem Publikum. Nur Simon sitzt noch. Susan wirft eine Kusshand in den Saal. Sie lässt das Mikrophon sinken, wendet sich ab und geht mit entschlossenen Schritten auf den Rand der Bühne zu, während das Thema des Songs in einer anderen Tonlage und etwas leiser noch einmal eingespielt wird.

»Oy!«, ruft Amanda.

»Hallo!«, ruft Simon mit ausgestrecktem Zeigefinger.

»Hey!«, ruft Piers, »Komm hierher zurück!«

Susan dreht auf dem Absatz um, senkt den Kopf wie ein Stier vor dem Angriff und kommt zurück in die Mitte der Bühne.

»Vielen Dank, Susan«, sagt Simon, »Piers?« Und Piers sagt: »Ohne Zweifel war das die größte Überraschung, die ich in drei Jahren in dieser Show erlebt habe.« Das Publikum johlt. »Als du da gestanden und mit deinem frechen Grinsen gesagt hast, ich will sein wie Elaine Paige, da haben alle über dich gelacht. Niemand lacht jetzt. Das war überwältigend. Ein unglaublicher Auftritt. Erstaunlich.«

Susan lacht glücklich, neigt den Kopf. Im Orchesterplayback von »I dreamed a dream«, das im Hintergrund weitergelaufen ist, setzen gerade die Harfen ein, und Susan wirft dem Publikum oder Piers noch eine Kusshand zu.

Piers greift sich an den Kopf. »Ich bin noch ganz benommen vom Schock. Ich weiß nicht, was haltet ihr davon.«

Amanda hält die Arme eng beieinander, als friere sie. »Ich bin so begeistert«, sagt sie, »weil ich weiß, dass alle gegen dich waren.« Sie schaut zu Simon und nickt ein paarmal kurz, als erwarte sie von ihm eine Bestätigung. »Ich glaube ehrlich, dass wir alle sehr zynisch waren. Das war der größte Weckruf aller Zeiten. Und ich möchte nur sagen, dass es ein vollkommenes Privileg war, dem zuzuhören.« Sie nickt bei jedem Wort bestätigend mit dem Kopf.

Auch Susan nickt und sagt etwas, das im tosenden Applaus untergeht. Simon ist an der Reihe. Er hält einen blauen Kugelschreiber in der Hand, mit dem er jedes seiner Worte aufzuspießen scheint. »Susan, ich wusste in der Minute, in der du auf die Bühne getreten bist –«

Amanda lacht, Susan ruft mit krächzender Stimme: »Oh, Simon!«

Simon spricht weiter: »– auf diese Bühne, dass wir etwas Außergewöhnliches hören würden. Und ich hatte recht.« Piers und das Publikum lachen. »Susan, du bist ein kleiner Tiger, nicht wahr?«

Susan schüttelt den Kopf: »Davon weiß ich nichts.«

»Bist du«, sagt Simon. »Okay, der Moment der Wahrheit. Piers, ja oder nein?«

»Das größte Ja, das ich jemals jemandem gegeben habe«, sagt Piers. Das Publikum johlt, Susan lacht laut.

»Amanda?«

»Ja, absolut.«

Wieder ruft Susan etwas, was im Applaus nicht zu verstehen ist. Simon meldet sich zu Wort: »Susan Boyle, du kannst zurück in dein Dorf gehen mit erhobenem Kopf, es sind drei Ja.«

Die Arie aus *Turandot*, die normalerweise um die drei Minuten dauert, hat Paul in seiner gekürzten Version in der halben Zeit geschafft. Jetzt steht fast der ganze Saal und klatscht. Amanda tupft mit den Handflächen ihr Gesicht ab, bevor auch sie in den Applaus einfällt. Sie wirkt immer noch bewegt. Simon klatscht ebenfalls und schlägt den Blick nieder. Paul atmet tief aus, aber trotz des Beifalls wirkt er eher erschöpft als glücklich. Die Kamera schwenkt über das Publikum. Amanda dreht sich um und schaut in den Saal, auch Piers dreht sich halb um, lächelt befriedigt. Amanda lacht, Simon lacht und klatscht. Noch immer wirkt Paul, als begreife er nicht, was vorgeht. Er nickt kurz. Die ganze Jury ist jetzt im Bild. Simon hat die Arme verschränkt. Amandas Lachen ist zu hören. Jetzt lächelt Paul erstmals, immer noch etwas unsicher. Simon streckt den Daumen hoch, als wollte er mit einer Aufzählung beginnen. »Also du arbeitest bei Carphone Warehouse.« Paul lacht, und auch Amanda lacht laut. »… und du hast das getan«, sagt Simon. »Das habe ich nicht erwartet, Paul.«

Es klingt, als spreche er mit einem Kind. Er schüttelt den Kopf, stützt sein Kinn auf seinen ausgestreckten Daumen. Paul lacht glücklich. »Ich auch nicht«, sagt Amanda in ihr künstliches Lachen hinein. »Das war ein kompletter Atemzug frische Luft«, sagt Simon. »Ich fand, du warst absolut phantastisch.« Er unterstreicht seine Aussage mit einer entschlossenen Bewegung der flachen Hand und stützt sein Kinn wieder auf den Daumen. Paul lacht, benetzt kurz die Lippen mit der Zunge, dann wird sein Gesicht plötzlich ernst, als Piers zu sprechen beginnt. Auch Piers wedelt mit der Hand, während er sagt: »Du hast eine unglaubliche Stimme. Ich denke, wenn du weiter so singst, wirst du einer der Favoriten sein, um diesen ganzen Wettbewerb zu gewinnen.« Paul lächelt verlegen, sagt etwas, vermutlich bedankt er sich, aber seine Worte gehen im Geschrei des Publikums unter. »Ich denke«, sagt Amanda gedehnt und mit lehrerinnenhafter Stimme, »dass wir hier den Fall eines kleinen Brocken Kohle haben, der zu einem Diamanten werden wird.« Sie öffnet den Mund wieder, scheint noch etwas sagen zu wollen, aber die Kamera zeigt jetzt wieder Simon. »Okay«, sagt er, »Moment der Wahrheit, junger Mann. – Piers?« Musik wird eingespielt. »Ein absolutes Ja.« Das Publikum jubelt. »Amanda?« Amanda hat kurz auf den Tisch vor sich geschaut, dann schüttelt sie entschlossen den Kopf und sagt: »Ja.« Sie lächelt glücklich, als hätte sie jemandem ein Geschenk gemacht und ergötze sich an seiner Freude. Paul lächelt nicht mehr, wirkt gespannt. »Paul«, sagt Simon, »du kommst in die nächste Runde.«

Susan wirft beide Arme in die Luft und stampft wie ein kleines Kind, dem ein lange gehegter Wunsch erfüllt wurde. Das Playback im Hintergrund läuft noch immer und baut gerade ein triumphales Tutti für die Schlussapotheose auf. Das Publikum tobt, es ist in einem Rausch von Emotionen. Susan verlässt die Bühne mit einer letzten Kusshand und mit selbstsicheren entschlossenen Schritten. Erst jetzt ist die ganze Nummer zu sehen, die auf ihrer Brust prangt wie auf dem Körper eines Schlachttiers, es ist die 43212.

Als Susan schon verschwunden ist, hört man ein letztes Mal die Juroren. Piers: »Was für eine Stimme.« Amanda: »Unglaublich. Überwältigend.« Und noch einmal Piers: »Der außerordentlichste Schock, den wir je hatten.« Hinter der Bühne steht Susan, sie schüttelt den Kopf, dann nickt sie und sagt mit bewegter Stimme wie zu sich selbst: »Es ist so emotional. Unglaublich und emotional und phantastisch.«

Pauls Dank geht im Applaus unter und in der lauter werdenden Musik, es ist »I Don't Want to Miss a Thing« von Aerosmith. Das Publikum applaudiert in leichter Zeitlupe, aber nur noch die Musik ist zu hören. Paul verbeugt sich ebenfalls leicht verlangsamt und geht ab. Hinter der Bühne – jetzt wieder in normaler Geschwindigkeit – wird er von zwei Moderatoren empfangen. Der eine schüttelt ihm die Hand und gratuliert ihm.

Die Jury ist unter sich. Piers sagt etwas zu Amanda. Amanda schaut ihn an, fasst sich an die Arme und sagt: »Unglaublich. Ich habe Gänsehaut.« Sie wendet sich zu Simon, der sie anschaut, als würde er selbst gern ihre Arme streicheln.

»Du musst überglücklich sein«, sagt einer der Moderatoren zu Paul. »Bin ich«, sagt Paul, »ein bisschen geschockt.« Er schüttelt die Hände, lacht mit den Moderatoren. Er geht auf die Tür mit der Aufschrift »Exit« zu. »Und während Paul glücklich nach Hause geht«, sagt die Stimme aus dem Off, die schon am Anfang zu hören war, »denken die Juroren, sie könnten in Cardiff etwas Besonderes gefunden haben.«

Wir sehen Simon und Amanda in der Umkleidekabine, sie lehnen sich an die Schminktische, im Hintergrund sind Spiegel mit Reihen von Glühbirnen zu sehen. »Ich mag Shows, wo jemand kein Profi ist, ein Talent hat, sich dessen nicht bewusst ist, einen normalen Job hat, und dann siehst du etwas anderes«, sagt Simon. »Ich mag das. Und das ist es, was dieser Typ hatte.« Amanda fällt ihm ins Wort: »Ein unentdeckter kleiner Edelstein. Ein Frosch, der sich in einen Prinzen verwandeln wird.«

Beschrieben und zitiert werden zwei Ausschnitte der Sendung *Britain's Got Talent* des britischen Netzwerks ITV vom 11. April 2009 und vom 9. Juni 2007. Susan Boyle singt darin »I dreamed a dream« aus dem Musical *Les Misérables* von Claude-Michel Schönberg (Musik) und Alain Boublil (Libretto), Paul Potts singt eine selbstbearbeitete Version der Arie »Nessun dorma« aus der Oper *Turandot* von Giacomo Puccini.

FERNANDO PÉREZ

Nachtprogramm
Momentaufnahmen aus der kubanischen Revolution

EINS

1961. Sierra Maestra

Roberto (16 Jahre) öffnet die Tür einer kleinen, ärmlichen Schule in den abgelegenen Bergen der Sierra Maestra. Es ist sein erster Schultag als Alphabetisierungslehrer.[1]

Kinder und Erwachsene lernen Lesen und Schreiben, zum ersten Mal in ihrem Leben. Aus ihrem Versteck hinter einem Baum beobachtet Mariana (7 Jahre) die Schule. Roberto bemerkt sie und geht auf sie zu, doch Mariana läuft davon.

---

[1] 1961 begann in Kuba eine breitangelegte Alphabetisierungskampagne. 250 000 Kubanerinnen und Kubaner, die meisten aus der Stadt, davon 100 000 Jugendliche, wurden mobilisiert, um Bauernfamilien das Lesen und Schreiben beizubringen. Umgekehrt lernten die Alphabetisierungslehrer das Leben auf dem Land kennen und die damit verbundene harte körperliche Arbeit.

Eine Woche später ritzt Mariana den Buchstaben A in den Baumstamm. Mit der Zeit kann Roberto sie davon überzeugen, die Schule zu betreten, doch sie kommt nur, bevor die Sonne aufgeht – wenn die beiden im Klassenzimmer allein sind.

Marianas Problem ist ihre Familie, der Vater ist Alkoholiker, die Mutter Analphabetin. Eine leidende Frau, die unterwürfig die Brutalität ihres Ehemanns erträgt. Die Alphabetisierungskampagne lehnen beide ab, Mariana muss mitarbeiten, auf dem Feld und im Haus.

Roberto setzt sich für Marianas Rechte ein, mal mehr, mal weniger erfolgreich. Es ist nicht leicht, denn Roberto ist selbst erst ein Heranwachsender, fast noch ein Kind.

Mariana lernt trotz alledem weiter, heimlich in ihrem Versteck, mit Robertos Hilfe. Eines Morgens bei Sonnenaufgang schreibt sie (mit einem Bleistift) AMA (liebt) und gesteht ihrem Lehrer, dass sie selbst nur Hass empfindet. Ganz besonders hasst sie ihre Mutter.

Eines Abends ist Mariana verschwunden. Ihr Vater ist auf dem Weg ins Gefängnis, er hat seine Frau totgeschlagen.

Als Roberto am nächsten Morgen die Schule aufschließt, entdeckt er Mariana, die dorthin geflüchtet ist. Doch sie soll die Berge verlassen und in eine Einrichtung für Waisenkinder gebracht werden.

Morgengrauen in der Sierra. Von seiner kleinen Schule aus sieht Roberto zu, wie Mariana mit einem Karren abgeholt wird. Sie schauen einander an. Mariana weint leise. Auch Roberto weint – zum ersten Mal in seinem Leben.

1961. Havanna

Eine Villa

Michael (7 Jahre) hört hinter einer Tür, wie seine Eltern (Florencio Bermúdez, Fabrikbesitzer, und Lucrecia, seine Frau) beschließen, ihn allein in die Vereinigten Staaten zu schicken, mit der *Operation Peter Pan*[2].

Lucía (40 Jahre), das Dienstmädchen, nähert sich dem Jungen. Michael bittet: »Lass mich bei dir bleiben, meine Eltern sind böse.« Lucía, den Tränen nah, antwortet nicht.

Doch die Entscheidung ist gefallen, denn die Familie hat ihren gesamten Besitz verloren, sie stehen als »Konterrevolutionäre« unter Beobachtung und dürfen das Land nicht verlassen. Die Operation Peter Pan ist der einzige Weg, Michael vor dem Kommunismus zu retten.

---

2 Im Rahmen der *Operation Peter Pan,* einem Programm der US-Regierung und der katholischen Kirche, gelangten zwischen 1960 und 1962 rund 14 000 allein reisende Kinder aus Kuba in die Vereinigten Staaten. Ihre Eltern schickten sie meist in der Hoffnung, ihnen später nachreisen zu können. Sie befürchteten Indoktrination an den kubanischen Schulen, wollten ihre Söhne vor dem Militärdienst bewahren oder glaubten Gerüchten, wonach die kubanische Regierung die Kinder in die Sowjetunion oder in den Ostblock schicken würde.

An den großen Scheiben vor der Grenzkontrolle verabschieden sich viele Kinder von ihren Eltern und Familien. Die Kinder reisen allein oder in Begleitung von Nonnen. Michael trägt ein Schild um den Hals mit seinem Namen und einer Adresse in den Vereinigten Staaten. Er schaut durch eine der Glasscheiben (die vor lauter Küssen und Handabdrücken schon ganz klebrig sind) in die Menschenmenge. Er weicht dem Blick seiner Eltern aus, Lucías Augen geben ihm Halt. Michael ist der Einzige, der nicht weint.

Weihnachten. Erfolgreich kehren die Alphabetisierer in überfüllten Zügen nach Havanna zurück. Ihre Haare sind lang, um den Hals tragen sie Ketten aus Körnern. Die Leute singen, weinen, jubeln den Helden zu. Die herausgeputzten Straßen der Hauptstadt vibrieren, Kuba ist als erstes Land Lateinamerikas frei von Analphabetismus.

Ein schmutziger und sonnenverbrannter Roberto mit Dreitagebart läuft lächelnd durch den Regen nach Hause zu dem Solar[3], in dem er wohnt. Stolz und glücklich wird er von seinen Nachbarn umarmt. Doch weder Lucía (seine

---

3   Ein *Solar* ist ein Wohnhaus, in dem mehrere Familien zusammenleben, Badezimmer und *Patio,* Innenhof, werden gemeinsam genutzt. Seit der Revolution zahlen die Bewohner keine Miete mehr für ihre Zimmer im *Solar.* Typischerweise handelt es sich bei einem *Solar* in Havanna um einen Altbau, der von den neuen Bewohnern nach ihren Bedürfnissen umgebaut wurde. Ein *Solar* ist ein kleines Universum für sich. Insbesondere in Havanna ist diese lebendige Form des Wohnens verbreitet. In seinem Film *Letzte Tage in Havanna* (2016) zeigt Fernando Pérez das Leben in einem solchen *Solar.*

Mutter) noch sein älterer Bruder Raúl (17 Jahre) sind zu Hause. Sie sitzen in der Villa von Florencio Bermúdez fest, die gerade von Milizionären durchsucht wird.

Im Waisenhaus beobachtet Mariana den Regen, einen sintflutartigen Wolkenbruch.

Roberto vor der großen Villa, in der seine Mutter arbeitet. Er geht nicht hinein, sondern bleibt still davor stehen, im strömenden Regen.

Ein riesiger Weihnachtsbaum. Michael befindet sich in der großen Eingangshalle eines Kinderheims in den Vereinigten Staaten. Durch ein Fenster beobachtet er, wie der Schnee still und leise auf eine weiße, einsame Landschaft fällt.

ZWEI

1962. Raketenkrise

Ein Brief

Lucía schreibt ihrem Sohn Roberto: Dass er sich mit seinem Bruder Raúl nicht verstehe, sei kein Grund, sich nach der Alphabetisierungskampagne nicht mehr daheim blicken zu lassen. Alle ihre Briefe kommen zurück, doch sie schreibt weiter. Nur so kann sie ihren Schmerz stillen – nicht zu wissen, wo ihr Sohn ist.

Roberto befindet sich auf einem militärischen Übungsgelände. Er ist der jüngste Offizier, doch seine Truppe ist die undisziplinierteste, sie machen Roberto das Leben schwer mit Witzen und Spötteleien über seine Ernsthaftigkeit, seine Hingabe und sein Engagement. Nur Jorge (der aufgrund seiner Erkrankung den Spitznamen »Asthma« trägt) hält zu ihm, und so teilen sie an vielen Abenden Freundschaft, Gefühle, Geheimnisse. Asthma gesteht, dass er bei seinem ersten Mal (mit einer Nutte) keinen hochgekriegt hat. Roberto ist noch Jungfrau. Beide sind beunruhigt und fühlen sich in ihrer Männlichkeit herabgesetzt … aber beide sind stolz darauf, ihr Land gegen den Angriff der Yankees zu verteidigen.

Erstes Manöver. Die Milizionäre sollen über eine Hindernisbahn robben, ohne den Kopf zu heben. Bei dieser Übung wird scharf geschossen, nicht mit Platzpatronen. Mitten im Manöver bekommt Asthma keine Luft mehr, er hat Angst. Roberto schreit, sie sollen das Maschinengewehrfeuer stoppen, aber niemand hört ihn. Verzweifelt hebt Asthma den Kopf, während Roberto versucht, ihm Deckung zu geben, doch zu spät: Verletzt sinkt sein Freund auf den Boden.

Lucía hilft Raúl, mit heißem Wasser zu inhalieren – auch er, ihr Sohn, ist Asthmatiker. Am selben Abend stürmen Soldaten der Rebellenarmee das Haus. Angesichts der drohenden Yankee-Invasion stellen sie die Besitzer vorsorglich unter Hausarrest. Die Rebellen wundern sich über Raúl, sie können nicht verstehen, warum ein junger Mann wie er im Haus von Feinden der Revolution lebt. Lucía erklärt, dass sie nur die Hausangestellte ist und ihr Sohn medizinische Behandlung braucht. Die Zeit im besetzten Haus ist angespannt, die Rebellen machen sich lustig über Raúls »Schwäche«. Seine vorsichtigen Versuche, sich zu wehren, machen alles nur noch schlimmer.

Zwei Tage später geht es Asthma wieder besser, er bekommt Ausgang. Doch nach Hause will er nicht, denn die Amerikaner verhängen eine Seeblockade gegen Kuba, wegen der sowjetischen Raketen auf der Insel. Roberto und sämtliche Truppen sind in Alarmbereitschaft, sie rechnen mit einem atomaren Angriff.

Die Anweisungen für einen solchen Fall sind eindeutig: Immer Richtung Westen schauen, um im grellen Licht der Atomexplosion nicht zu erblinden. Roberto ist verstört, doch viele der Milizionäre reißen pausenlos Witze, ohne Bewusstsein für die drohende Gefahr. Sie tanzen, trommeln, singen: »Liebe Amis, seht euch vor, Kubas Mösen sind Granaten, Kubas Schwänze schießen volles Rohr!«

Finstere Nacht. Ganz allein im Schützengraben, schreibt Roberto einen Brief an seine Mutter – vielleicht den letzten, bevor er ausgelöscht wird und von der Erdoberfläche verschwindet. Alles, was er tut und getan hat, tat er aus Liebe … Während er schreibt, ist Roberto als winziger Schatten auf offenem Feld zu sehen, im fahlen Schein des Mondlichts. In der Ferne hört man den rasanten Flug der Düsenjäger.

DREI

1965. Havanna und Escambray-Gebirge

Lucía und Raúl sind jetzt Eigentümer der Villa. Florencio und Lucrecia haben endlich ihre Ausreisegenehmigung erhalten und befinden sich bereits in den Vereinigten Staaten. Anders als sein Bruder kann Raúl sich mit der Revolution nicht anfreunden, sein Wesen ist mit dieser Wirklichkeit nicht vereinbar – nicht nur wegen seiner körperlichen Schwäche, sondern auch wegen seiner Ansichten: Raúl glaubt an Gott und ist Pazifist. Obwohl er manche sozialen Ziele des Sozialismus teilt, will er die Demokratie dafür nicht aufgeben. Wegen seiner Einstellung muss er sein Studium an der Universität abbrechen, in einem großangelegten »Säuberungsprozess«[4], durchgeführt im Auditorium der Geisteswissenschaftlichen Fakultät.

Roberto führt indessen einen richtigen Krieg gegen die Bandidos, bewaffnete Konterrevolutionäre im Escambray-Gebirge. Er ist jetzt bereits ein junger Mann mit kriegerischem Aussehen: Mähne, gegerbte Haut, abgewetzte Uniform. Die äußeren Umstände sind hart: kalte Nächte,

---

4 Mitte der 1960er Jahre begannen (mit Gründung des Kommunistischen Jugendverbands, UJC – *Unión de Jóvenes Comunistas*) die Säuberungen an den Universitäten. Besonders Intellektuelle, Künstler und Homosexuelle galten als verdächtig, viele durften ihr Studium nicht fortsetzen und wurden in die Umerziehungslager der UMAP *(Unidades Militares de Ayuda a la Producción)* eingewiesen. Siehe auch Fußnote 7.

Moskitos, Regen, eiserne Disziplin. Sein erstes Gefecht. Sie sind vom Feind umgeben, alles ist verworren, unübersichtlich, chaotisch. Seine Truppe ist im ganzen Gelände verstreut, Roberto ist allein in finsterer Nacht. Plötzlich stolpert er, fällt einen Abhang hinunter und bleibt mit gebrochenem Arm liegen. Er kann nicht laufen.

In einiger Entfernung sind die Stimmen der Bandidos zu hören. Roberto kann sich nicht bewegen. Vor ihm in der Dunkelheit taucht Francisco (30 Jahre) auf, ein Einheimischer, der den Bandidos den Weg zeigen soll. Regungslos schauen sie einander an, beinahe ohne zu atmen. Roberto zielt mit seinem Maschinengewehr auf Francisco. Drückt er ab? Wird Francisco ihn verraten? Schließlich gibt Francisco den Bandidos das Zeichen, sie sollen abdrehen, dies sei nicht der richtige Weg.

Raúl lebt zurückgezogen in der großen Villa, liest in der umfangreichen Bibliothek und wird von seiner Mutter umsorgt. Seine wenigen Freunde teilen dieses Schicksal der Verbannung, insbesondere nachdem Fidel Castro in einer Rede auf der Freitreppe vor der Universität diese faulen jungen Leute kritisiert hat, »Elvispreslianos«[5], Taugenichtse und Homosexuelle, die den gesunden Fortschritt der Revolution störten: »Unser Land braucht solche krumm gewachsenen Bäume nicht.«[6]

5   Kubanische Elvis-Presley-Fans.
6   *»Unser Land braucht solche krumm gewachsenen Bäume nicht«*: Aus der Rede Fidel Castros vom 13. März 1963, gehalten auf der Freitreppe vor der Universität von Havanna.

Bei Sonnenaufgang ist Roberto von seinen Kameraden aus der Miliz gerettet worden, sie transportieren ihn auf einer Trage, vorbei an einer brennenden Strohhütte. Am Wegrand hat eine andere Gruppe Milizionäre Francisco als Kollaborateur festgenommen (er ist verletzt). Robertos und Franciscos Blicke kreuzen sich.

Roberto geht es schon wieder besser, er liegt in einem Feldlazarett mit einem eingegipsten Arm. Bevor er seine 40 Tage Ausgang nach Havanna antritt, besucht er Francisco im Gefängnis und fragt ihn: »Warum hast du das getan?« Francisco zögert. Schließlich lächelt er ungläubig: »Hätte ich dich auffliegen lassen, hättest du doch abgedrückt, mein Junge.«

Lucía kann es nicht glauben: Roberto kommt zur Tür der Villa herein. Sie umarmen sich, doch Lucía ist nervös. Raúl ist im Gefängnis, und Roberto soll seinem Bruder helfen. Mutter und Sohn sind gegensätzlicher Meinung: Roberto ist überzeugt davon, dass die UMAP militärische Ausbildungslager sind, keine Lager für Gefangene. Doch Lucía wiederholt immer wieder: »Doch, es ist ein Gefängnis.«

Gläubige und Homosexuelle arbeiten Seite an Seite im Lager der UMAP[7] in der Stadt Sola, unter härtesten Bedin-

7 Die UMAPs waren »Militärische Einheiten zur Unterstützung der Produktion« *(Unidades Militares de Ayuda a la Producción).* 1963 wurde in Kuba für alle Männer zwischen 16 und 45 Jahren die Wehrpflicht eingeführt. Alle, die als untauglich galten, wurden ab 1965 in den UMAPs untergebracht – Einrichtungen zwischen Umerziehungs-

gungen. Gelegentlich erhalten sie Umerziehungsunterricht, doch nur Grundkenntnisse, die Lehrer sind Soldaten und selbst kaum gebildet. Einmal, kurz vor Tagesanbruch, schrillen die Sirenen, die Hunde bellen: Betty (ein Schwuler) ist geflohen.

Am nächsten Morgen gehen alle früh an die Arbeit. Später, in der glühenden Mittagshitze, wird Betty von fünf Wachmännern zurückgebracht und zur Strafe vom Hauptmann dazu verdonnert, eine Grube zu graben.

Raúl ist dünn geworden, doch er hält durch und trotzt dem Asthma, dem schlechten Essen, der Erniedrigung und den Gemeinheiten der anderen. Zu Bettys Geburtstag organisieren sie ein geheimes nächtliches Fest, sie verkleiden sich als Frauen und singen Playback zu den Songs der Sendung »Nocturno«, die in einem kleinen, batteriebetriebenen Transistorradio läuft.

Dank der Fürsorge seiner Mutter erholt sich Roberto, doch Lucía reichen die 40 Tage bei weitem nicht. Ihr Sohn ist zum ersten Mal seit drei Jahren zu Hause! Nach heftigen Auseinandersetzungen hat sie deshalb beschlossen, nicht

lager, Gefängnis und Rehabilitationsprogramm. Schon bald entwickelten sie sich zu Auffangbecken für Menschen, die als Delinquenten, Landstreicher oder Konterrevolutionäre galten, und für alle Arten von sogenannten »Abweichlern«, insbesondere Homosexuelle und Religionsanhänger – Katholiken, Baptisten, Zeugen Jehovas. Wegen der dort vorherrschenden Brutalität wurden die Proteste gegen die UMAPS so laut, dass sie bis 1969 wieder geschlossen wurden.

mehr mit ihm über Raúls heikle Situation zu sprechen – sie möchte alle Sorgen von Roberto fernhalten. Eines Nachts beobachtet Lucía, wie er in seinem Zimmer ein Foto von Che Guevara aufhängt. Insgeheim hofft sie, dass ihr rebellischer Sohn für immer heimgekehrt ist.

Raúl ist wegen seines Asthmas nicht bei der Arbeit. Wieder heulen die Sirenen, und die Hunde bellen wie wild. Diesmal ist niemand geflohen, aber mehr als fünfzig Schwule, vollständig nackt, die Körper mit Pflanzensaft[8] gelbrot bemalt, hüpfen, tanzen und schwenken Fackeln – so protestieren sie für Bettys Freiheit. Sprachlos und verblüfft kesseln die Wärter sie ein, doch die Szenerie ist so bizarr und unwirklich, dass sie nicht wissen, wie sie das Treiben beenden sollen.

VIER

1970. *La Gran Zafra* – Die Große Ernte: Zehn Millionen Tonnen Zucker[9]

---

8 *Pflanzensaft:* Die »bija« genannten Fruchtsamen des Annattostrauchs dienen in der Karibik als Gewürz, als natürlicher Farbstoff in Lebensmitteln, als Haarfärbemittel, zu kosmetischen Zwecken und zur Körperbemalung bei indigenen Völkern.
9 1970 rief der Staat das Ziel aus, 10 Millionen Tonnen Zucker zu produzieren. Die gesamte kubanische Gesellschaft wurde dafür mobilisiert. Zehntausende Freiwillige ließen ihre Arbeit liegen, um auf den Feldern Zuckerrohr zu schneiden. Das Ziel wurde verfehlt, mit 8,5 Millionen Tonnen allerdings eine Rekordernte eingefahren. In wirtschaftlicher Hinsicht war die »Große Ernte«, *La Gran Zafra*, ins-

Nach drei Jahren Gefängnis wird Francisco wegen guter Führung nach Ciudad Sandino entlassen. In einem kleinen, staubigen Schulgebäude erhält er Umerziehungsunterricht. Francisco ist ein pflichtbewusster Mensch, jeden Tag schneidet er Zuckerrohr und nimmt an allen Aktivitäten teil. Er hat eine positive Einstellung und tut alles, was man von ihm verlangt. Doch im Dorf sagen sie, Francisco sei ein einsamer Mann.

Nachts schneidet Francisco manchmal Bilder aus Zeitungen und Magazinen aus: Fotos von der Skyline New Yorks. Sorgsam verwahrt er sie in einer Kiste, versteckt hinter einem Schrank. Wenn er im Bett liegt und durch das Fenster den Mond betrachtet, stellt er sich vor, er wäre in Manhattan.

Roberto ist wieder mittendrin im Strudel der Revolution. Seinen Bruder Raúl (der nach seiner Heimkehr in eine tiefe Depression verfallen ist) hat er in der Villa und in Lucías Obhut zurückgelassen. Er schneidet jetzt als Machetero Zuckerrohr für die *Gran Zafra*, die 10-Millionen-Tonnen-Zuckerernte. Eines Abends bricht auf den Feldern ein Feuer aus. Alle packen mit an, nicht nur die Macheteros, sondern auch viele Anwohner aus der Gegend und Schüler aus dem benachbarten Zeltlager, die als Freiwillige bei der Ernte dabei sind. Inmitten des Durcheinanders fällt Roberto eine Frau auf, die große Ähnlichkeit hat mit … Mariana? Auf

gesamt aber ein Misserfolg, denn andere Wirtschaftssektoren brachen ein, weil Investitionen und Arbeitskräfte abgezogen wurden.

Anhieb erkennt die junge Frau Roberto wieder. Es ist ein bewegender Augenblick für beide. Roberto ist schmutzig und mit Asche bedeckt, doch Mariana (inzwischen sehr selbstsicher) umarmt und küsst ihn: »Habe ich es doch gewusst, dass wir uns wiedersehen!«

Seit sie einander zum letzten Mal begegnet sind, hat Mariana mehrfach versucht, aus dem Waisenhaus auszubrechen – jedoch vergeblich. Schließlich wurde sie von einer älteren Mitarbeiterin adoptiert, die auf dem Weg in den Ruhestand war. In zwei Monaten ist Mariana mit der Schule fertig, dann will sie an der Universität von Havanna Literatur studieren, sie ist Anwärterin auf ein Stipendium[10] – schon seit längerem möchte sie allein leben. Roberto fühlt sich zu der lebhaften Frau hingezogen, doch er ist zu schüchtern, um den ersten Schritt zu wagen. Aber Mariana wagt ihn. Sie besucht Roberto von nun an heimlich in der Nacht. Sie tauschen Erinnerungen aus und Gefühle.

Für Francisco sind die einzigen Momente der Entspannung die Hausbesuche der Krankenschwester Julia (30 Jahre), die nach ihm sieht – und mit ihm flirtet. Doch Francisco ist misstrauisch, er verdächtigt Julia, für den Geheimdienst zu arbeiten. Aber sie ist so attraktiv … Eines Tages gesteht er ihr seinen Verdacht. Julia biegt sich vor Lachen, ergreift die

---

10 Eine *beca,* ein Stipendium, bedeutet in Kuba vor allem einen Platz im Wohnheim mit Vollpension und keine Geldzahlungen. Das ist besonders für Studierende wichtig, die aus den Provinzen in die Hauptstadt ziehen. Für die *becarios,* die Stipendiaten, geht mit dieser Wohnform eine gewisse Unabhängigkeit einher.

Initiative und schläft mit ihm. Die Leidenschaft, mit der sie ihn liebt, beseitigt jeden Zweifel auf der Stelle …

Francisco ist bis über beide Ohren verliebt, doch er will ehrlich sein und erzählt Julia von seinem größten Traum, einem Leben in den Vereinigten Staaten – er hasst die Revolution und alles, was mit ihr zu tun hat. Julia lächelt. Sie nimmt seine Worte nicht allzu ernst, sie weiß, dass er niemals gehen wird.

An seinem freien Wochenende kommt Roberto von den Zuckerrohrfeldern nach Hause in die Villa. Lucía macht sich große Sorgen um Raúl. Er will nicht zum Psychiater, dabei schläft er wegen seiner Alpträume kaum noch. Roberto versucht, seinem Bruder zu helfen, doch Raúl reagiert nicht.

Es gibt eine große Protestkundgebung, aus Solidarität mit den zwölf Fischern, die von den USA entführt wurden. Mitten in der Menge entdeckt Roberto Mariana. Zum Abschluss verkündet Fidel, dass der Traum der 10 Millionen geplatzt ist. Es ist ein trauriger Moment, doch Mariana »entführt« Roberto, und im gammeligen kleinen Zimmer eines Stundenhotels lieben sie sich zum ersten Mal.

Am selben Abend stellt Raúl das Radio in Robertos Zimmer an. Lucía ist positiv überrascht, dass ihr Sohn Musik hören will, die Sendung »Nocturno«. Hoffnungsvoll und mit neuem Schwung bereitet sie in der Küche das Abendessen zu. Als er allein im Zimmer ist, holt Raúl die Pistole aus der Schublade, die Roberto dort aufbewahrt. Im Radio läuft Rockmusik. Raúl richtet die Waffe gegen die eigene Brust und drückt ab. Nichts passiert. Noch einmal … nichts. Erst beim dritten Versuch löst sich ein Schuss.

In dieser Nacht kommt Roberto nicht nach Hause.

FÜNF

1976. Angola

Neben Che Guevaras Porträt hängt jetzt ein Foto von Roberto als Alphabetisierer. Seit dem Tod seines Bruders lebt Roberto bei Lucía, die jede Kraft verloren hat, sie ist nun eine stille, in sich gekehrte Mutter – außer wenn sie allabendlich die Sendung »Nocturno« hört oder bei ihren wöchentlichen Friedhofsbesuchen, wenn sie Raúl Blumen bringt.

Mariana ist mittlerweile eine Studentin mit herausragenden Leistungen. Sie ist Anwärterin des Kommunistischen Jugendverbands UJC, obwohl sie dessen dogmatischen Methoden nicht immer zustimmt. Doch zum Glück ist ihre Gruppe so offen wie sie selbst – vielleicht nicht *ganz* so offen. Rafael (20 Jahre) ist der Generalsekretär und Marianas bester Freund. Die beiden verbindet eine gemeinsame Leidenschaft für Kunst und Literatur. Roberto ist immer noch ihre erste große Liebe, doch Mariana liebt nicht bedingungslos. Ihre Freiheit ist ihr wichtiger als alles andere, sie will Roberto nicht heiraten und nicht zu ihm in die Villa ziehen. Mariana ist für Roberto ein Wirbelsturm der Gefühle, ein Katalysator, der das Unmögliche möglich macht. Doch manchmal fühlt er eine wachsende kulturelle Kluft zwischen ihnen, Mariana ist eine junge »Intellektuelle«, und er hat sein Studium damals abbrechen müssen, um der Revolution zu dienen – auch wenn er jetzt an seinen freien Abenden für eine Zusatzausbildung büffelt. Außerdem ist Roberto eifersüchtig, denn seine Liebe ist bedingungslos, Marianas jedoch nicht ... Und so sind die beiden hoffnungslos verstrickt in eine konfliktreiche, intensive und unvermeidliche Leidenschaft.

Wieder gibt es eine Versammlung im Auditorium der Universität, es wird ein neues Programm vorgestellt, Sozialarbeit in den Bergen. Studenten tragen Musik, Gedichte, Sketche vor (Mariana spielt in einem davon mit). Zum Schluss kündigt der Dekan in seiner Rede eine weitere »Säuberung« an. Fast alle im Publikum stimmen zu, doch Mariana legt ein Protestvotum ein, unterstützt von Rafael und seiner Gruppe.

Am nächsten Tag wird das gesamte Basiskomitee vorübergehend suspendiert. Auch wenn die Mehrheit protestiert und ausdrücklich widerspricht – sie sind »kaltgestellt« und haben kein Recht mehr auf eine Mitgliedschaft im Kommunistischen Jugendverband.

Bei Mariana zu Hause diskutieren sie am Abend weiter darüber, was jetzt zu tun sei. Dann kommt Roberto. Doch erst als Rafael gegangen ist, sagt Roberto Mariana, dass er mit ihrem Verhalten nicht einverstanden ist – ein wahres Parteimitglied verhält sich so nicht!

Die beiden geraten in einen hitzigen Streit, der mit Marianas Andeutung endet, Roberto trage durch sein Verhalten eine Mitschuld am Selbstmord seines Bruders Raúl. Gekränkt stürmt Roberto nach draußen, doch fünf Minuten später ist er zurück und umarmt Mariana. Beide brechen in Tränen aus.

Mariana will sich entschuldigen, doch Roberto küsst sie verzweifelt. Schließlich gesteht er ihr, dass er sie sehen wollte, weil er bereits in der darauffolgenden Woche nach Angola aufbrechen soll. Er möchte, dass Mariana zu Lucía zieht und sich um sie kümmert. Mariana küsst ihn und sagt ihm, in einer Anwandlung von Zärtlichkeit, dass sie ein Kind von ihm möchte.

SECHS

1978. XI. Weltjugendspiele

Francisco und Julia heiraten bei einer kommunalen Hochzeit in Ciudad Sandino, zusammen mit vier anderen Brautpaaren. Julia ist im achten Monat schwanger. Franciscos Umerziehungsprozess ist abgeschlossen, er darf jetzt nach Havanna ziehen.

Roberto ist gerade aus Angola zurückgekommen, doch Mariana ist nicht zu Hause. Rafael ist es, der auf Marianita (2 Jahre) und Lucía aufpasst, während Mariana eine Probe leitet für die Eröffnungsfeier der bevorstehenden XI. Weltjugendspiele. Es ist eine unangenehme Situation für Rafael und Roberto. Außerdem hat Lucía ihren Sohn fast nicht mehr erkannt, zunehmend lebt sie in ihrer eigenen Welt. Nur Marianita schafft es, Roberto aufzuheitern, sie wirkt sehr glücklich in den Armen ihres Vaters. Schließlich zieht Roberto los, um Mariana zu suchen, wo auch immer sie sein mag.

Voller Energie leitet Mariana eine Probe im großen Stadion. Überrascht, Roberto zu sehen, läuft sie ihm entgegen, umarmt und küsst ihn, lachend und weinend. Kameraden und Kolleginnen applaudieren dem Paar.

In dieser Nacht lieben sie sich nicht, doch sie schlafen in zärtlicher Umarmung gemeinsam ein.

Nach dem Krieg wird Roberto aus dem Militärdienst entlassen. Während er eine neue Arbeit sucht, genießt er es, bei Marianita und Mariana zu Hause zu sein. Doch dann teilen ihm die zuständigen Offiziere eines Tages mit, dass er nicht länger Mitglied der Kommunistischen Partei sein könne. Seine Gefährtin sei ihm während seiner Zeit als Soldat in Angola untreu gewesen und Marianita möglicherweise gar nicht seine Tochter. Er müsse eine Entscheidung treffen – falls er Wert auf die Verleihung der Medaille für Kombattanten lege, für seine Verdienste um die kubanische

Revolution. Roberto kann nicht glauben, was da gerade passiert.

Die Aussprache mit Mariana endet in einem Riesenstreit. Mariana ist wütend, sie verteidigt ihr Recht, als freie Frau tun und lassen zu können, was immer sie will, sie hat nie aufgehört, Roberto zu lieben. Roberto fühlt sich verraten. Das Gespräch gerät außer Kontrolle, und Roberto ohrfeigt Mariana. Obwohl er sich anschließend sofort entschuldigen will, ist es jetzt Mariana, die ihn einmal, zweimal, tausendmal schlägt und ihn wie von Sinnen anbrüllt: »Tu das nie wieder, ich bin nicht meine Mutter, erinnerst du dich?!«

Es regnet. Studenten aus aller Welt ziehen voller Begeisterung durch den Regen zur Plaza de la Revolución. Dort werden sie mit einer überschwenglichen Rede empfangen. Zur selben Zeit kommen Francisco und Julia in Havanna an. Der Solar, in dem sie von nun an wohnen, ist ärmlich, die Zimmer feucht, es tropft von den Wänden. Francisco beginnt, die wenigen Gepäckstücke auszupacken, doch da setzen bei Julia die Wehen ein. Francisco weiß nicht, was er tun soll, Julia weint und schreit. Caruca (65 Jahre), eine alte schwarze Nachbarin, hilft ihnen. Sie weiß genau, was zu tun ist, und eine Stunde später ist Yusisleydi auf der Welt.

Mariana ist mit Marianita in ihre kleine Wohnung zurückgekehrt. Roberto besteht weiter auf einer Erklärung von Mariana, doch sie weigert sich. Ihr ist Vertrauen am wichtigsten, sie will darauf vertrauen, dass Roberto sie liebt –

und sich nicht aufführt wie eine Marionette seiner Vorgesetzten. Sie ist immer noch suspendiert, »kaltgestellt«, und sie weiß, dass man die Vorurteile gegen sie verwenden wird. Doch das nimmt sie nicht ohne weiteres hin. Roberto fühlt sich gefangen in einem Labyrinth ohne Ausweg.

Am Flughafen kommt eine Gruppe junger Kubaner an. Als Kinder haben sie ihr Land verlassen, heute schließen sie sich der Brigade Antonio Maceo an. In Kuba suchen sie nach ihren Wurzeln, ihrer Kindheit. Unter ihnen ist auch Michael (jetzt 24 Jahre).

Michael steht vor der großen Villa, die bereits viel von ihrer früheren Pracht verloren hat. Es ist ein bewegender Moment. Es scheint, als wäre niemand zu Hause, doch schließlich öffnet Michael einfach die Tür. Lucía erkennt ihn nicht und wiederholt ein ums andere Mal: »Mein Sohn Roberto ist nicht da.« Michael ist betroffen von Lucías Zustand und tief bewegt von seinen Erinnerungen. Schließlich geht er doch hinein, direkt in sein Zimmer, das jetzt Robertos Zimmer ist. Er setzt sich aufs Bett und bleibt dort eine Zeitlang still sitzen.

Eine große Zeremonie. Roberto wird die Ehrenmedaille für Kombattanten verliehen.

Roberto verstaut seine Medaille in einem Kästchen und setzt sich für einen Moment aufs Bett. In der Tür steht Mariana mit Kind und Koffern. Sie hat den Streit mit dem Kommunistischen Jugendverband verloren und ist jetzt endgültig wegen »Unmoral« kaltgestellt. Roberto soll sich um das Kind kümmern, denn jetzt ist sie es, die nach Angola geht, für eine lange Zeit.

SIEBEN

2011. New York

Dany (26 Jahre) auf der Bühne, hochkonzentriert. Sekunden später beginnt das Konzert. Während er den Konzertflügel spielt, erinnert er sich. (In der Montage werden Konzert und Rückblende miteinander verschränkt.)

1994. Havanna

Yusnier (8 Jahre), umgeben von seinen Klassenkameraden. Dany (jetzt 9 Jahre) wirft ihm vor, etwas gestohlen zu haben. Yusnier verteidigt sich: Warum sollte er ein Foto von Dany stehlen? Doch Yohandry (9 Jahre) sagt, er habe ihn gesehen und Yusnier sei verliebt in Dany. Alle lachen, dann beginnen sie, Yusnier zu schikanieren. Dany macht mit, doch nur halbherzig, Yusnier ist schließlich sein bester Freund … aber er traut sich nicht, ihn zu verteidigen. Yohandry packt Yusnier am Hintern, Yusnier versucht, sich zu wehren, aber er ist zu schwach. Viele Schläge prasseln jetzt auf Yusnier nieder, weinend und blutend reißt er sich los und läuft weg.

Lastwagen ziehen drei vollbesetzte Boote über die Vía de Aguadulce. Manche Passanten jubeln ihnen zu, andere geben ihnen zu verstehen, dass sie besser verschwinden sollten. Es ist der große Exodus von 1994[11]. Yusnier rennt durch die Menge, immer noch tränen- und blutverschmiert.

Yusisleydi (jetzt 16 Jahre) wartet am Schultor auf ihren Bruder. Bei ihr steht Jorge (jetzt 45 Jahre – er ist »Asthma« und der Vater von Dany), sie unterhalten sich, es wirkt sehr vertraut. Als Dany schließlich kommt, fragt Yusisleydi nach Yusnier, und Dany antwortet nervös, er wisse nicht, wo sein Freund sei. Asthma schickt ihn los, um nach Yusnier zu suchen – offensichtlich will er mit Yusisleydi allein sein.

Stromausfall im *Solar.*

Bei Kerzenlicht fragt Francisco Caruca, wie man am besten die Wunden in Yusniers Gesicht versorgt. Außerdem weiß er nicht, wo Yusisleydi steckt, die ihren Bruder abholen sollte. Nie machen diese Kinder etwas richtig. Ca-

---

11 Kuba befand sich 1994 in einer schweren Wirtschaftskrise (»el período especial«), Tausende Kubaner gingen auf die Straßen, um gegen die schwierigen Lebensumstände zu demonstrieren. Castro griff wie zuvor bereits in der Mariel-Bootskrise von 1980 zum Ventil der Massenauswanderung, um die Lage zu beruhigen, d. h., er öffnete vorübergehend die Grenzen für alle, die auswandern wollten. 33 000 Kubaner flohen mit selbstgebauten Flößen in die USA. Auf Spanisch hießen diese *balsas*, die Bootsflüchtlinge *balseros,* deswegen gilt dieser Exodus als »Balsero«-Krise. Präsident Clintons neue »Wet Foot, Dry Foot«-Politik, derzufolge man Flüchtlinge, die zur See aufgegriffen wurden, nach Kuba zurückschickte, beendete 1995 weitgehend den Flüchtlingsstrom.

ruca beruhigt ihren Nachbarn und bleibt bei Yusnier und seinem Hündchen, Voltus 5[12].

Stromausfall in ganz Havanna.

Yusisleydi schläft mit Asthma in einem zwielichtigen Stundenhotel. Asthma bittet sie, bei ihm zu bleiben und nicht in die Vereinigten Staaten zu gehen. Doch Yusisleydi ist unnachgiebig. Nur wenn er sich von seiner Frau scheiden lässt, wird sie bleiben. Asthma küsst sie und nickt.

Dany ist mit seiner Klavierstunde fertig. Er wartet während des Stromausfalls auf seinen Vater. Ungeduldig schaut seine Lehrerin auf die Uhr.

Yusnier (mit verheilter Lippe und einem Pflaster auf der Brust) ist mit seinen Hausaufgaben fertig und legt sich hin. An seinem Bett steht ein Foto von Julia, seiner Mutter, neben einer Vase mit Blumen. Yusisleydi kommt während des Stromausfalls nach Hause und trifft dort einen wütenden Francisco an. Die beiden streiten laut, während Yusnier seinen Hund, Voltus 5, betrachtet.

Gloria (40 Jahre) und Asthma schlafen in ihrem Schlafzimmer. Das Telefon klingelt. Gloria schaut verschlafen auf die Uhr, zwei Uhr morgens. Sie hebt ab, niemand antwortet. Sie fragt nach. Stille. Schließlich legt sie wieder auf. Zwei Minuten später klingelt es erneut. Wieder antwortet niemand. Verärgert murmelt Gloria »Du Hure …« und legt

12 Voltus 5 war der Name einer in Kuba beliebten japanischen Zeichentrickfigur.

auf. Während Asthma tief schläft, liegt Gloria mit offenen Augen im Dunkeln. Doch das Telefon klingelt nicht mehr.

Vor dem *Solar* steigen Francisco, Yusnier und Yusisleydi auf eines der Flöße. Yusnier ist traurig, weil man keine Tiere mitnehmen darf, doch er hat die Leine von Voltus 5 dabei. Mit dem Hündchen auf dem Arm verabschiedet sich Caruca von ihren geliebten Nachbarn.

Ein Lada folgt dem Lastwagen, der das Floß zieht. Am Steuer sitzt Asthma, mit den Blinklichtern gibt er Zeichen. Der Lastwagen hält an einer roten Ampel, Yusisleydi nutzt die Gelegenheit und springt zum Erstaunen aller ab. Francisco versucht sie aufzuhalten, er ruft ihr hinterher: »Er wird sie nicht verlassen!«, doch ein Mitfahrer droht ihm, die Flöße würden nicht warten, auf niemanden. Yusisleydi steigt zu Asthma in den Lada. Der Lastwagen fährt an, verzweifelt setzt Francisco sich wieder hin und schlägt die Hände vors Gesicht. Yusnier beobachtet ihn ausdruckslos.

Im Klassenzimmer starrt Dany auf Yusniers leeren Platz.

Es regnet. Wieder einmal wartet Dany nach der Klavierstunde auf seinen Vater. Kurz darauf erscheint Gloria mit einem Regenschirm, um ihn abzuholen. Ihrem Gesicht sieht man an, dass sie geweint hat.

Dany sieht fern. Gloria und Asthma streiten sich im Schlafzimmer. Dany dreht den Fernseher auf höchste Lautstärke. Die Wettervorhersage kündigt einen Sturm für das gesamte

Küstengebiet des Golfs von Mexiko an. Mit einem Koffer in der Hand verlässt Asthma das Haus und knallt die Tür hinter sich zu.

Voltus 5 beißt das Seil durch, mit dem er angebunden war. Das Hündchen flieht aus Carucas Wohnung und läuft durch die Straßen, ein Stück Seil baumelt ihm noch vom Hals. Schließlich erreicht er die Küste, vor sich das aufgewühlte Meer.

Eine Küstenwache trägt Yusnier unter einer Decke durch den Regen. Yusnier friert vor Kälte und Angst. Drei Leichen liegen im Sand, eine von ihnen ist Francisco.

Im Konzertsaal applaudiert das Publikum. Es gibt Standing Ovations, Dany winkt.

Als Dany in seine Garderobe zurückgeht, fällt sein Blick auf ein verblasstes Foto am Spiegel. Yusnier (jetzt 25 Jahre) ist zum Konzert gekommen, um ihm das Foto zurückzugeben, das er vor 17 Jahren gestohlen hat.

Die beiden alten Freunde spazieren durch ein herbstliches Manhattan. Yusnier leitet mittlerweile eine Transportfirma, doch oft sitzt er noch selbst hinter dem Steuer. Ihm gefällt die Einsamkeit der Landstraße, auch wenn er verheiratet ist. Yusnier zeigt ein Foto seiner drei geliebten Kinder. Dany ist noch unverheiratet. Seine Mutter Gloria war als Ärztin drei Jahre im internationalen Einsatz in Guatemala, sein Vater Asthma ist ihr gefolgt. Heute leben beide wieder auf Kuba, denn Asthma ist jetzt Chef einer Zweigstelle der Behörde für Internationale Zusammenarbeit. Sie haben

Dany noch einen kleinen Bruder (Misael) beschert, der mittlerweile zu einem ziemlich schwierigen Jugendlichen herangewachsen ist.

Yusniers Platz in der Welt ist New York, ganz so, wie sein Vater Francisco es sich erträumt hat. Er will nicht mehr nach Kuba, nicht einmal als Besucher, obwohl seine Schwester Yusisleydi noch dort wohnt. Sie ist dick geworden und verdient ihr Geld in einem Hotel als »orientalische Masseuse«.

Spätabends im Central Park. Herbstlaub fällt von den Bäumen, Dany und Yusnier machen zusammen ein Selfie.

ACHT

2016

Die große Villa ist mittlerweile baufällig, sie wird mit Holzbalken abgestützt.

Lucía (jetzt 95 Jahre), Roberto (jetzt 71 Jahre) und Mariana (jetzt 62 Jahre) teilen sich die alte Villa mit Mariana Lucía (18 Jahre) und Raulito (15 Jahre), den Enkelkindern. Marianita (jetzt 40 Jahre) arbeitet als Ärztin im internationalen Einsatz[13], sie hilft dem Volk der Sahrauis in der Sahara. Ihr

13 Kubas Ärztinnen und Ärzte und medizinisches Fachpersonal sind berühmt für ihre zivilen Missionen im Ausland, insbesondere im Katastrophenfall, etwa bei den Erdbeben in Kaschmir oder Haiti, der Ebola-Krise in Westafrika oder zuletzt während der Corona-Krise in

Ehemann (ein Chirurg) kämpft in Uganda gegen Ebola. Deswegen ist Mariana, Universitätsprofessorin, bereits jetzt im Ruhestand. Sie kümmert sich um ihre beiden Enkel, vor allem um Raulito, einen rebellischen, tätowierten Jugendlichen, der nur widerwillig für die Schule lernt. Mariana Lucía ist in der Sierra Maestra und spielt dort Marionettentheater[14], im selben kleinen Dorf, in dem ihre Großmutter geboren wurde und in dem ihr Großvater einst Alphabetisierungsunterricht gab.

Im Fernsehen läuft eine Reportage mit Veteranen des Angolakriegs. Roberto ist einer von ihnen, wir sehen, wie er frontal in die Kamera blickt und spricht wie ein »Talking Head«. Er sagt sehr patriotische Dinge. Roberto schaut sich selbst zu, im Fernsehapparat im Wohnzimmer, während sich Raulito in seinem Zimmer die Haare kämmt und Reggaetón[15] hört. Der Kontrast zwischen Robertos Worten im Fernsehen und den Songtexten des Reggaetón ist enorm.

Italien. Das kubanische Gesundheitssystem ist Exportschlager und Aushängeschild des Landes, aber auch eine wichtige Devisenquelle für das Regime, das sich die Einsätze vergüten lässt. Die Ärztinnen und Ärzte selbst erhalten nur einen Bruchteil dessen, was die Empfängerländer zahlen. Diese Praxis und die strengen Verhaltensregeln, die dem Fachpersonal während der Einsätze auferlegt werden, führten zu internationaler Kritik.

14 Mariana Lucía spielt Marionettentheater auf dem Land im Rahmen ihres verpflichtenden Sozialpraktikums als Absolventin eines künstlerischen Studiengangs.

15 Der *Reggaetón* ist eine Musikrichtung, die sich aus Reggae, Hip-Hop, Merengue, verschiedenen lateinamerikanischen Musikrichtungen und elektronischer Tanzmusik entwickelte und in Kuba seit den 2000er Jahren sehr populär ist. Kennzeichen sind harte Beats, einfache Melodien und anzügliche Texte, die sich oft um Sex und Gewalt

Mariana ist bei einer Zweigstelle von Western Union, um eine Remesa abzuholen, eine Auslandsüberweisung[16], die Marianitas Ehemann aus Uganda geschickt hat. Sie verlässt Western Union mit Pesos convertibles[17] in der Tasche. Es hat geregnet in Havanna, die Straßen sind voller Pfützen und vollgelaufener Schlaglöcher.

An einer Straßenecke hat sich ein Menschenauflauf gebildet, es gibt Streit, weil ein junger Polizist ein Bußgeld gegen eine ältere Frau verhängt hat, die dort ihre Waren ohne Genehmigung verkauft. Die Frau ist nervös und weint, Mariana ergreift sofort ihre Partei. Der Streit wächst sich zu einem regelrechten Tumult aus, viele sehen in der Frau eine Betrügerin, andere nur eine arme Unglückliche. Plötzlich rast ein Regierungsfahrzeug (Marke Geely) mit abgedunkelten Scheiben dicht am Bordstein entlang und spritzt die Umstehenden von oben bis unten mit schmutzigem Regenwasser nass.

---

drehen. Kritiker bezeichnen den *Reggaetón* (auf Kuba auch *Cubatón* genannt) als banal und vulgär und werfen ihm Frauenverachtung und Gewaltverherrlichung vor.

16 Neben dem Tourismus sind die sogenannten *Remesas*, Geldtransfers von Familie und Freunden aus dem Ausland, eine der wichtigsten Einnahmequellen für die Menschen in Kuba.

17 Bis Ende 2020 gab es auf Kuba zwei Währungen: den *Peso Cubano* (CUP), die Währung der Einheimischen, und den *Peso Cubano Convertible* (CUC), die Währung für Touristen, mit einem Wechselkurs von 1:1 zum Dollar. Mit der Währungsreform 2021 wurde der CUC abgeschafft, viele Lebensmittel und Produkte des täglichen Bedarfs sind jedoch mittlerweile nur noch gegen Devisen erhältlich.

Am Steuer sitzt Asthma. Er fährt ins Gefängnis, wo Misael (19 Jahre) in Untersuchungshaft sitzt, weil er für einen Dissidentenblog fotografiert hat. Für Asthma ist das eine Demütigung, ein Verrat an seinem Einsatz als revolutionärer Vater. Für Misael ist es das Gegenteil: Er hat nichts Schlimmes getan, sondern nur von seinem Recht auf freie Meinungsäußerung Gebrauch gemacht. Asthma wirft ihm vor, unverantwortlich zu sein und alles zu ruinieren, was sein Vater je für ihn getan hat. Doch Misael ist bereit, alles zu verlieren – alles, außer seiner Würde.

Dank der Einflussnahme seines Vaters kommt Misael frei.
     Auf dem Heimweg im Geely schweigen die beiden einander an.
     Gloria erwartet sie mit einem wunderbaren Abendessen.
     Gloria, Asthma und Misael essen schweigend.

Ein gelbes Panataxi parkt vor der maroden Villa.
     Michael (jetzt 62 Jahre) besucht wieder einmal die alte Lucía. Diesmal ist er mit Dany (jetzt 32 Jahre) gekommen, den er in San Francisco bei einem seiner Konzerte kennengelernt hat und der jetzt sein Boyfriend ist. Die beiden wollen eine Vereinbarung mit Roberto treffen: Sie möchten die alte Villa restaurieren und den unteren Teil samt Patio in ein Themenrestaurant verwandeln. Im zweiten Stock könnte dann die Familie wohnen, in modernisierten Räumen. Mariana kommt heim, durchnässt, schmutzig und aufgeregt, gerade als Michael und Dany wieder aufbrechen.

Roberto erzählt seiner Frau von Michaels Vorschlag, den er unannehmbar findet. Für Mariana ist es nur ein weiteres Zeichen, dass sich die Zeiten ändern. Vielleicht ist es vielmehr unannehmbar zuzulassen, dass die alte Villa weiter zerfällt. Doch Roberto will lieber das Haus verlieren als seine Würde. Während das Paar weiterdiskutiert, wird es Nacht, und in ihrem Zimmer hört die alte Lucía das letzte Lied von »Nocturno«.

Zum Soundtrack des Liedes »Tus ojos«, »Deine Augen«, gesungen von Juan y Junior, sehen wir sämtliche Personen (Roberto, Mariana, Raulito, Asthma) Gloria, Dany, Michael, Misael, Yusisleydi, Mariana Lucía noch einmal, vertieft in ihr alltägliches Leben in einem sich immerzu verändernden Havanna, einer Stadt voller Energie und Widersprüche.

Aus dem kubanischen Spanisch von Miriam Denger

Kreuz des Südens

Obwohl die Auswirkungen von Doppler-Effekt und astronomischer Rotverschiebung identisch sind, dürfen beide nicht verwechselt werden. Der Doppler-Effekt ist nur dann Hauptursache für die Frequenzänderung, wenn sich Sender und Empfänger durch die Raumzeit bewegen und ihr Abstand gering ist. Mit zunehmender Entfernung überwiegt jener Anteil, der durch die Ausdehnung der Raumzeit hervorgerufen wird, so dass der Anteil des Doppler-Effekts vernachlässigt werden kann.

I

Mein Name ist David Dreidoppel, und ich bin Jäger von Beruf, Hofjäger und Tierpräparator im Dienst des Prinzen Maximilian zu Wied, den ich auf seinen Expeditionen nach Brasilien und später nach Nordamerika begleiten durfte, nein musste. Mein Vater war Erbförster im Fürstentum Wied-Neuwied, das 1803 an Nassau und später an Preußen fiel, weil der regierende Fürst sich weigerte, dem napoleonhörigen Rheinbund beizutreten – Reichsdeputationshauptschluss heißt der Fachausdruck dafür. Mein Großvater war Förster und lebt im Volkslied fort als Jäger aus Kurpfalz, weil er nicht nur jedes scheue Reh, sondern auch jede

Bauernmagd, die ihm vor die Flinte kam, gnadenlos nieder-
gestreckt und die Rheinauen mit außerehelichen Kindern
bevölkert hat. Vielleicht ist dies der Grund dafür, dass die
dritte Strophe des Lieds nur selten gesungen wird: »Des
Jägers seine Lust / den Herren ist bewußt / Jawohl, jawohl
bewußt / wie man das Wildbret schuß / Wohl zwischen
seine Bein / will es getroffen sein.« Auch im Wirtshaus an
der Lahn war mein Großvater ein gerngesehener Gast, und
die Erinnerungen an seine sexuellen Eskapaden leben in
Wirtinnenversen fort.

   »Der Holzbock fliegt den Balken schräg an«: Diesen Satz
hörte ich vor Jahren von einem Dachdecker auf dem Land,
und er beschreibt genauer als theoretische Erörterungen
das Verhältnis des Autors zu seinem Stoff. Statt den Stier
bei den Hörnern zu packen, tänzelt der Matador so lange
um den Bullen herum, bis dessen Gegenwehr erschlafft und
er ihm gefahrlos den Degen in den Nacken stechen kann.
Der Vergleich hinkt, weil ich kein Stierkämpfer, sondern
ein Schriftsteller bin, der sich auf Schleichwegen, durch die
Hintertür, seinem Thema annähert: Nicht der Forschungsreisende Maximilian zu Wied oder der Maler Karl Bodmer
stehen im Mittelpunkt meiner Geschichte, sondern der
Dritte im Bunde, David Dreidoppel, den Wied in seinem
Reisebericht, wenn überhaupt, nur am Rande erwähnt.
Über seine Lebensumstände ist wenig bekannt, aber immerhin – zum Lob des Internets sei es gesagt – brachte David Dreidoppel es zu einem Wikipedia-Eintrag, illustriert
mit seinem von Bodmer gemalten Porträt, auf dem er mit
braunem Schnurrbart und grüner Jagdmütze posiert. Im
Folgenden will ich versuchen, den prominenten Reisenden

und den nicht weniger bekannten Schweizer Maler aus der Sicht des Jägers und Försters zu schildern, der *nolens volens* an der Nordamerika-Expedition teilnahm und schon vorher, in Brasilien, dem Prinzen zu Wied zur Hand gegangen war. David Dreidoppel dient mir als unbeschriebenes Blatt, dem ich meine Gedanken und Erinnerungen anvertraue an eine weit zurückliegende Reise zum Oberlauf des Missouri, die mich bewogen hat, die Zentralperspektive zu verlassen und einzutauschen gegen den beschränkten Blick eines abhängig Beschäftigten – vom Kammerdiener erfährt man mehr über die Großen dieser Welt als aus jeder Haupt- und Staatsaktion. Schon in meiner Schulzeit kompensierte ich schlechte Noten durch gute Leistungen in Mathematik, und der im Wort Dreidoppel enthaltene Zahlendreher hat mich fasziniert, ganz gleich, ob der Name sich von würfelnden Landsknechten herleitet, wie mir ein Nachfahre des Försters schreibt, oder vom Beruf des Fassbinders, der ursprünglich Däubler hieß.

2

Geboren wurde ich im Jahre null der Französischen Revolution. Mit der Einführung des republikanischen Kalenders begann der Krieg, der mit Unterbrechungen andauerte bis zur Schlacht von Waterloo und dem Kongress von Wien, wo der Walzer das Menuett verdrängte und die Heilige Allianz den *status quo ante* wiederherstellte. Angefangen hatte alles mit dem Vormarsch der Franzosen, die in Koblenz, dem Hort der Reaktion, den Rhein überschritten, gefolgt von Preußen, Russland und Österreich, deren Truppen in umgekehrter Richtung gen Paris zogen, bis auch das zu Ende war und Napoleon noch einmal für hundert Tage die Macht ergriff. Die Revolutionskriege lösten eine Völkerwanderung aus: Briten und Amerikaner, Iren und Schotten gaben sich in Neuwied ein Stelldichein, und im Tross der Sieger zogen Böhmen, Polen und Ungarn, Kurländer und Livländer durch den Westerwald, die wir nur vom Hörensagen kannten und deren Auftauchen uns die Sprache verschlug. Buchstäblich, nicht im übertragenen Sinn, weil die Fremden kein Westerwälder Platt, Französisch oder Latein verstanden. Angelockt durch das Versprechen nationaler Befreiung, das über Nacht umschlug in sein Gegenteil, stocherten sie mit Bajonetten im Heu herum, unter dem sich Frauen, Mädchen und quiekende Ferkel versteckten, über die sie herfielen wie die Landsknechte im Dreißigjährigen Krieg. Unter der Ägide meines Vaters hatte ich gelernt, mit Feuerwaffen zu hantieren, verscheuchte die Eindringlinge mit Schüssen in die Luft und brannte ihnen Schrotkugeln auf den Pelz.

Die Kunde von meiner Heldentat verbreitete sich diesseits und jenseits des Rheins, und bei der Weitergabe von Mund zu Mund wurde mein Kriegsruhm ausgeschmückt und übertrieben bis zum Gehtnichtmehr. Vielleicht war das der Grund, warum Prinz Maximilian zu Wied mich zum Hofjäger ernannte und auf Pirschgängen begleitete, um sich das Handwerk des Waidmanns und die Kunst des Spurenlesens anzueignen. Gleichzeitig absolvierte ich eine Kürschnerlehre, um zu lernen, wie man ein erlegtes Wild aus dem Federkleid oder der Decke schlägt und, mit Stroh

ausstaffiert, so lebensecht präpariert, dass es jedem Ritter-
saal oder bürgerlichen Salon zur Zierde gereicht. Als Höhepunkt meiner Ausbildung begleitete ich Prinz Maximilian
bei der Siegesparade in Paris und schritt dem Wiedschen
Regiment als Fahnenträger voran, ohne zu wissen, was mir
die Ehre verschaffte: Ging es darum, meine Sprachkennt-
nisse zu verbessern und meine Welterfahrung zu erweitern,
oder steckte mehr dahinter? Erst beim anschließenden,
nein abschließenden Festgelage erfuhr ich, was Prinz Maximilian im Schilde führte: »Alles Bisherige war nur ein Vor-
spiel«, sagte er und rüttelte mich unsanft aus dem Schlaf
im Bois de Boulogne, wo ich mit Kameraden biwakierte.
»Dreidoppel, wir haben große Dinge vor! Nach Neuwied
zurückgekehrt, stechen wir unverzüglich in See und segeln
via Lissabon nach Brasilien, ein geheimnisvolles Land, das
erst kürzlich seine Grenzen für Forschungsreisende geöffnet hat. Sie sind dazu ausersehen, mich als Jäger und Tierpräparator auf der Expedition zu begleiten. Es steht Ihnen
frei, ja oder nein zu sagen, und ich erwarte Ihre Antwort bis
morgen früh. Das ist ein militärischer Befehl!«

3

Die napoleonischen Kriege hatten Europa durcheinander-
gewirbelt und das Unterste zuoberst gekehrt, und während
der Weltgeist zu Pferde auf St. Helena sein Gnadenbrot
verzehrte, machte die Heilige Allianz die Revolution rück-
gängig und gab Fürsten und Adligen Besitztümer, Titel
und Würden zurück. Vielleicht war dies der Grund, warum

Prinz Max, wie wir ihn respektlos nannten, sich ein Pseudonym zulegte und als angeblicher Baron von Braunsberg Brasilien und später Nordamerika bereiste. Oder war sein richtiger Name Maximilian Graf zu Wied-Neuwied ihm zu aufgeblasen und pompös?

Am Vortag der oben geschilderten Unterredung hatte er seinen geistigen Mentor Alexander von Humboldt aufgesucht, der seit der Rückkehr aus Südamerika in Paris lebte und hier die *Geographie der Pflanzen* und sein Endloswerk *Voyage aux régions équinoxiales du nouveau continent* verfasste. Als Maximilians Aide-de-camp hatte ich die Ehre und das Vergnügen, dem weltberühmten Gelehrten den deutschen Besucher zu melden. »Ich studiere gerade den Oberlauf des Orinoco und wünsche nicht gestört zu werden«, polterte Humboldt hinter geschlossener Tür, unter der sein Sekretär Bonpland die Visitenkarte des Prinzen durchschob, der sich im Vorgriff auf seine Reise Baron von Braunsberg nannte. »Nie gehört – wer ist das?« Bonpland flüsterte ihm etwas ins Ohr, und Alexander von Humboldt erhob sich vom Kartentisch und schritt mit ausgebreiteten Armen auf meinen Herrn und Gebieter zu.

»Wied – quelle surprise! Oder soll ich Braunsberg zu Ihnen sagen?« Das Pseudonym sei gut gewählt, fuhr er fort: Er habe einen preußischen Offizier dahinter vermutet, der ihn wegen seiner Sympathie für Napoleon zur Rede stellen werde. »Unter uns gesagt, habe ich den Korsen nie gemocht. Wie alle Reaktionäre ist er ein vulgärer Emporkömmling, der einen amerikanischen Spion in mir sah mit dem Geheimauftrag, die Annexion Mexikos durch die Vereinigten Staaten anzubahnen. Aber ich rede wieder mal nur von mir selbst!«

Wieds Plan, Brasilien zu erkunden, sei eine ausgezeichnete Idee, setzte Humboldt nach einer Pause hinzu. Er selbst habe kehrtmachen müssen an der Wasserscheide von Orinoco und Amazonas, weil Brasilien damals eine für Forschungsreisende verschlossene *terra incognita* gewesen sei. Er beugte sich über die auf dem Tisch liegende Landkarte und tippte mit dem Lineal auf den Endpunkt seiner Reise, die Flussgabelung des vom Orinoco südwärts strömenden Cassiquiare, wo, wie er sagte, die Papageien bis heute seinen Namen krächzten. Und er diktierte aus dem Stegreif eine Auflistung in Brasilien vorkommender Pflanzen- und Tierarten sowie geographischer Orte, die Wied auf seiner Reise, für die mindestens zwei Jahre zu veranschlagen seien, unbedingt aufsuchen müsse.

Ich wartete im Vorzimmer, das Ohr an die Tür gepresst, und weil das Gespräch auf Deutsch geführt wurde, verstand ich jedes Wort. So kommt es, dass ich über die Reisepläne des Prinzen vorab informiert war. Sein Wunsch war mir Befehl, besser gesagt: Die Einladung, ihn als Jäger und Tierpräparator auf der gefahrvollen Expedition zu begleiten, war ein keinen Widerspruch duldender Befehl.

4

Maximilian hatte als Grenadier in der Schlacht von Jena, als Kavallerist in der Champagne und als Major in einem brandenburgischen Husarenregiment gedient und ließ sich für zwei Jahre von der Armee beurlauben. Statt der vorgesehenen zwölf Wochen nahmen die Reisevorbereitungen zwölf Monate in Anspruch, und am 15. Mai 1815 schifften wir uns in London auf dem Dreimastschoner *Janus* ein.

Wir, das waren Maximilian Prinz zu Wied, der Schlossgärtner Christian Simonis und meine Wenigkeit, der Hofjäger David Dreidoppel. Die Dreiteilung entsprach den Aufgaben, die uns fortan oblagen: Der Gärtner war für das Sammeln und Trocknen exotischer Pflanzen zuständig, die er in seinem Herbarium presste und klassifizierte, der Jäger für das Erlegen wilder Tiere, deren Kadaver er fachmännisch präparierte, und der Prinz behielt sich die Königsdisziplin vor, das Studium barbarischer Volksstämme, von Gerätschaften über Sitten und Gebräuche bis zu Sprachproben, Schädeln und Knochen.

Die Fahrt begann vielversprechend. Günstiger Wind schwellte die Segel, und vom Kanonendonner eines Kriegsschiffs begleitet, der die Möwen erschrocken auffliegen ließ, rauschte die *Janus* der Themsemündung entgegen. Wir ließen Southend backbord und Margate steuerbord liegen, aber kaum waren wir in die Straße von Dover eingeschwenkt, als der Wind umschlug und das Schiff in gefährliche Nähe der Kreidefelsen trieb. Erschwerend kam hinzu, dass eine Flotte von West- und Ostindienfahrern in Erwartung besseren Wetters vor Dover kreuzte; Kapitän Rennisson musste passgenau manövrieren, um Felsklippen und anderen Schiffen auszuweichen. Der Wind steigerte sich zu Sturmstärke, schwere Brecher krachten aufs Achterdeck, und schon auf der Fahrt durch den Kanal, die eine gefühlte Ewigkeit dauerte, machte ich Bekanntschaft mit der Seekrankheit, die sonst erst im Atlantik die Passagiere befällt. An Schlaf war nicht zu denken, an Essen und Trinken noch weniger, auch Extrarationen Rum brachten keine Linderung, und beim Versuch, meine Jagdflinte zu reinigen, schlug eine in die Kajüte schwappende Welle mir die Waffe aus der Hand.

In Falmouth, am Sammelpunkt der West- und Ostindienflotte, erfuhren wir, dass der aus Elba entwichene Kaiser in Paris eingezogen war und England ihm den Krieg erklärt hatte. Ich schrieb einen Abschiedsbrief an meine Braut, die ich vielleicht nie wiedersehen würde, die Sturmwolken lichteten sich, und die *Janus* segelte zwischen Land's End und den Scilly-Inseln hindurch ins offene Meer hinaus.

5

Janus hieß im alten Rom ein heidnischer Gott, der Kreuzwege und Türschwellen bewacht und mit doppeltem Gesicht nach drinnen und draußen blickt, in Brasilien Elegba genannt: Der Name passte gut zum Kontrast zwischen der engen Kajüte, in der ich abwechselnd schwitzte und fror, und der Weite des Ozeans, dessen rollende Dünung das Schiff auf Berg- und Talfahrt durchpflügte. Habe ich schon erwähnt, dass Prinz Max Nichtschwimmer war? Vielleicht war das der Grund, warum er mir befahl, einen im Kielwasser sich tummelnden Schweinswal zu erlegen, der auf der Jagd nach Küchenabfällen possierliche Sprünge vollführte. Oder war es ein Buckelwal? Ich lud meine für Großwild bestimmte Doppelflinte, und der waidwunde Wal blies eine

Fontäne von Blut in die Luft, bevor er mit hochgerecktem Schwanz in die Tiefe abtauchte. Ich bin kein Fischkenner, abgesehen von Bachforellen, die wir als Buben mit bloßen Händen fingen, aber ich wusste, dass die Dreiecksflossen, die das rotgefärbte Wasser durchfurchten, nichts Gutes verhießen. Die Matrosen warfen Enterhaken aus, doch als sie den Schweinswal längsseits zogen, hatte der sich, von Haien zerfleischt, in ein Gerippe verwandelt. Ich vertrieb die Fressräuber mit Gewehrschüssen, aber Maximilian empfahl mir, die Munition für lohnendere Ziele aufzusparen.

»Schweinswale sind Säugetiere aus der Familie der Cetaceen«, erläuterte er, »und ich hätte gar zu gern die Zitzen einer Walfischin, in Alkohol eingelegt, meiner Naturaliensammlung einverleibt. Ceta heißt Zitze auf Deutsch!«

Der Wind frischte auf, und von fliegenden Fischen eskortiert, segelte die *Janus* der Küste Südamerikas entgegen.

6

Seit Brasilien seine Grenzen geöffnet hat, ist die Hauptstadt Rio de Janeiro so oft und so ausführlich beschrieben worden, dass ich mich kurzfassen kann. Ganz Europa und die halbe Welt fand sich im Schatten des Zuckerhuts ein: Royalisten und Jakobiner aus Frankreich, britische Kaufleute, Abenteurer aus den Vereinigten Staaten, verkrachte Existenzen aus spanischen Kolonien, entlaufene Matrosen und desertierte Soldaten aller Herren Länder gaben sich ein Stelldichein mit aus Afrika verschleppten Sklaven und in Brasilien geborenen Kreolen, Mulatten oder Mestizen, die hierzulande Caboclos hießen. Nicht zu vergessen wilde und zivilisierte Indianer, Botokuden und Tupinambos, Mansos oder Tapuyas genannt, und das babylonische Sprachengewirr wurde übertönt vom Wiehern der Pferde und Esel, den Schreien der Mangoverkäuferinnen und den Rufen der Menschenhändler, die frisch eingetroffene Sklaven versteigerten, während Glockengeläut die Gläubigen zum Gebet rief.

Die Bigotterie des Kolonialregimes war mit Händen zu greifen, aber das schien niemanden zu stören außer unserem Landsmann Georg Heinrich von Langsdorff, der Russland als Generalkonsul in Rio vertrat und uns in seiner prächtig ausgestatteten Residenz empfing. »Die Gesellschaftspyramide ruht auf den Knochen der Ureinwohner und den Schultern der Sklaven – ihre Muskelkraft hält die Kolonie in Gang«, sagte von Langsdorff, während er Simonis und mich ungeachtet des Standesunterschieds mit Handschlag begrüßte. Das Los der Sklaven in Brasilien sei trotzdem erträglicher als das russischer Leibeigener, fuhr er, an Wied gewandt, fort, weil das Klima gesünder und das Essen nahrhafter sei als in Sibirien. »Nachts im Bett schlägt eine Mulata jede Portugiesin aus dem Feld«, rief er lachend, »und in fünfzig Jahren ist ganz Brasilien milchkaffeebraun – nicht wahr, Adelina!« Zum Beweis seiner Worte tätschelte er den Hintern seiner Hausangestellten, die uns sündhaft süßen dickflüssigen Kaffee kredenzte, in dem der Löffel wie ein erigierter Penis stecken blieb.

Auf Empfehlung des Generalkonsuls engagierte Maximilian zwei deutsche Landsleute, die Portugiesisch konnten und die Küstenregion kannten, den Ornithologen Freyreiss und den preußischen Botaniker von Sellow, sowie einen einheimischen Spurenleser, um Kontakte zu den Ureinwohnern zu knüpfen, von denen Francisco – so hieß der Spurenleser – abstammte und deren Sprachen er beherrschte. Statt sich, wie Langsdorff ihm riet, in Rio zu akklimatisieren, beschloss der Prinz, die Reise sofort anzutreten, und erwarb sechzehn Maultiere, von denen jedes zwei Holzkisten aufgehalst bekam, mit Ochsenhäuten vor Regen geschützt. Die Tropa genannte Expedition, bestehend aus einem indianischen Führer, fünf Deutschen und zehn Brasilianern, brach am 4. August von Rio auf, um nordwärts nach Salvador da Bahia zu ziehen, teils die Küste entlang, teils auf Saumpfaden durch Sumpfwälder und Gebirge, aber das war leichter gesagt als getan: Die an Traglasten nicht gewöhnten Maultiere scheuten, büxten aus und streiften die Kisten an Ästen und Baumstämmen ab, und unsere Treiber hatten alle Hände voll zu tun, um sie im stachligen Dickicht einzufangen. Noch mühsamer war es, die bockenden Tiere zum Betreten der Boote zu bewegen, um Flussläufe und Lagunen genannte Seen zu überqueren, die der Tropa den Weg versperrten. Das Wiehern der Maultiere und das Gebell der aus Deutschland mitgeführten Jagdhunde mischten sich mit dem Gebrüll in Baumkronen lärmender Affen und dem Piffpaff der Schrotflinten, mit denen die Treiber auf alles schossen, was sich bewegte. Statt eines rotschwänzigen Äffchens fiel mit großem Getöse ein bemoostes Faultier vom Baum, dessen Fleisch sich als ungenießbar erwies, noch bevor ich es, wie von Wied gewünscht, aus der Decke schlagen konnte.

Es dauerte Tage, bis die Maultiere und die sie begleitenden Treiber ein Minimum an Disziplin einübten und lernten, die ihnen erteilten Befehle zu befolgen. Statt in mit Palmstroh gedeckten Hütten zu übernachten, wo es von Sandflöhen und Moskitos wimmelte, biwakierten wir lieber im Freien. Zum Schutz vor der feuchten Luft wurde das Gepäck im Halbkreis aufgestellt und in der Mitte ein Feuer entzündet. Ochsenhäute und Mantelsäcke dienten als Nachtlager, und Prinz zu Wied hielt einen naturhistorischen Vortrag, den ich auf sein Geheiß hin mitschrieb und hier im Wortlaut zitiere:

»Die Schmalheit des Continents, der freye Ocean, über den Tropenstürme blasen, die Flachheit der östlichen Küste, die quellenreichen Gebürge, gewaltigen Ströme, Grassteppen und undurchdringlichen Wälder, die Massen selbst erzeugten Wassers aushauchen, gewähren dem flachen Theile Amerikas ein feuchtwarmes Clima mit saftstrotzendem Pflanzenwuchse von jener Frondosität, die den eigenthümlichen Charakter des neuen Continents bezeichnet.« Zitat Ende.

Das Wort Frondosität schlug ich im Lexikon nach, doch den tieferen Sinn der Rede begriff ich erst, als wir in einen tropischen Urwald eintauchten, der uns wie eine gotische Kathedrale mit Dämmerlicht und wohltuender Kühle umfing. Unter den Hufen der Maultiere gluckste Wasser, smaragdgrüne Kolibris und buntschillernde Schmetterlinge gaukelten von Blüte zu Blüte, und Prozessionen von Blattschneiderameisen krochen die Stämme hinauf und hinab, von denen Moosbärte und Lianen hingen, während die durchs Blattwerk scheinende Sonne wie ein Kirchenfenster den Wald illuminierte und Kringel auf den Boden malte, in deren Schein Mücken tanzten. Auf dem Marsch hatte Prinz Maximilian sich zu mir gesellt und wollte wissen, welchen Eindruck die Naturszenerie auf mich mache – ihn selbst erinnerte sie an Mozarts *Zauberflöte* und an den Garten Eden vor der Austreibung aus dem Paradies.

Ohne lange zu überlegen, rezitierte ich einen Vers, den mein Vater mir auf der Pirsch beigebracht hatte: »Ihr glaubt, der Jäger sei ein Sünder, / weil niemals er zur Kirche geht. / Im grünen Wald ein Blick zum Himmel / ist besser als ein falsch Gebet.« So grandios der Anblick auch sei, setzte ich nach einer Pause hinzu, unterscheide der Tropenwald sich doch nur unwesentlich vom heimischen Westerwald. Auch dort wüchsen die Bäume in den Himmel, und jede Etage des Walds biete unterschiedlichen Pflanzen- und Tierarten Lebensraum.

Prinz Maximilian stimmte mir zu: »Die Formen pflanzlichen und tierischen Lebens wiederholen sich nördlich und südlich des Äquators«, meinte er abschließend, »und es ist nur eine Schöpfung ausgegossen von Pol zu Pol, wie mein Lehrer Alexander von Humboldt zu sagen pflegt.«

Während des Gesprächs hatte ich meine Flinte schussfertig gemacht und auf einen Tukan angelegt, der im höchsten Wipfel eines Baums trällerte. Ich zielte und drückte ab, doch statt des Tukans fiel mir eine Astgabel vor die Füße, und der vermeintliche Vogelgesang entpuppte sich als das Knarren von Ochsenkarren, die Zuckerrohr zu einer Fazenda transportierten; die aus Holzscheiben bestehenden Räder machten einen Höllenlärm. Der Spurenleser Francisco, dessen Adleraugen nichts entging, brach in schadenfrohes Gelächter aus und versprach, uns mit frischem Fleisch zu versorgen, falls ich ihm meine Jagdflinte leihweise überließe, und Maximilian gab sein Placet dazu.

9

Die Kunde von unserer bevorstehenden Ankunft eilte der Karawane voraus, und Capitão da Cunha Vieira, der Besitzer einer Zuckermühle, die mit nur zwanzig Sklaven 20 000 Pfund Zucker im Jahr produzierte, nahm uns gastfreundlich auf. Die Tropa mit Maultieren, Treibern und Gepäck war in der Engenho genannten Fabrik untergebracht, wo das Zuckerrohr zerkleinert und in Kesseln gesiedet wurde, und als Prinz zu Wied ihm Empfehlungsbriefe vorlegte, wies der Capitão jedem von uns ein Gästezimmer zu. Beim Anblick der Bettpfosten, die zum Schutz vor

Insekten in mit Petroleum gefüllten Schüsseln standen, zog ich es vor, im Freien zu nächtigen, und knüpfte meine Hängematte ins Geäst eines Jacaranda-Baums. Ein auf-gespießter Ochse wurde am offenen Feuer geröstet, und während mir Bratenduft in die Nase stieg, schenkte der Gastgeber *Cachaça* genannten Zuckerrohrschnaps aus, der meine Lebensgeister reaktivierte. Satt und zufrieden kroch ich in meine Hängematte, das Quaken der Frösche und das Zirpen der Grillen lullten mich ein, und das durchs Laub-dach schimmernde Kreuz des Südens vor Augen, schlief ich ein.

Francisco hielt das Versprechen, die Tropa mit frischem Fleisch zu versorgen, aber anders als europäische Jäger ging er erst nach dem aus Maisbrei bestehenden Frühstück auf die Pirsch. Ich borgte ihm meine Schrotflinte, und barfuß und nackt, wie Gott ihn geschaffen hatte, tauchte er in den Blätterwald ein, der sich raschelnd hinter ihm schloss. Nach zwei Stunden kehrte Francisco aus dem Urwald zu-rück, beladen mit Tukanen und Aras, die er achtlos rupfte, um sie zu braten. Und er schüttelte unwirsch den Kopf, als Wied ihm erklärte, die Bälge der Vögel seien wertvoller als ihr Fleisch.

Der zur Bestimmung der Beute herangezogene Ornitho-loge Freyreiss betonte, Brasiliens Dschungel sei artenreich, aber arm an Individuen, und wenn Francisco so weiterma-che wie bisher, würden die Küstenwälder leer geschossen. Schon jetzt seien der Klappenschwanz, der Büdelzahl und der Kantenlefzer vom Aussterben bedroht. »Was den Man-nigfaltigkeitsindex betrifft, haben Sie recht«, sagte der Bo-taniker von Sellow. »Aber Sie unterschätzen die Reproduktionskraft der Tropennatur, deren überquellendes Füllhorn alle von Menschen geschlagenen Lücken wieder schließt.«

Wir wären liebend gern in Gurapina geblieben, wo es uns an nichts mangelte, aber weil Herr da Cunha kein Geld von ihm annehmen wollte, setzte Maximilian bei Sonnenaufgang die Tropa in Marsch. »Nach indianischem Volksglauben«, sagte der Prinz, während er neben mir herritt, »erheben all ohne Not getöteten Tiere im Jenseits Anklage gegen uns. Um nicht zum Tode verurteilt zu werden, lassen wir sie besser am Leben.« – »Also hat Freyreiss doch recht«, warf ich ein und bat den einheimischen Führer, mir meine Flinte zurückzugeben. Francisco ging mit Pfeil und Bogen auf die Jagd und tauchte erst Stunden später wieder auf, als die Tropa auf einer Waldlichtung rastete, beladen mit Fischen, die er am Lagerfeuer räucherte. Diesmal bekam *ich* einen Lachanfall und fragte ihn, wie es möglich sei, ohne Netz und Angel Fische zu fangen. »Mit Pfeil und Bogen«, gab er zur Antwort, und Freyreiss bestätigte, dass die Indios an Stromschnellen und seichten Ufern mit Pfeilschüssen Fische erlegten.

Während des Weitermarschs hörten wir ein immer stärker werdendes Rauschen, das von einem Wasserfall zu kommen schien, und als wir aus dem Waldesdunkel ins Freie traten, staunten wir über den Ausblick, der sich uns bot. Vor uns lag der Atlantische Ozean, dessen schäumende Wellen sich zur Brandung auftürmten und donnernd an der Steilküste brachen, auf der ich stand. Rechter Hand das Vorgebirge von Rio, überragt vom Corcovado und von dem vorgelagerten Zuckerhut; links von der Sonne beschienene Buchten und bewaldete Berge, in deren Tälern Flüsse und

Seen blinkten. Und die Tatsache, dass sich die Tropa nach mehrtägigem mühseligen Marsch so wenig von ihrem Ausgangspunkt entfernt hatte, machte mir die Weite des Riesenlands erst richtig bewusst. Die Dämmerung ist kurz in den Tropen, die untergehende Sonne tauchte den Horizont in ein Meer von Blut; aus Niederungen wallte Nebel, und meine Erinnerungen wanderten zurück ins ferne Vaterland. An die Mauer eines Beinhauses voll morscher Knochen gelehnt, dachte ich an meine Eltern, die demnächst Silberne Hochzeit feierten, und bemühte mich, als der Abendstern am Himmel erschien, in die verschleierte Zukunft zu blicken. Die Nacht machte meinen Betrachtungen ein Ende.

LUKAS BÄRFUSS

Die Kreuzung

Wohin er wohl fährt, unser guter Schweingruber auf seinem Mofa? Hat er überhaupt ein Ziel, und wo könnte es sich befinden, oder kurvt er einfach nur durchs Dorf und sucht einen Ausweg aus diesem Universum? Aber es gibt keinen Ausweg, und du und ich, Anna, wir wissen es, da kann Schweingruber lange fahren, über die Stegmatt hinauf, die Alpenstraße hinunter oder in die andere Richtung bis zur Burg und weiter zur Müllhalde, wo die Vögel wohnen. Früher oder später wird ihn das Zentralgestirn zurück in die Ellipse zwingen, wie es alle erleben müssen, auch die Frau, von der du mir erzähltest, Anna, ein paar Monate nachdem du noch einmal umgezogen warst, vom Niesenweg in Richtung Forst, und ein paar Monate bevor du deine letzte Wohnung bezogen hast im kalten Acker oben beim Schulhaus, das mit seinem Türmchen aussieht wie eine Kirche, und da, zwischen diesen beiden Wohnungen, der einen, die ich mit dir teilte, und der anderen, die du jetzt alleine bewohnst, da hast du deinen schönen, schlanken Finger in die Luft gestreckt und an die Decke gezeigt, hinauf zur Wohnung im zweiten Stock, wo diese Nachbarin herumgeisterte. Sie hatte vor sechzig Jahren einen Ausweg gesucht und sich einen Mann genommen, einen Mann aus einer anderen Gegend, führte mit ihm ein Leben fernab, kreiste um eine andere Sonne, und als ihr Stern erloschen war, die Kinder verschwunden, der Mann tot, da wurde sie zurückgezwungen in die Kälte und das Eis unseres Dorfes, halb wahnsinnig, verrückt vor Einsamkeit, verloren wie ein Meteorit in der Weite des interstellaren Raumes. Und du hast deine kleinen Zähne zu einem diabolischen Lächeln entblößt und hast mir dies mitgegeben als Lektion: Keiner kommt hier weg, nicht lebend, nicht als Leich, du nicht, ich nicht, Schweingruber nicht, da kann er lange fahren, über die Kreuzung bei Oppligen hinaus schafft es keiner, da ist Schluss.

Manch einer hat es versucht, jeder mit den Mitteln, die ihm zur Verfügung standen, Schweingruber mit dem Zweitakter, ein anderer, wie dieser Pfarrerssohn aus Stalden, zehn Kilometer jenseits unseres Schwemmlandes, mit Bleistift und mit Tinte. Der hat sich ein Teleskop ins Arbeitszimmer gestellt und hinaus in die Galaxis gespäht, ob es da eine Tür, ein Fenster oder einen Spalt gebe, durch den man entschlüpfen könnte. Er hat mir zeitlebens bewiesen, dass man sich mit jedem Fluchtversuch nur tiefer den Elementarkräften ausliefert und das Universum mit sich nimmt und weiter ausdehnt. Du hast deinen Kopf geschüttelt, Anna, und wir haben zugesehen, wie Schweingruber die Alpenstraße hinunterfurzte und dieser Pfarrerssohn bei seinen Versuchen zum Cholelith wurde, zu einem Gallenstein im nationalen Kulturempfinden. Sein Strampeln war mir eine Lektion, der Katechismus seiner Befreiungstheologie war mir ein Beispiel, ich sah die Zähigkeit und die Widerstandskraft den Widrigkeiten gegenüber – und Widrigkeiten, wenn man

das hier anfügen darf, Widrigkeiten gab es in jenen Niederungen genug, jedenfalls vernahm man über das *Gelbe Heft*
und die anderen Illustrierten immer wieder Geschichten
von sorgfältigst gepflegten Feindschaften und Aversionen,
Gerüchte über stets frisch gefüllte Giftphiolen und hübsch
angeschärfte Stilette, und zwar nicht nur auf, sondern auch
neben der Bühne, schließlich schrieb dieser Mensch so
zwanghaft Theaterstücke, wie Schweingruber durch das
Dorf kurvte, und verkehrte mit Theaterleuten, mit Regis-
seuren, die diesen Beruf gewiss nicht gewählt hätten, wenn
ihnen Meucheleien und Hinterfotzigkeiten gleichgültig gewesen wären. Ganz abgesehen von den Schauspielerinnen,
die ja mit ihrer Anmut, mit ihrem Glanz, mit ihrer Haut
und ihrer Stimme ewig das Herz und den Kopf durcheinander bringen. Obwohl man einräumen sollte, dass es
hierzulande und auf den Bühnen, auf denen dieser Mensch
herumlungerte, ein paar Nummern kleiner vor sich ging als
etwa in, sagen wir, Frankreich, beispielsweise, wo ganz andere Verhältnisse herrschten und am Theater wahre Men-
schenfresserinnen und Menschenfresser zu finden und daher hinterlistige und ruinöse Verabredungen von ehrlichen
und aufrichtigen Angeboten nicht zu unterscheiden waren,
bis die Schlussrechnung mit dem Revolver vor einem auf
dem Tisch lag, nein, nein, dazu war dieser Stückeschreiber
dann doch nicht gemacht, nicht wahr, Anna, so sprach
man doch über ihn, fürs Ausland fehlte ihm die letzte
Boshaftigkeit, der letzte Stachel, für den hiesigen Tümpel
war er passend, dieser Milchbube, der ja kaum über die
Drumlins, diese glazialen Brustknospen, hinaussah, in den
temperierten Sitten gedieh er, in der Langeweile, der Ödnis.

Die Mogule waren Mogülchen, die Skandale Skandälchen, die Orgien Apéros, und wenn es einmal hoch zu und her ging, dann war der Apéro *riche*, und weil alles dieses Postkartenformat hatte, diese Märklineisenbahn-Anmutung, da fand man auch diesen, wie hieß er doch gleich?, fand man eben auch ihn, da er sich zwischen Faller-Figuren tummelte und es nötig hatte, in diesem Möchtegern-Babylon herumzustreifen, ein bisschen klein geraten, was er selbst wohl gar nicht bemerkte, und weil diese Provinzgeisterbahnen ihm wirklich Angst einflößten, was ihm selbst übrigens nie so richtig gelingen wollte, das Angstmachen, und man bei seinen Phantasmen immer merkte, dass sie einem Schrumpf-kopfbewusstsein entstammten, was ja gerade ihren relativen Erfolg ausmachte, da die Adressaten, also wir, auch Schrumpfköpfe waren, denen es unmöglich war, etwas von Bedeutung anzugehen, etwas, das über den nächsten Drumlin hinaus eine Wirkung erzielen konnte. Aus diesem Universum stammten keine Hemingways, keine Dostojewskis, keine Sylvia Plaths, nicht wahr, Anna, das hast du mich gelehrt, der soll sich nicht so aufführen, lebensgefährlich mit Schrotflinte, Gummiboot und sechs Flaschen Rum wurde es in diesen Buchsbaumlabyrinthen nie, geschweige denn hatte man Scheinhinrichtungen zu erwarten, weil ja der Dorfcharakter und die Heimwehfluh durch alle Lagen hindurch sich abzeichnen und selbst die dickste Tünche das nicht verdecken kann. Und abgesehen von den Kerlen, die dann und wann mit dem Sturmgewehr ins Wohnzimmer treten und Frau, Schwager, Kinder, Cousins, Onkel, Neffen, Nichten, Enkel und Angeheiratete ein Träm-träm-träderdi-Totechrügeli durch die Stirn in den Schädel und die Hirnmasse hineinschießen, gibt es auf dem Dorf keine größeren Verbrecher als die schmierigen und dicklichen Onkels mit ihrer Schwäche für Rossbisse, appliziert in die zarten Kinderpopos mittels der suppentellergroßen Wichsgriffel, dicklich, nur dicklich, richtig dick und richtig fett war er auch wieder nicht, das wurde als Marketinglegende aufgebauscht, aber selbst die Leibesfülle, wie soll man sagen, auch die hat er nicht richtig hingekriegt, die winzigen Füße am unteren Ende sabotierten auch diese Wirkung, und am Ende musste er ein Dörfler bleiben wie du, wie ich, wie unser guter Schweingruber auf seinem Mofa, einer, den man stückweise in den Abfluss spülte, so wie dich, Anna, zuerst die linke Brust, dann die rechte Brust, dann der Kropf, mit dem du auch gleich die Stimme verloren hast, da hat dir die lebenslange Mitgliedschaft im Samariterverein nicht geholfen.

Aber einerlei, was sie dir wegschnitten, du hast dich jeden Tag an deine Singer gesetzt und Fingerlinge für die Kabelfabrik genäht, und womit sich Schweingruber sein Benzin verdiente, das entzieht sich jeder volkskundlichen Kenntnis, Bauer war er nicht, Metzger war er nicht, Bäcker auch nicht, vielleicht Angestellter, Arbeiter, in einer Werkstatt vielleicht, nicht auf dem Bau und wohl nicht in der Fabrik. Eine Frau? Die war tot. Die Leute starben früher. Robert im Jahr nach der Mondlandung, da warst du, Anna, erst fünfzig, noch schön und schon alleine. Gelacht hast du trotzdem und dir täglich das Insulin gesetzt. Die gläsernen Ampullen lagen im Buffet. Monströse Spritzen. Mit Kanülen so dick wie Fahrradspeichen. Robert musste eines

Tages die Reste eines Mannes von der Bahntrasse sammeln, in einem Kesselchen, wie du beim Schwarztee betontest, in einem Kesselchen. So ging's hier zu Ende, mit Leberkrebs wie bei Schweingruber oder verteilt unter einer Re 4/4 der SBB. Sonntags, Anna, hast du Ragout gekocht, mit den Karotten darin, fünf Stunden auf dem Feuer, Ragout mit Rübchen, die das Fleisch süß machten, dazu gab es Kartoffelstampf, und aus dem Ragout schauten uns die Knochen an mit einem existentiellen Vorwurf. Den Salat gab's gezuckert. Im Herbst hängten wir die Vorfenster ein, und der Frühling begann, wenn wir sie wieder in den Estrich hinauf trugen. Wir konnten am Fenster stehen und den Kitt aus den Fenstern klauben. Aber das alles hat unseren guten Schweingruber auch nicht gerettet. Und dich auch nicht, Anna. In den Eisenbahnwagen fand man an der Decke noch die Schwarzlichtbirnen aus der Kriegszeit. Man war ärmer damals. Das Bruttosozialprodukt braucht Zeit, um sich zu entwickeln. Die Sümpfe waren erst seit einigen Generationen trockengelegt. Auf dem Friedhof oben beim Schulhaus mit dem Glockenturm fanden sich Gräber von Menschen, die an ausgestorbenen Krankheiten gestorben waren. Flemings Penicillin hatte die malerischen, grausamen, schmerzensreichen Plagen der Menschheit vernichtet. Du warst Mitte zwanzig, Anna, und plötzlich hustete sich niemand mehr zu Tode. Mitte vierzig verschwanden nach und nach die von der Poliomyelitis verkrüppelten Kinder, die leichten, agilen Knaben, die an ihren Krücken turnten, alle Kraft in den Händen, keine in den Beinen, wie diese Spielzeugartisten, die in einem Holzrahmen hängen und beim Zusammendrücken Kapriolen schlagen. Krankheit und Tod hatten ihren Platz mitten unter den Lebenden. Dem Onkel im Lerchenfeld fehlten zwei Finger. Die Maschinen in den Fabriken stampften Arme und Beine, Hände und Finger ab. Die Automobile waren Todesfallen. Knautschzonen wurden erst später erfunden, ebenso die versenkbaren Lenkstangen. Sie bohrten sich bei einem Frontalaufprall noch wie Spieße mitten durch die Brust des Fahrers, nicht unähnlich den Käfern im Kasten einer entomologischen Sammlung. Auch in den Jauchegruben konnte man noch umkommen. Schwimmen war nutzlos. Das Methangas der Fäkalien betäubte schnell und gründlich. Schweingruber allerdings hat es anders erwischt. Die Landwirtschaft verlor an Bedeutung. Das Dorf verschwand. Es wurde zum Vorort, zur Siedlung, es glich sich seiner Umgebung an, verlor den eigenen, typischen Charakter. Die lokalen Notabeln sind verschwunden, die Geister sind noch da, aber sie haben ihre Macht verloren. Es gab keine Kirche. Statt einer Kirche thronte das Schulhaus zuoberst auf dem Hügel. Das Schulhaus hatte einen Glockenturm mit einer Uhr, die in alle vier Himmelsrichtungen die Zeit zur Anschauung brachte. Und neben dem Pausenplatz, als ewige Lektion, der Friedhof. Wir hatten eine Burg, eine Ruine. Schwemmland. Flach. Eben. Im Forst zwei stille, grüne Teiche. Im Keller des Nachbarhauses ein Akkordeon. Wer den Mut hatte, konnte es aus dem Koffer nehmen, und wenn man es richtig packte, begann es zu atmen und zu schnaufen und Schiffstöne von sich zu geben. Zum Frühstück tranken wir ein heißes Malzgetränk, aßen Weißbrot mit Butter und Konfitüre. Das bringt auf Dauer jeden um. Alles hatte einen Geruch. Die Handtaschen in der Laube. Der alte Teppich in der Stube. Deine Hände, Anna. Das Bett. Wenn ich jetzt an dich denke, nach meinen eigenen sinnlosen Fluchtversuchen, ist es mir leider nicht möglich, auf dieses Bett einzugehen, was man allerdings bedauern mag, denn gewiss gehörte dieses Bett zu den erstaunlichsten Schlafstätten der Menschheit. Es war kein Bett, es war ein Schiff, und das betraf nicht nur die Dimensionen. Robert ist weit damit gekommen, weiter als mit seiner Harley, bis ans andere Ufer des Jordans, bis hinauf auf den Acker beim Schulhaus. Das eine Gasthaus lag am einen, das andere am anderen Ende des Dorfes. Das eine Gasthaus lag neben einer Säge. Es hieß Säge. Das andere Gasthaus lag neben dem Bahnhof und hieß Bahnhof. An jenem Nachmittag in einem längst vergangenen Frühjahr, als wir dich, Anna, auf dem Friedhof begruben, gab es dort Schinken und Spargel aus der Dose. Aber noch bist du da. Noch, Anna, sehe ich dich im Neonlicht deiner Küche am Niesenweg stehen, wie du abwechslungsweise die Bohnen und deine lange Nase putzt.

Vor dem alten Haus, wo Robert starb, gab es einen Bach, der kaum bewegt schien, er floss nicht, er war ein grünes Band, in einem torfigen Bett ohne Steine, und wenn ich ins Wasser schaute, sah ich das Wassergras in der Strömung sich bewegen, als wären es die Haare einer ertrunkenen Prinzessin. Mit diesem Bach stimmte etwas nicht, er war nicht wie die anderen Gewässer, er floss wie tot dahin, sprang über keine Steine, hatte kaum Gefälle, und es muss da, das scheint ziemlich sicher, irgendwann Ratten gegeben haben, Wanderratten, fette Viecher, hervorragende Schwimmer, die von weiß Gott wo kamen, tief aus dem Osten vermutlich, woher der Bach floss, möglicherweise aus der Taiga, und sie fraßen Kinder bei lebendigem Leibe, nagten sie von den Füßen her hinauf zu den Waden bis auf die Knochen blank. Dieser Bach floss im Bett eines Flusses, den man vor Generationen umgeleitet hatte, von den Bergen hinunter direkt in den See, mit einem Durchstich, und in diesem Tal war nur der Bach übrig geblieben, ein Schmarotzer, und ich werde hier keine Namen nennen, sondern alles im Ungefähren und Allgemeinen und Überzeitlichen belassen, das habe ich gelernt, nicht wahr, Anna, man will sich ja noch blicken lassen können, denn wer sich in gewissen Dörfern herumhört, namentlich in Lamboing und Erlach, der wird feststellen, dass in Lamboing und Erlach niemand nachfragte, ob es für Lamboing und Erlach und vor allem für die Lamboinger und Erlacher und die Lamboingerinnen und Erlacherinnen in Ordnung sei, wenn man sie zu Koordinaten einer zerklüfteten Geistestopographie erhebt, was natürlich sein Recht war, schließlich leben wir in einem freien Land, und das gilt auch für Schreiberlinge, und das muss man aushalten, auf beiden Seiten, aber er müsste dann halt auch damit rechnen, dass man in gewissen Dörfern und namentlich in Lamboing und Erlach nicht besonders gut auf ihn zu sprechen ist und man es nicht unbedingt als Auszeichnung versteht, sich als dramaturgischen Abfluss in der zerebralen Karstlandschaft eines Provinzpsychopathen wiederzufinden. Und es mag dann auch kein Trost sein, wenn die lokale Tristesse Anlass gegeben hat zu Filmen mit einer gewissen internationalen Ausstrahlung, der mit, wie hieß er doch gleich, mit dieser Jacqueline Bisset zum Beispiel, deren Epidermis da allerdings, das muss man zugeben, die ersten Verfallserscheinungen zeigte, so dass sie nicht mehr zur allerersten Wahl in den Karteien der Besetzungsagenturen gehörte, worüber man noch hätte hinwegsehen können, nicht aber über die unleugbare Tatsache, dass diese Internationalität aus reiner Perversion, aus Überheblichkeit an diesem Roman exerziert wurde, obwohl, nein, gerade weil man wusste, dass die poröse Konstruktion ein solches Gewicht niemals tragen konnte und bereits *Roman* der falsche Begriff war für dieses Stück Kolportageliteratur, das nicht ohne Grund zuerst in einem Hausfrauenmagazin abgedruckt wurde, dazu in wöchentlichen Folgen, wohl um die bereits erwähnten Konstruktionsmängel zu verschleiern, was dem Filmregisseur dann nicht mehr gelingen wollte, weil er nämlich kein Regisseur war, sondern ein Schauspieler, der sich einmal hinter der Kamera versuchen durfte, da ihm dieser Produzent noch einen Gefallen schuldete, nein, wer sich auf diese Weise über Jahrzehnte als Dorftrottel vorführen lässt, der ja gemerkt haben muss, wie man hinter seinem Rücken über ihn und über seine so genannten Stücke sprach oder schrieb – man braucht sich dazu nur die damaligen Pressespiegel in Bochum zu Gemüte zu führen, da weiß man, wie es um diesen, wie heißt er doch gleich, und seine angebliche Weltgeltung tatsächlich bestellt war, ohne dass es bis zu uns in die Heimat durchgedrungen wäre, warum auch, das war gar nicht mehr nötig, da wir uns, Schweingruber, du, Anna, ich und all die anderen, die Meinung über diesen Pfarrerssohn längst gemacht hatten – Meinung: Es ging überhaupt nicht um eine Meinung, es ging um Fakten, und diese Fakten kannte man an den wichtigen, an den entscheidenden Stellen, unter anderem in Stockholm, was nun nicht bedeuten soll, ein solcher Nobelpreis sei über alle Zweifel erhaben, da gibt es unter den Laureaten auch komplette Luftnummern, aber ein Hinweis auf den tatsächlichen Gehalt ist es trotzdem, weil es sich leicht von irgendwelchen Labyrinthen, Minotauren und der Absurdität der Existenz faseln lässt und man, um den Bildungsbürger an seinem Wurzelchakra zu kitzeln, ihn bloß eine halbe Seite vom letzten Griechenlandurlaub träumen lassen muss, und es ist dabei nicht vonnöten, sich bei Voss zu bedienen, Schwab reicht zu diesem Behufe füglich, aber letztlich muss es sich auf dem Papier beweisen, und hier, das kann beim besten Willen niemand leugnen, sind die Ergebnisse seiner Poetik Sackgassen, mehr oder weniger, und bestimmt hätte dieser Lappi es selbst zugegeben, gewiss wäre er der Erste gewesen, der dies zugegeben hätte, da er sich der Bezeichnung Dilettant nicht schämte, im Gegenteil, alleine seine Bilder, oder besser gesagt: *gerade* die Bilder offenbaren ohne Zweifel und in beinahe beschämender Deutlichkeit die grundsätzliche Haltung, die diese Person vertrat, und man muss ohne Zweifel und mit allem Respekt von der Möglichkeit eines Missverständnisses ausgehen, dass er da, und man weiß, wie schnell man sich als junger Mensch in einer Sache verrennt und dann plötzlich glaubt, man sei Schriftsteller, Künstler, vor allem, weil es ja gerade in der Öffentlichkeit immer wieder für ein Amusement sorgt, sich einen Dörfler mit vollkommen verhobenen Ansprüchen zu Gemüte zu führen und dann zu beobachten, wie er sich in höchster Not aus der Affäre rettet und sich aus dem Staub macht, was dieser Protagonist ausgelassen hat und geblieben ist, geblieben und geschrieben in dieser kindlichen Handschrift, was alleine gewiss kein ausreichendes, aber im Zusammenspiel mit den anderen Elementen ein Gesamtbild ergibt, in dem Überforderung und Überformung nichts anderes verraten als eine hilflose Verirrung und Verwirrung, die man sehr gerne, gerade in der Forschung, gerade in der Germanistik, damals ohne weitere Fragen dem Werk zugeschlagen hat, aber es ist ungewiss, ob auch künftige Generationen, die nichts mehr von diesem Geschmack der zweiten Hälfte des zwanzigsten Jahrhunderts verstehen und dadurch auch nicht verstehen werden, dass dieses noch genug Geduld und Frustrationstoleranz besaß, auf den Bühnen, natürlich, da gibt es immer einen Rock, der sich dreht, immer zwei Finger, die gekreuzt werden, und tritt die Inszenierung auf der Stelle: Blaskapelle – und das fehlt auf dem Papier natürlich, was auch nicht immer zum Schaden sein muss, im Gegenteil, häufig sind es ja gerade diese so genannt unterhaltsamen Elemente, die dem Theaterabend, dieser an sich bereits grässlichen, öden Folter am Freitagabend nach einer grässlichen, öden Woche, in der Wärme des Saales, aufgeheizt von den Bürgerkörpern, das letzte Gran Erträglichkeit extrahieren.

Man weiß nicht, was einen Menschen dazu bringt, seine Lebenskraft an solchen Orten zu verschwenden, und man will es auch nicht wissen, aber auch bei der gelegentlichen Betrachtung von Bildbänden in Schwarzweiß sollte man sich das Gewerbe eines Dramatikers nicht allzu romantisch vorstellen, das wäre unhistorisch, gewiss nicht in einem spätkapitalistischen, spätbürgerlichen, spätromantischen

Zeitalter, gewiss nicht am Abend einer Uraufführung, der einzigen Vorstellung, die ein Stückeschreiber besuchen muss, was die Intendanten und Intendantinnen gelegentlich in die Verträge zu schreiben nicht versäumen, weil sie die disziplinierende Wirkung dieser Präsenzpflicht kennen. Es ist ein Leichtes, eine Komödie, eine Tragödie oder eine Groteske oder eine Burleske abzuliefern, in beliebiger Qualität, wenn man sich als Autor danach nicht dieser Hyäne stellen muss, diesem vielhundertköpfigen Monster, in dessen Hände oder Pfoten man sein Schicksal zu legen hat, irgendeinen Unsinn für zwanzigtausend Franken bekommt selbst der hinterste Idiot und Grundschullehrer hin, sogar unser guter Schweingruber, nicht wahr, Anna, der da jetzt übrigens auf seinem Mofa die Alpenstraße hinunter bis zum Bahngleis rattert und dann am Rande seines bekannten Universums in einer ellipsoiden Bewegung sich zurück ins Zentrum bewegt, aber es braucht einen Wahnsinnigen, um dieses einem Ungeheuer vor die Schnauze zu legen und zu hoffen, es möge durch das Geschriebene besänftigt werden. Besänftigt: Das ist nun allerdings das Publikum in einer spätkapitalistischen, spätbürgerlichen, spätdramatischen Gesellschaft bereits von Anfang an, besänftigt hat man die Karten gekauft, das heißt, um genau zu sein, hat die Ehefrau die Karten gekauft, nachdem sie die Ehefrau des befreundeten Internisten angerufen und sich mit ihr über das Datum und die Sitzreihe abgesprochen hat, falls das nicht durch das Abonnement ohnehin im Voraus entschieden wurde, und gleich hier wie dort hat der Ehemann bei seiner Heimkehr von der Arbeit die Resultate der Freizeitplanung mit einem Grummeln quittiert, weil nämlich erstens von diesem Dramatiker, zweitens von diesem Regisseur wenig bis nichts zu erwarten ist, weil er nämlich ebenso wie der Dramatiker nur das Symptom einer Verluderung, eines Abstiegs der abendländischen Kultur darstellt, überschätzt, ein Pfuscher, was jeder erkennt, der die Klassiker gelesen hat, und die Theaterkarten belasten das Familienbudget nicht unerheblich, Geldverschwendung, und jener Freitag wird ausgerechnet der Freitag am Ende einer Höllenwoche sein, Jahresabschluss, Betriebsbilanz, Inventur, keine Zeit, keine Lust auf Kasperlitheater, aber sei's drum, man fährt besser, wenn man gute Miene macht und diesen Abend an sich vorbeiziehen und sich das Weibervolk austoben lässt, es will ja auch gelegentlich vor die Tür, und immerhin wird ja dieses junge Ding, diese entzückende Berufsanfängerin, die zum ersten Mal ein festes Engagement an einem Haus ergattert und die man bereits neulich, in welcher Inszenierung war das doch gleich?, bewundern durfte aus der achten Reihe, auch spielen, hoch aufgeschossen, dazu absolut scham- und hemmungslos und phantastisch elastisch – es war natürlich das Käthchen gewesen, das man als Käthchen kaum mehr erkannt hatte, was in diesem Fall nebensächlich war, während man sich wünschte, die Ehefrau würde das nächste Mal Karten für eine Reihe näher an der Bühne nehmen – dies, zur Erinnerung, das schwüle Klima eines damaligen Dramatikers im Spätkapitalismus, im Spätbürgertum, in der Spätpubertät, die feuchte Atmosphäre in seinem natürlichen Habitat, hinter seinem Vorhang, hinter dem Inspizientenpult am Abend der Uraufführung, seiner Beerdigung, der Beerdigung seines Stücks, die ein einziges Mal im Leben mehr sein wird als ein Seich, ein Brunz, eine Zeitverschwendung, einmal wird sich das Theaterdach öffnen, und der Himmel und die Sterne werden über den Schädeln und dem Silbermeer leuchten, und die Menschen werden sich verwandelt fühlen, und ein Kind wird staunen über die Erwachsenen – es ist möglich, dass dieser Augenblick bereits in des Dramatikers Vergangenheit liegt, auch, dass er sich in seinem Leben nie ereignen wird, doch das ist für die Sache, also für die Kunst, einerlei, solange die Möglichkeit als Möglichkeit gedacht werden kann, denn ewig wird der Dicke hinter dem Vorhang diesen Moment ersehnen und auf ihn zu- und hinschreiben. Er schreibt. Er hofft.

Zucker. Fett. Alkohol. Sonnenlicht. Stärke. Fermentation. Schlauchpilze, wir verdanken unsere Existenz zu einem nicht geringen Teil den Schlauchpilzen. Wir Menschen metabolisieren unvollständig. Die reichen Soßen, die Mehlschwitzen, die Zwiebelschmelzen, die Schweinemast und der Tabak, vor allem gerollt, die liebevolle und zärtliche Vergiftung der eigenen und inneren Organe, die Milchkontigentierung, der Besamer, die Panscherei und die Unterschiede zwischen Cognac und Armagnac, die Medikamentenverträglichkeit und die Medikamentenunverträglichkeit, die abfälligen Pflegekräfte, die Gegenwart des Todes, über die man seine Scherze zu machen versucht, und weil man nicht, weil niemand über seinen eigenen Tod Scherze machen kann, macht man eben Scherze über den Tod der anderen, des Hundes, der sich selbst im Garten vergräbt, bis zum Tod der eigenen Frau, der eigenen Ehefrau gleich im Anschluss, überhaupt wimmelt es von toten Weibern, hier liegt eine Dreißigjährige, da fault eine Zweiundzwanzigjährige, überall tritt man auf was Weiches, noch fast Lebendiges, wie banal, wie schön, wie schön banal sind unsere Geschlechtsknospen, die Nervenknötchen, die Reibereien, man freut sich auf einen selbst und scheißt sich einen Haufen auf den Rest. Das nukleare Abwehrpotential in Konolfingen, Kanton Bern. Die Kreuzung bei Oppligen. Abbiegen verboten. Weiter die Straße runter. Hartnäckig. Beim Erfolg der hiesigen Kulinarik war die Zwiebel nicht unbeteiligt. Das eigene Leben kann einem peinlich sein. Dann kichert man vielleicht in sich hinein. Auch eine Gesellschaft kann den Humor verlieren. Man fragte sich bloß, wie er zu dieser Hütte in Nösch gekommen war. Auf jeden Fall nicht mit diesen Theaterstückli. Was hat er sich für das Geld gekauft? Einen fetten, großen Schreibtisch. Ist das genial? Beginnt hier das Land, das Territorium des Genies? Das Geld war an ihn verschenkt. Nie haben wir ihn in Paris gesehen, nie in Berlin, geschweige denn in London, Rom war besetzt, New York zu weit weg, zu entlegen hinter dem Großen Teich, vor allem, wenn man bedenkt, welche Klapperkisten man dazu besteigen musste. Wo er war, waren wir, war das Dorf, und das war für dich und für den guten Schweingruber tröstlich, nicht wahr Anna, dass auch er beim Scheißen stank und die Luft stehen blieb, auch bei ihm herrschte Windstille bei einer Föhnlage, Linsen, ein blaues Fenster über den Hochalpen, wo es ihm bei seiner Konstitution zu steil gewesen wäre, und am Skilift erübrigt sich jede Groteske. Literatur und Kunst brauchen ihre Gelegenheiten. Man muss dafür bereit sein, warum sollte man nach einer Woche voller Ärger und Kopfschmerzen zwei Stunden lang auf einem harten Stuhl ausharren und kein Wort vom Geschehen auf der Bühne verstehen, außer natürlich, dass es tödlich langweilig ist.

Ein Privileg ist es, zu sehen, zu erleben, wie eine Kultur verschwindet und wie mit der Kultur auch die Bezüge verschwinden, manches verliert seine Nützlichkeit, anderes verliert seinen Wert, während Verhältnisse auftauchen, an die man früher überhaupt nicht gedacht hat. Hier entsteht ein neuer Zusammenhang, und es ist nicht leicht zu entscheiden, ob er angenehm ist oder lästig. Wir werden diesen Theaterstücklischreiber verlieren. Wir haben bereits dich, Anna, den lieben Robert und schließlich auch den Schweingruber verloren. Verlieren: den Aufenthaltsort einer Sache oder einer Person nicht mehr kennen. Der verlorene Schlüssel. Der verlorene Stückeschreiber. Pochierte Eier bedürfen einer Wasserrotation. Und natürlich Essig. Wie die Linsen. Essig ist die Alternative zu Alkohol. Wie sauer darf das Kotelett sein? Wo kommen denn plötzlich diese Schlüssel her? Und was für ein Kerl sitzt uns da gegenüber? In einsamen Stunden am Schreibtisch erfindet sich der Autor einen Autor, um weniger allein zu sein. Das Interesse an Schizophrenie hat in letzter Zeit merklich nachgelassen. Die Darstellung von Irrenhäusern ist selten geworden, weil die Darstellung von Irrenhäusern fast nur noch die Darstellung von Irrenhäusern ist, nichts anderes mehr, keine Chiffre, keine Übersetzung. Die Radikalität. Der Hass. Das Urteil. Die Verdammung, der Ausschluss aus der Gemeinschaft, die Vertreibung, die Ausgrenzung, die Absonderung. Irgendwann ist es einfach nicht mehr lustig, irgendwann hat man auch keine Lust mehr, guten

Tag zu sagen oder die Hand zum Gruß anzubieten, man muss und soll nicht alles von einem verlangen, man darf irgendeinmal einfach auch einmal nein sagen, mit allen adverbialen Überflüssigkeiten und Redundanzen, die das nötig machen, nein, im Ernst, das zweite Ziel muss es sein, möglichst wenig Inhalt mit einer aufs Äußerste ausgedehnten Fülle überflüssiger und gänzlich entleerter Worthülsen nicht nur aufzufüllen, sondern ins äußerste Äußere der Vorstellungskraft hinaus auszudehnen, abzuspreizen: Die wichtigste Eigenschaft eines Dichters, eines Schriftstellers im Spätkapitalismus, in der Spätdemokratie, im Spätherbst, ist die Fähigkeit, sich unbeliebt zu machen. Das Gefängnis war ihm verwehrt. Der Staat, in dem er lebte, sperrte keine Schriftsteller ein. Dieser Staat hielt die Schreiberlinge für zu unbedeutend, da durfte er, da musste er gleichsam sich selbst ein Gefängnis bauen, eine Zelle, und es ist nicht von der Hand zu weisen, dass seine Literatur den Geist jener atmet, die nach Jahren der Einzelhaft zum Hofgang nach draußen dürfen. Immer noch ein Gefängnis, immer noch Gitter, aber immerhin an der frischen Luft. Schweres Essen, schwerer Wein und wenig Bewegung und dazu Tabak, um die Cognac-Depressionen zu vernebeln. Das ist banal. Gott ist banal. Es ist möglich, sich eine Zeitlang von Kalbfleisch zu ernähren, das mit derselben Menge Zwiebeln, Butter und Sahne während fünf Stunden gekocht wurde. Man braucht dazu kein weiteres Gemüse, auch keine Karotte. Sehr beliebt, gerade im Winterhalbjahr, zwischen Oktober und März, ist die Verbindung von Koffein, Alkohol, Glukose und Fett in Form von Kaffee, Pflümli, Kristallzucker und Schlagsahne. Ein Glas davon hilft durch die Senke zwischen dem mittäglichen Pinot respektive Dézaley und dem frühabendlichen Campari. Die andere Möglichkeit ist der Revolver. Und es ist daher gut zu wissen, falls alle Stricke reißen, dass immer ein Remedicum verfügbar ist, um allen Schmerzen ein Ende zu bereiten. Wenn zum Beispiel der Digestif nach den Îles flottantes eines Tages nicht mehr wirken sollte. Poulet à la broche. Jedes Schnitzel, das du, Anna, gegessen hast, jeder Leberknödel in jeder Leberknödelsuppe, den Robert und Schweingruber verputzt haben, jeder Karpfen, jeder Kapaun, jede Brühwurst, jede Erbse und so weiter, kurzum sämtliche Lebensmittel, auch das Brot, die Butter und die Bavaroisen, gleichfalls die Linsengerichte und die Gelatinen, die Sülzen ohne Ausnahme, alle sind sie verdaut, umgesetzt und abgebaut.

Warum also nicht einfach geradeaus bei dieser Kreuzung, lieber Schweingruber, nein, Anna, du nicht, du hast keinen Zweitakter, du bleibst hier, aber du, Schweingruber, fahr doch einmal weiter die Straße hinunter, mit mir hinten aufm Gepäckträger, was kommt da eigentlich, hinter Oppligen, hinter Wichtrach, was kommt denn da?

JOSEFINE KLOUGART

Zeit der Offenbarungen –
Die Biographie der Berge

I

Bebend vor Begeisterung rennen die größeren Mädchen die
Allee hoch. *Sie kommen!* Und hinter ihnen: drei Lastwagen, jeder mit einem Teil des großen hellblauen Pavillons.
Ein Fahrzeugkran. Die Freie Schule wird erweitert. Die
Fertigteile des Pavillons werden auf die Betonpfeiler an der
Schulallee gesetzt. Der Direktor filmt die *Ankunft,* die Auf-
nahmen kommen ins Archiv. Der Unterricht fällt aus, damit die Kinder zuschauen können, wie der Kran die großen
blauen Würfel von der Ladefläche über die Pappeln an der
Allee hinweg an ihren Platz hebt. Ein dreigliedriges Insekt,
das die Eiswürfel der Götter durch die Luft trägt, sind es
nicht die Eiswürfel von Göttern oder Riesen?

In den folgenden Tagen montieren die Handwerker Ti-
sche im Pavillon und laden große Kisten mit Mobiliar und
Gerätschaften aus.

Zum ersten Mal hat die Freie Schule einen Chemie-
raum. An den hohen Tischen werden zwölf Mikroskope
verschraubt. Für Kolben und Petrischalen und die Rollen
mit dem pH-Indikator-Papier werden hohe Schränke aufgestellt, in den verschließbaren Schränken stehen Salmiak-

geist und Chlor und Säure. In hartem Strahl schießt das Wasser aus den Hähnen, *wie bei einem Hengst, der pisst,* strömt es in die Spülbecken aus Zink, *hört doch nur!*

In einer der ersten Wochen machen sie Kristalle. Sie kochen Wasser überm Bunsenbrenner und lösen Salz auf, stellen die Gläser aufs Fensterbrett, feine Schnüre hängen davon herunter, Büroklammern und Nähgarn, an denen sich die Kristalle bilden sollen. Und nach ein paar Tagen auf dem Fensterbrett passiert es, lila und glasklare und schwarze Kristalle entstehen. *Schaut doch nur!*

Und sie untersuchen Blätter unter dem Mikroskop. Sie durchstreifen den Garten und sammeln sie von verschiedenen Bäumen und Büschen, die großen hellgrünen, herzförmigen der Linden, die so gut in eine Hand passen. Die kleineren vom Haselbusch, mit feinen Härchen. Die wachsartigen des Flieders. Barbara legt das Blatt zwischen zwei Glasplatten und schiebt es unters Mikroskop, stellt scharf, indem sie an dem schwarzen seitlichen Rad dreht, und dann kommt es, alle Zellen werden sichtbar, das Blatt offenbart eine bisher geheime Skala. Oberhaut, Palisadengewebe, Schwammgewebe. Längliche Zellen. Mit der Photosynthese verstehen, wie organische Gewächse mit dem Licht verbunden sind, dass alles Lebendige atmet, in Dunkelheit und Licht, im ständigen *Austausch* ist, Licht und Sauerstoff, ein bebendes Leben, auf Zellniveau und in den Chloroplasten, *da.*

Es ist eine Zeit der Offenbarungen, ganz allgemein, Infrarotlicht, ultraviolettes Licht, Skala und Spektrum. Die Karte mit dem Periodensystem, die Erkenntnis, dass die Welt tatsächlich aus Atomen mit einem Kern aufgebaut ist, aus Atomen, die sich in Molekülen binden, von Energie zusammengehalten werden, gebunden werden und sich teilen, dass das alles ein einziges lebendes Gewimmel ist. Das ist kaum zu fassen, diese ganze Bewegung, aber dann wird es irgendwie doch verständlich, mit allem, was man an Bewusstsein hat, dass es tatsächlich so sein *kann*, diese Sache hier. Einen Beweis durchzuführen. Die Theorie, eine These – der Versuch – Schlussfolgerung. Ein Ergebnis *ableiten*.

Es geschieht nicht auf einmal, es zieht sich über ein ganzes Jahr.

Sie kommt am Nachmittag nach Hause, legt sich aufs Bett und bemerkt die Pferde oben auf der Weide. Sie atmet tief ein, so dass sie sich mit ihren Bewegungen auf dem Hügel verbunden fühlt. Sie hat den Eindruck, alles sei ein Teil desselben großen Körpers.

Wenn sie sich abends im Stall in die Futterkrippe legt und die großen Tiere an ihren Haaren schnuppern lässt. Wenn sie durch den Wald reitet und die Zügel locker lässt und sich zurücklehnt, wenn sie so auf der wiegenden Kruppe des Pferdes ruht und zu den Wolken hinaufschaut und ihr Körper ganz locker und entspannt ist.

Sie schließt die Augen, und im Dunkel hinter den Lidern flimmern leuchtende Punkte, die mit den Bildern von Chloroplasten und Zellen verschmelzen, mit dem Sternenhimmel im Winter, mit den Lichtflecken in der Kameralinse, als sie einmal mit einem geliehenen Fotoapparat Blumen fotografiert – überall das gleiche unruhige Lichtgeflimmer.

Es ist eine stille Offenbarung, Barbara kann es nicht in Worte fassen, wie alles sich öffnet und eine neue Skala enthüllt. Astrid kauft ein Mikroskop, das sie unter dem Gartenvögelplakat auf dem Küchentisch aufstellt. Ausweitung der Zone.

2

Nachts wird Barbara durch ein Gewitter wach, es kracht, als wäre das Sommerhaus ein großes Tier, dem jemand das Rückgrat bricht. Das Knacken eines trockenen Astes, den man übers Knie legt; zäh und ächzend geben die Fasern nach und reißen, wenn sich die Nacht mit ihrem ganzen Gewicht übers Haus neigt. Dem Gewicht all dessen, das die Dunkelheit jede Nacht schluckt.

Die Regenfront nähert sich von Osten, aus dem Landesinnern, und schließt das Haus ein, dicke Tropfen fallen schwer auf die Dachpappe, organisch klingt's, wie ein Körper, nicht hart wie Steinchen, sondern weicher, als wären es Tierchen, Körper, die zerschmettert werden, wenn sie aufs Dach treffen, und in neuer Form hochgeschleudert, nun kleine, fast unsichtbare Tröpfchen, die wieder aufs Dach fallen und die rauhe Dachpappe hinabströmen, sich sammeln und in die Dachrinne laufen und durchs Fallrohr außen an der hintersten Ecke des Zimmers stürzen.

Barbara liegt stocksteif im Bett und lauscht dem Rauschen in den Rohren, hinter den Profilbrettern und der Dämmung, lauscht dem murrenden Donnern, das draußen überm Meer kommt und geht, und ihr scheint, als spräche alles miteinander und verbände sich in ihr. Da liegt sie und hat Angst, sich zu rühren, schon die kleinste Bewegung, meint sie, reiche aus, das fein vibrierende Bewusstsein zu zerstören, das alles gleichzeitig in sich aufnimmt: die Tropfen, die ein erstes Mal aufschlagen, dann ein zweites Mal, das Unwetter, die aufleuchtende Bucht, wenn weit hinten auf dem Meer der Blitz herabfährt und das ganze Zimmer erhellt. Da liegt sie und spürt, wie sie fast verschwindet und sich auflöst, sich dafür aber beinah verwandelt: in die Wurzeln des Heidekrauts und die Kreuzottern, die sich durchs hohe Gras winden, in den Blitz und den Regen und die Tropfen, die zerplatzen und sich vermehren, in den Sand, in den der Regen aus den Rohren geleitet wird, in alles.

Aber dann, so plötzlich, wie es gekommen ist, verschwindet das Gefühl wieder.

Barbara bleibt liegen, aber das Gefühl ist zerstoben. Und im Liegen kommt ihr der Gedanke: Genau so muss sich eine Offenbarung anfühlen. Und dann: Es war eine *Offenbarung*. Es ist exakt dieses Wort, das ihr einfällt. Sie weiß noch, wie sie in der Kirche gesessen und kein Fitzelchen davon verstanden hat, was unter einer Offenbarung zu verstehen war, aber jetzt, jetzt versteht sie es, beim Geräusch des Regens, der das Haus einschließt und aus dem Prickeln vieler einzelner Tropfen und dem Strömen Tausender von Tropfen besteht, beides und alles dazwischen, ein Mensch und alle zugleich, eine Liebe, die zu allem gleichzeitig möglich sein könnte.

Sie ist erschüttert, sagt aber nichts.

Dass die Welt sich plötzlich auftun kann, dass sie plötzlich so tief sein kann. Und sie kann die Hand ausstrecken und sie berühren, da wird etwas bloßgelegt, von dem man vielleicht wusste, aber nicht richtig spürte: dass alles von einer vibrierenden Energie verbunden ist, die Blutäderchen am Unterarm und der Blitz, der auf dem Meer herabfährt, während in der Erinnerung an ein Buch, das sie gelesen hatte, eine Schlange aus dem Gras zischt und das Pferd ins Hinterbein beißt und einen Augenblick lang wie ein Strich beinahe senkrecht in der Luft steht.

3

Im Fenster des Spielhauses liegen so viele tote Fliegen, dass man sie gar nicht zählen kann, sie glänzen in ihrem Tod beinahe noch schillernder, schwarze und petroleumblaue Nuancen. Barbara pikst sie mit der Spitze ihres Bleistifts. Drinnen summt es, die Sonne fällt durch die Plexiglasscheibe. Auf dem Rasen davor steht das Stangentennisset, der rostige Eisenmast mit der neuen weißen Nylonleine, und im hohen Gras daneben liegen der gelbe Tennisball und die beiden gelben Plastikschläger. Beide sind sie in ihrer eigenen Sphäre. Sarah, die auf der breiten steinernen Einfriedung sitzt und mit einem langen, unhandlichen Stock im Beet herumstochert. Barbara auf dem Stuhl, die Beine hochgezogen, die goldenen Härchen auf ihren Waden schimmern in der Sonne. Blaue Stellen, sie zählt sie. Es dauert eine Weile, bis sie versteht, wo die besondere Stimmung herkommt, ach, weil Mama nicht wie sonst bei ihnen im Garten sitzt, sie ist gerade nicht in der Nähe. Barbara kommt aus dem Spielhaus und geht die Anhöhe hinauf. Jetzt kann sie Mama sehen, die ans Ende des Gartens gegangen ist, bis zur Flurgrenze, wo man zwischen den Bäumen die Felder sehen kann. Das Korn und die Windschutzhecken. Sie hat den niedrigen Deckchair nach oben geschleppt, da sitzt sie nun und schaut über die Felder, genau an der Stelle, wo sie einmal ihre warme Hand auf Barbaras Augen gelegt und ihr gezeigt hatte, wie Feld und Meer miteinander sprachen:

Hörst du die Welle?, hatte Mama gefragt. Und Barbara konnte sie über einen Strand rauschen hören. Und später im Herbst, als sie nebeneinander im Pullover, vom Wind zerzaust, im feuchten Sand von Thorup Strand gesessen hatten, geschah es wieder, Mama hielt Barbara die Augen zu und sagte:

Hörst du das Korn? Und Barbara sah das Feld vor sich, das wogende Korn.

Aber in der letzten Woche wurde geerntet, und das silbergraue Getreide, das den ganzen Sommer über gerauscht hatte, war von den Maschinen flachgelegt und durch diese zwei Meter hohen astralen Rundballen überall auf den Feldern ersetzt worden, die lange Schatten auf den Tag warfen.

Barbara weiß nicht recht, ob sie zu Mama auf die Anhöhe gehen soll oder nicht. Es sieht Mama gar nicht ähnlich, dass sie so alleine und versonnen dasitzt. Das verheißt nichts Gutes, und eine innere Stimme sagt ihr, sie solle sich lieber von ihr fernhalten. Sie bleibt also auf halbem Weg stehen, während Sarah auf der Einfriedung sitzen bleibt, aber lange Blicke zu Barbara hochschickt und auf diese Weise über Barbara auch mit ihrer Mutter verbunden ist.

Es gibt da zwei Geschichten, die lineare, das heißt die

Verbindung, die wie ein Band zwischen zwei Menschen verläuft, wie hier zwischen Mama über Barbara zu Sarah. Und dann die etwas komplexere und auf ihre Art schmerzhaftere, die Dreiecksgeschichte, in der alle Beteiligten ständig nur als Ecke eines Dreiecks existieren, eine Figuration, die am besten verstanden werden kann, indem man auf die andern beiden Winkel schaut. Wie hier, wo Mama und Barbara und Sarah eine Art Dreieck bilden und wo man immer die dritte Person verstehen kann, indem man die andern beiden betrachtet. Mama, die da oben für einen Augenblick gewissermaßen aus der Welt gefallen ist, Barbara, die unschlüssig ist, ob sie zu ihr hochgehen und sie zurückholen soll, und Sarah, die, indem sie Barbara beobachtet, zu ergründen versucht, was von ihr erwartet wird, welchen Platz sie selbst einnehmen soll.

Die Geschichte der Frauen spielt sich auf vielfache Weise im Geheimen ab, im Stillen und Geheimen, ist aber nicht weniger brutal und großartig als die der Männer. Aber es ist keine Geschichte großer Schlachten, sondern vielmehr eine Geschichte von zehntausend kleineren Kämpfen, zäh und langsam ausgefochten und auf nichts anderem als Baumwolle notiert. Baumwoll- und Wolltücher, die auf einer Wäscheleine im Garten zum Trocknen aufgehängt sind und hart werden, Laken und Kleidung und Tischtücher, Stoff, der wieder weich wird, wenn der Regen kommt. Weich wird und trocknet und wieder weich wird. Eine Schrift, die dadurch existiert, dass sie geschrieben wird und sich wieder auflöst, bei der nächsten Welle, die nicht morgen und nicht in zehn Jahren, sondern jede Minute unausweichlich ist.

Nun erhebt sie sich, erhebt sich aus dem niedrigen Deckchair, und Barbara zuckt zusammen, als schlüge der Blitz ein und liefe durch Tausende feiner Äderchen, ein weit verzweigtes Wurzelwerk, bis zu Sarah auf der Einfriedung und weiter durch Sarahs Stock in die Erde, und die Erde erzittert, während Mama, in eine Decke gehüllt, zum Haus zurückgeht. Und Barbara sieht es, als sie näher kommt, einen besorgten Blick, den die Töchter nicht an ihr kennen und der sich bei deren Anblick auflöst und in ein Lächeln verwandelt, das alles einschließt, was man wissen muss, was man opfert und was man erhält, wenn man Mutter eines Kindes wird.

Sie sieht so geistesabwesend aus, in diesem Bild, als hätte jemand sie gebeten, ihren verstorbenen Vater zu beschreiben, und ihr wird bewusst, dass der letzte Rest Erinnerung in ihrem Gedächtnis im Begriff steht, zwischen zwei Gleichgültigkeiten in die Tiefe zu fallen. Sorgfältig fokussiert auf etwas Entscheidendes, aber weit Entferntes.

Als die Mädchen am Abend ins Bett geschickt werden, sagt Barbara zu Sarah, dass die Pflastersteine auf Henriks Hofplatz eigentlich versteinerte Schädel seien, die aus dem Boden ragen. Sie hätten dort so lange gelegen, dass sie zu Stein geworden seien.

Man könnte es vielleicht denken, aber das hat nicht den gleichen Stellenwert, wie wenn Barbara zu Sarah sagen würde, sie, Sarah, sei adoptiert worden. Das mit den Steinen hat einen viel tieferen Grund, und irgendwie gehört die Geschichte ebenso sehr zu Mama wie zu Barbara. Oder anders gesagt, sie kommen sich nie näher als in diesem Bild. Wenn sie die Natur und das Dorf mit diesem Blick ansehen.

Eine Art magischen Denkens, das sich aus dem Konkreten erhebt.

Eine fette Fliege brummt durchs Mansardenzimmer. Das Licht ist gelb und warm, die Mädchen liegen im Bett unter dem offenen Fenster. Ein dünnes Rollo hängt wie ein leuchtender Schirm zwischen ihnen und dem Garten da draußen.
Der Sommer ist lang.

4

Stotternd, gewissermaßen eine Szene vor die andere werfend, das ist ein Kubismus, alles muss *gleichzeitig* sichtbar sein.

Man glaubt schnell, eine Ansammlung ungleicher Ideen und Episoden, Szenen – was nicht aus einem Guss, sondern deutlich aus vielen kleinen Teilchen zusammengesetzt ist – sei als Ergebnis partikulärer Vorlieben, *individueller Verhältnisse,* Pfusch zu verstehen, dabei ist es seit Jens Peter Jacobsen eine allgemeine Bedingung, auch schon davor, seit Jacobsen aber ist es *unstreitig.*
    Ein anderer Mensch ist nicht zu finden, auch nicht in der Schönen Literatur, der Mensch aus einem Guss ist eine Idee. Das harmonisch Zusammenhängende – *ein Ideal, ein Traumbild.*

Aus einem Stück: hergestellt aus einem Stück (und damit besser als ein entsprechend zusammengesetztes Teil). Aus einem Guss (übertr.): in sich geschlossen, einheitlich, vollkommen in Bezug auf die Gestaltung, z. B. über Persönlichkeit, Kunstwerk oder Gebäude.

Aber die Geschichte!, mischt sich der Dramatiker ein. Die Geschichte ist die *Wäscheleine.* Die Szenen sind die *Wäschestücke,* auf die du ganz wild bist, was Neues, Schickes, ein lila Kimono, den du zum Trocknen aufhängen willst (damit der Wind hindurchblasen und die Sonne sich darüber hermachen kann etc.).

Und jetzt die *Wäscheklammern* – die Klammern halten die Wäsche an der Leine fest, die Szenen der Handlung. Wenn die Klammern hinreichend stramm sitzen, ahnen wir die Leine durch den Stoff, und *alles erhält eine Richtung.* Sind wir uns da einig?

Aber wo sind wir jetzt? In der Geschichte, die auf der Halbinsel Mols in der äußersten Ecke des Gartens zwischen zwei Eichen gespannt ist.

Das Bild von der Wäscheleine und der weißen Baumwolle – T-Shirts und Hemden und Geschirrtücher, Laken und Bettbezüge, ein Nachthemd – an der Leine, wie eins der Fotos, die Sarah etliche Jahre später in ihrer Dunkelkammer im Keller in Nørrebro entwickelt, von Wanne zu Wanne, und über einem Waschbecken aufhängt, damit die Flüssigkeit ablaufen kann.

Das Bild von Sarah und Barbara unter der Wäscheleine,
weiße Baumwolle, die in der Sonne trocknet.

In der Kindheit spürt man innerlich so manches, was kommen wird, so dass man mit elf Jahren schon fast alle großen Gefühle kennt, die einen im späteren Leben erfassen werden. Deshalb ist es unvermeidlich, dass die Kindheit wieder durchgespielt wird, und deshalb erscheint sie stets *rätselhaft und gesättigt.* Und irgendwo in der Kindheit liegt die Erfahrung unseres eigenen Todes, aufbewahrt in einem Bild, und nach diesem Bild suchen wir unser Leben lang, da es das einzige Bild ist, bei dem wir das Leben loslassen können.

(So sollte ich aus dem Leben treten, mit *»einem kleinen Augenblinzeln des Dankes an das Leben, das ich liebe«.*)
   Ein Bild vom Apfelbaum mit roten Äpfeln inmitten des farblosen Weiß und Schwarz und Grau des Winters.
   Ein Bild von den Mädchen unter dem erfrischenden Strahl des Gartenschlauchs.
   Ein Bild von den Windschutzhecken, die sich so gnädig über die Felder ziehen.
   Ein Bild von Mama in dem niedrigen amerikanischen Liegestuhl oben im hohen trockenen Gras auf der Anhöhe, am Grenzrain, am Ende des Gartens. Dahinter: die Felder.

Wenn man zum ersten Mal auf dieses persönliche Bild des Todes stößt, verändert man sich: von einem Wesen, das Sylvia Plath zärtlich *einen bauchigen Krug* nennt, ein Wesen also, das zum Beispiel den Namen *Tjuffer* (das ist Barbaras

Erfindung) tragen kann – in eine Existenz, in der man so etwas wie *Bell* heißen kann.

Eine Familie, ein Raum, ein Gesicht.

Ein Bild von den beiden Schwestern, Sarah und Barbara, die unter der Wäscheleine im Gras liegen in der äußersten Ecke des Gartens zwischen den alten Eichen. Eichen und Espen. Wie sich die Blätter der Espe tausendmal in der Sekunde wenden können wie ein Gesicht, das beim Anblick eines geliebten, lange vermissten Freundes aufleuchtet und sich beim Abschied wieder verdunkelt. Die Mädchen, die das ganze Leben dort liegen bleiben, in dem Bild. Die Schatten der Blätter, der Baumwipfel, der Wäsche, die zum Trocknen an der Leine hängt. Man sollte eine Espe, eine Zitterpappel, vor dem Schlafzimmerfenster stehen haben, man möchte deren Rauschen Nacht für Nacht gerne hören, wenn der Wind die Bäume schüttelt und das Geräusch zum Giebel trägt, durchs jahraus, jahrein offene Fenster, weit offen, die eierschalenfarbenen Musselingardinen vorgezogen, die sich im Luftzug wiegen.

»Verbindungen, Zusammenhänge, Einzelheiten, das alles interessiert mich.«

5

Am Vormittag vor Barbaras Antrittsvorlesung treffen sie den Professor. Im Arbeitszimmer mit den großen Fenstern zum Lerchenweg; er steht auf, begrüßt sie herzlich, erkundigt sich nach der Reise, der Unterkunft. Er ist ebenso herzlich und korrekt wie in seinen Briefen. Besonnen, könnte man sagen, man merkt, dass er einer Institution vorsteht, denkt Barbara. Er lehrt seit Jahren an der Universität Bern, vermisst aber Berlin, wohin er immer wieder zurückkehrt. *Mein Institut in Berlin.* Er hat leuchtende Augen, ist klein und stämmig und dunkel und vor allem so gepflegt. Ordentliche Nägel, frisch geschnittenes, glattgekämmtes Haar. Seine Frau arbeite am Jüdischen Museum in Basel, erzählt er, *ihr müsst sie unbedingt kennenlernen.* Während ihres Gesprächs wendet er sich mehrmals direkt an Maja. Sie ist verlegen, sitzt auf dem roten Sofa und schaut auf ihre Hände, sie betrachtet sie, als gehörten sie nicht zu ihr. Der Professor erzählt, er habe auch eine Tochter in ihrem Alter. Maja sperrt die Augen auf, als ihr übersetzt wird, was der Professor auf Englisch gesagt hat. Sie könnten sich einmal treffen und miteinander spielen, schlägt er vor.

Der Professor berichtet von seiner Forschung. Er hat kürzlich ein Buch herausgegeben mit Auszügen von Beschreibungen verschiedener Schriftsteller aus dem nationalsozialistischen Deutschland. Es stellte sich heraus, dass Virginia und Leonard Woolf trotz Leonards jüdischer Abstammung und etlicher Warnungen und Ermahnungen 1935 durch Deutschland gereist sind. Virginia, Leonard und der zahme Affe Mitz. Lubrich schildert, wie Leonard an der deutschen Grenze das Grenzwächterhäuschen betritt, um ihre Pässe abstempeln zu lassen, während Virginia im Auto sitzen bleibt und in ihr Tagebuch schreibt, dass Leonard seit zehn Minuten weg sei. Sie überlegt, ob sie hineingehen und nachsehen soll, was los ist. Die Fenster sind vergittert, notiert sie. Doch dann erweist sich ihre Sorge plötzlich als überflüssig, denn Leonard kommt mit dem Affen auf der Schulter wieder aus dem Gebäude, die deutschen Grenz-soldaten fanden den Affen bezaubernd. Und später, sagt der Professor und macht eine ernste Miene, später wird ihre Fahrt durch einen Aufmarsch unterbrochen. Göring kommt durch die Stadt. Es wird Heil gerufen, zu Göring, dem Aufmarsch – und dem Affen. Wieder habe sie der Affe gerettet, schreibt Leonard in sein Tagebuch: *Ein Mann, der einen so süßen Affen auf der Schulter hat, kann kein Jude sein.* Aber hilfreich ist sicher auch, dass Virginia ihren Arm zum Gruß hebt. *I raised my hand,* zitiert er.

6

Es ist warm in der Sonne und eiskalt im Schatten, als läge dort alles in einer anderen Klimazone oder einem anderen Element, einem tiefen, eisigen Meer, in dessen Kälte man jederzeit geraten konnte.

Unvergleichlich, sagt sie. Beim Anblick des blauen Sees auf dem Pass der Kleinen Scheidegg sind sie abrupt stehen geblieben.

Karl lässt die Hand mit der Karte an der Seite herunter-sinken.

Das da drüben muss die Eigernordwand sein.

Sie bekommen ein Zimmer. Außerhalb der Skisaison sind große Teile des Hotels stillgelegt. Um fünf, wenn der letzte

Zug die Station Kleine Scheidegg in Richtung Wengen verlässt, wird es leer am Pass. Nur vereinzelte Wandergäste, einige Gleisarbeiter. Das Hotel wird von zwei blonden Schwestern geleitet, offensichtlich Zwillingen. Es begegnet einem das gleiche Gesicht, wenn man vor dem Tresen am kleinen Empfang steht, das gleiche Gesicht, wenn einem im Speiseraum das Frühstück gebracht wird, das gleiche Gesicht, das man zufällig im Flur trifft oder wenn man an die Tür zur Küche klopft, und nie ist man sich sicher, welche der beiden Schwestern man gerade vor sich hat. Das hat etwas Beunruhigendes. Am ersten Morgen sagt die eine Schwester auf Deutsch: *»Man sagt, was das Auge tagtäglich sieht, verliere seine Kraft, die einzige Ausnahme sei das Meer. Aber ich würde sagen, die Eigernordwand ist die zweite Ausnahme. Ich kann nie damit aufhören, sie anzuschauen.«*

Karl trinkt Kaffee und studiert die Karte der Gegend auf dem Platzdeckchen unter dem Teller. Barbara beobachtet die eine Schwester, die gerade serviert. Sie hat etwas Feines und gleichsam *Erhabenes* an sich, ein stolzer und ernster Liebreiz, der vielleicht daher kommt, dass sie in den Bergen aufgewachsen ist. Nicht solche Berge wie in Barbaras Heimatgegend, sondern richtige Berge, die *gen Himmel streben*. Sie wischt den Nachbartisch sauber, hebt den Metallkorb mit dem Brot hoch und schiebt den Salznapf an seinen Platz, als die Schwingtür zur Küche aufgeht und die andere Schwester hereinkommt.

Ihr solltet euch nie weiter als eine halbe Wegstunde von hier entfernen, sagt die Ältere. *Eine halbe Wegstunde.* Für den Fall, dass das Wetter umschlägt. Im Gebirge kann das Wetter plötzlich wechseln, es ist unmöglich vorauszusehen. Hier sagt man, wenn dir das Wetter nicht behagt, dann warte eine Viertelstunde. Keiner lacht über die joviale Redensart, aber sie muss es sagen, und wie alles, was gesagt werden muss, wird es mit einer gewissen Müdigkeit in der Stimme gesagt.

Für derlei Wetter haben sie nicht die richtigen Anziehsachen dabei. Aber die eine Schwester schickt sie in den Keller, einen kleinen Verschlag, der hinter der großen Küche liegt. Hier an drei überladenen Haken hängt eine Auswahl vergessener oder dagelassener Kleidungsstücke, Skijacken, Mützen und Daunenjacken. Manches gehörte den Gästen, anderes den Köchen. Sie borgen sich eine große marineblaue Daunenjacke und einen gelben Schal. Hinter dem Hotel nehmen sie den Pfad nach Westen. Fünfzig Meter weiter oben ist der Pfad gesperrt, aber ohne weitere Diskussion steigt erst Karl, dann Barbara über das blaue Nylonseil, das über den Weg gespannt ist.

Als sie etwas höher gekommen sind, hört der Nebel auf, der nun als breites Band vor ihnen zwischen den Gipfeln liegt. Ab und zu geht der Pfad bergab, und man durchquert eine Nebelzone, in der man nur wenige Meter weit sehen kann. Auf anderen Wegstrecken löst sich der Nebel auf, und die Sicht ist frei bis zur Eigernordwand.

Eine lanzettförmige Öffnung weiter vorn in den Wolken, ein warmes, ebenso überirdisches wie unterseeisches Licht, das dort übers Gebirge fällt.

Aber dann wird der Nebel wieder dichter, und als sie den

Gipfel des Männlichen erreichen, kann man in alle Richtungen nur ein paar Meter weit sehen. Trotzdem ist deutlich zu spüren, wie sich die Landschaft zu allen Seiten öffnet und das Gelände jäh abfällt. Obwohl sie nur ein, zwei Meter Sicht haben, registriert der Körper das steile Gefälle.

Als sie zum Hotel zurückkommen, bleiben sie in der tiefstehenden Sonne stehen und schauen auf den See, der wie ein großes blaues Auge hinter dem Hotel liegt und den Himmel und die ziehenden Wolken endlos widerspiegelt.

Auf der Terrasse vor dem Hotel entdeckt sie in einem Schaukasten eine Karte der Eigernordwand. Darauf sind die verschiedenen Kletterrouten eingezeichnet, mit Jahreszahlen der Erstbesteigungen und den verschiedenen Stationen, Punkten in der topologischen Biographie des Berges.

Die weiße Spinne. Götterquergang. Todesbiwak. Bügeleisen. Drittes Eisfeld. Zweites Eisfeld. Eisschlauch. Erstes Eisfeld. Schwalbennest. Hinterstoißer-Quergang. Rote Fluh. Schwieriger Riss. Jungfraubahnfenster. Zerschrundener Pfeiler. Erster Pfeiler.

Im Todesbiwak, liest Karl, lagen 1929 vier Bergsteiger und schliefen, als das Biwak von einer Lawine erfasst und mit den Schneemassen den Berg hinabgerissen wurde.

Barbara übersetzt eine Passage aus einem Buch über den Eiger: »*Im Sommer, wenn die Veilchen blühen, wimmelt das Hotel von Wanderern, die ihre Füße in Wannen baden,*

Blasen aufstechen und von der Weißen Spinne lesen, dieser fast unzugänglichen Gletscherformation an der Eigernord-wand.«

Eine Schwester klopft an die Zimmertür. Sie nähmen jetzt den letzten Zug nach Wengen, sagt sie. Außer ihnen gebe es nur noch einen anderen Gast, sie seien heute Nacht allein im Hotel. Und Karl sagt okay, *fine,* und als er die Tür schließt, sprechen sie darüber, wie es sich anfühlt, wieder Kind zu sein, und die Eltern sind zu einer Party gegangen und haben einen allein im Haus zurückgelassen, das plötzlich größer wirkt als vorher, beinahe bedrohlich.

Später am Abend will Karl zur Bahnstation gehen und schauen, ob man da noch eine Flasche Wein bekommt. Barbara steht auf und tritt ans Fenster, um ihm mit den Augen zu folgen, den Pfad hinunter und zur Station hinüber. Ihr ist, als wäre die Aussicht aus dem Fenster *unwirklich,* wie ein Foto, das auf der Außenseite der Scheibe klebt, und Karl dort in der Landschaft zu sehen würde vielleicht helfen. Da kommt er unten aus dem Hotel, sie hört, wie mit einem lauten, weichen Geräusch (wie von Luftkissen oder von Fächern) die Tür hinter ihm zufällt.

Sie sieht, wie er den Pfad hinab auf die erleuchtete Wagenhalle zugeht, wo die Nachtschicht eingetroffen ist. Dann ist er im Dunkeln verschwunden. In der Höhle aus gelbem Licht beugen sich zwei Männer über verschiedene Maschinenteile – von einer Schneekanone oder einem Kettenfahrzeug, schwer zu sagen. Die Männer halten nicht inne, aber Barbara sieht es an ihren Bewegungen, dass sie Karls Nähe registieren, obwohl sie ihn in der Dunkelheit nicht sehen können. Trotzdem spüren sie offenbar, dass er da ist.

Wie Rehe, die auf der Lichtung weitergrasen, wenn man am Waldrand vorüberschleicht, arbeiten sie weiter. Als er an der Werkstatt, die wie eine Bühne erleuchtet ist, vorbeigeht, ist er für einen Moment als Silhouette sichtbar. Die ganze Seite der Werkstatt ist bis unters Dach hochgerollt, die Gleisarbeiter haben Reif im Bart – wenn es windet, stiebt der Schnee herein und legt sich auf ihre Stiefel. Sie sind so konzentriert bei der Arbeit, dass sie möglicherweise gar nicht merken, wenn sie zugeweht würden. Aber an diesem Abend ist es still. Der eine hebt einen Hammer hoch über seinen Kopf und lässt ihn schwer und präzise auf ein Stück Eisen und den Amboss fallen. Wenn der Hammer auftrifft, schlägt es Funken, und das Geräusch verliert sich dümpelnd im Tal, zum Eiger hinüber und zum Hotel und setzt sich zitternd an die Fenster; und es ist, als gäbe ihr Körper bei jedem Schlag ein wenig nach und öffnete sich; dann ist Karl erneut im Dunkel verschwunden.

Ihre Augen suchen auf den schmalen Wegen nach einer Bewegung. Der Schnee ist weiß, und der Mond leiht der Dunkelheit sein Licht. Da entdeckt sie Karl wieder, auf dem Pfad, kurz bevor er ins Licht des kleinen Bahnsteigs tritt, von dem der letzte Zug vor Stunden abgefahren ist, um 17.45 Uhr; sie muss sich auf dem Fensterbrett abstützen, um aufrecht stehen zu bleiben.

Karl steht jetzt am Automaten und hält ihn mit beiden Händen gepackt, als stünde er an der Musikbox einer Bar und nicht an einem Außenposten am Fuße des Eigers. Er füttert die Maschine mit Münzen, hebt den Deckel eines

Fachs und zieht eine Flasche Wein heraus. Dann kommt er über die Schienen zurück, in Richtung Hotel.

Sie sieht, wie er sich nähert, und als er so nahe ist, dass sie im Licht des Hotels bereits sein Gesicht erkennt, zögert er, bleibt stehen und schaut zu ihr herauf. Grüßend hebt sie die Hand. Er sieht sie an. Und hinter ihm rauscht eine Lawine über die Nordseite des Eigers, mit unendlicher Ruhe wie der geduldige Lauf der Aare durch Bern und der Wasserfall hinter Lauterbrunnen, eine Gardine aus Schnee, der beinahe schwerelos zwischen Fels und See schwebt. Aber keiner von ihnen sieht es.

Aus dem Dänischen von Peter Urban-Halle

Mitwirkende

Lukas Bärfuss
Geboren 1971 in Thun (Schweiz), verfasst Theaterstücke, Prosa und Essays. Er hat sich, wie Dürrenmatt, über die Landesgrenzen hinaus als streitbarer Intellektueller einen Namen gemacht und wurde vielfach ausgezeichnet, unter anderem 2013 mit dem Berliner Literaturpreis und 2019 mit dem wichtigsten deutschsprachigen Literaturpreis, dem Georg-Büchner-Preis. Seine Romane *Hundert Tage* (2008), *Koala* (2014) und *Hagard* (2017) werden in zahlreiche Sprachen übersetzt, seine Theaterstücke weltweit gespielt. An der Universität Bern hielt Lukas Bärfuss eine Vorlesung mit dem Titel: *Wahnsinnige und Idioten.*

Joanna Bator
Geboren 1968 in Wałbrzych (Polen), ist Schriftstellerin, war in Warschau, New York, London und Tokio aber auch als Hochschuldozentin tätig. In Japan erwachte ihr Interesse für das Nuklearmonster Godzilla. Als Stipendiatin verbrachte sie einige Monate in Leuk (Wallis). Ihre Romane handeln von der postsozialistischen Wirklichkeit ihrer südpolnischen Heimat. Für *Dunkel, fast Nacht* (2012) erhielt sie mit NIKE den wichtigsten Literaturpreis Polens. An der Universität Bern gab Joanna Bator ein Seminar über *Un-*

heimliche Orte. Ihre Lieblingsfigur bei Dürrenmatt ist Claire Zachanassian – eine Rächerin, die uns die Abgründe der menschlichen Natur offenbart.

Hans Christoph Buch
Geboren 1944 in Wetzlar (Deutschland), ist Schriftsteller, Literaturtheoretiker, Essayist und Reporter. Der mit einer Arbeit zur Geschichte der Beschreibungsliteratur promovierte Germanist ist ein Vertreter der modernen Reiseliteratur, der auch aus Kriegs- und Krisengebieten berichtete (etwa aus Ruanda, Liberia, Tschetschenien und Pakistan). Er hat zahlreiche Gastdozenturen übernommen, unter anderem in San Diego, Havanna, New York, Hangzhou und Hongkong. Hans Christoph Buchs Berner Poetikvorlesung über *Boat People* wurde 2014 als Buch veröffentlicht. Sein Lieblingstext von Dürrenmatt ist *Grieche sucht Griechin.*

Louis-Philippe Dalembert
Geboren 1962 in Port-au-Prince (Haiti), ist Erzähler, Lyriker und Essayist und einer der bedeutendsten haitianischen Autoren der Gegenwart. Er promovierte an der Sorbonne mit einer Studie über den kubanischen Schriftsteller Alejo Carpentier, wurde mit diversen Auszeichnungen geehrt und war Gast des Berliner Künstlerprogramms des Deutschen Akademischen Austauschdienstes (DAAD) in Berlin. Seine kreolischen Rezepte werden in Bern noch immer nachgekocht. An der Universität Bern gab Louis-Philippe Dalembert ein Seminar über die Kultur des Voodoo. Von Dürrenmatt faszinieren ihn besonders ein Theaterstück

und ein Gemälde: *Der Besuch der alten Dame* und *Letzte Generalversammlung der Eidgenössischen Bankanstalt.*

Miriam Denger
Geboren 1980 in Landau in der Pfalz (Deutschland), ist literarische Übersetzerin und Dramaturgin. Studium der Angewandten Theaterwissenschaft und Romanistik in Gießen und Pamplona. Sie übersetzt (und übertitelt) Theater aus Lateinamerika und Spanien, unter anderem für die 2019 erschienene Anthologie *Theaterstücke aus Kuba.* Sie ist die Übersetzerin des kubanischen Dramatikers Rogelio Orizondo, von dem auf deutschen Bühnen zuletzt *Antigonón* (Heidelberg 2020) und *Titanic* (Jena 2018) zu sehen waren. »Für mich als Theatermacherin ist natürlich *Der Besuch der alten Dame* mein Lieblingstext von Dürrenmatt, und Claire Zachanassian ist meine Lieblingsfigur – eine spannende Herausforderung für Schauspielerinnen!«

Lizzie Doron
Geboren 1953 in Tel Aviv (Israel), wurde bekannt mit dokumentarischen Romanen, die von der Erinnerung an die Schoa handeln. Ihr Erstling *Warum bist du nicht vor dem Krieg gekommen?* (1998), eine Hommage an ihre Mutter, wurde in Israel Schullektüre. Ihre neuesten Werke, *Who the Fuck is Kafka* (2015) und *Sweet Occupation* (2017), in denen sie sich mit der Besatzungspolitik auseinandersetzt, wurden in Israel nicht mehr verlegt. Als Verräterin angefeindet, wird sie zugleich für ihren literarischen Brückenschlag ausgezeichnet. An der Universität Bern gab Lizzie Doron ein Seminar unter dem Titel *Breaking the Walls*, in dem sie die

Studierenden dazu anregte, über Tabubrüche und Grenz-
überschreitungen nachzudenken. In hebräischer Übersetzung las sie Dürrenmatts Kriminalroman *Der Verdacht,* in
dem Kommissar Bärlach einen ehemaligen KZ-Arzt verfolgt.

Friedrich Dürrenmatt
Geboren 1921 in Stalden im Emmental, verstorben 1990 in
Neuenburg (Schweiz), verfasste Theaterstücke, Hörspiele,
Prosa und Essays. Er machte sich einen Namen als streitbarer Intellektueller und wurde vielfach ausgezeichnet, unter anderem 1986 mit dem wichtigsten deutschsprachigen
Literaturpreis, dem Georg-Büchner-Preis. Seine Romane
wie *Der Richter und sein Henker* (1950/51) und *Das Versprechen* (1958) wurden in zahlreiche Sprachen übersetzt
und verfilmt, ebenso seine Theaterstücke wie *Der Besuch
der alten Dame* (1956) und *Die Physiker* (1962). Sein bild-
nerisches Werk wird im Centre Dürrenmatt in Neuenburg
ausgestellt. Friedrich Dürrenmatt studierte an der Universität Bern Germanistik und Philosophie. Die nach ihm
benannte Gastprofessur bringt Weltliteratur in seinen Hei-
matkanton.

Mathias Énard
Geboren 1972 in Niort (Frankreich), ist Schriftsteller und
Übersetzer sowie Orientwissenschaftler. Er lebte zeitweise
im Nahen Osten und spricht Arabisch und Persisch sowie
Englisch, Deutsch, Spanisch und Katalanisch. 2015 erhielt
er den renommiertesten französischen Literaturpreis, den
Prix Goncourt. Sein 2008 erschienener Roman *Zone,* der

atemlose Bewusstseinsstrom eines Veteranen aus dem Jugoslawienkrieg, ist eines der großen Bücher unserer Zeit, das seinen Verfasser international bekannt machte. An der Universität Bern gab Mathias Énard ein Seminar zur Literatur des Krieges und hielt eine Vorlesung über die Mehrsprachigkeit (in) der Literatur. Von Dürrenmatt schätzt er besonders *Der Richter und sein Henker* und Kommissar Bärlach.

Brigitte Große
Geboren 1957 in Wien (Österreich), lebt als Übersetzerin aus dem Französischen in Hamburg. Für ihre Übersetzungen unter anderem von Amélie Nothomb, Frédéric Beigbeder, Linda Lê und Georges-Arthur Goldschmidt erhielt sie mehrere Auszeichnungen – etwa 2017 den Staatspreis für literarische Übersetzung der Republik Österreich. Brigitte Großes Lieblingsfigur bei Dürrenmatt ist Claire Zachanassian, die Hauptfigur aus der tragischen Komödie *Der Besuch der alten Dame*.

Xiaolu Guo
Geboren 1973 in Zhejiang (China), lebt seit 2002 hauptsächlich in London. Für ihre Filme gewann sie renommierte Preise, etwa 2009 den Goldenen Leoparden beim Locarno Film Festival für *She, a Chinese*. Ihre literarischen Werke wurden in rund dreißig Sprachen übersetzt; eines der bekanntesten ist der autobiographische Roman *Once Upon a Time in the East* (2017), dessen Heldin in einem Fischerdorf am Ostchinesischen Meer aufwächst, in Peking die Filmhochschule besucht und nach Großbritannien emi-

griert. An der Universität Bern unterrichtete Xiaolu Guo zur Literatur der Migration. Sie schätzt Dürrenmatts *Der Besuch der alten Dame,* aber auch seine philosophischen Essays wie zum Beispiel *Auto- und Eisenbahnstaaten* aus dem zweiten Band der *Stoffe.*

Nedim Gürsel
Geboren 1951 in Gaziantep (Türkei), zählt zu den international bekanntesten türkischen Autoren. Nach dem Militärputsch 1980 wurden seine Werke in der Türkei verboten, später klagte ihn die türkische Justiz wegen »Verunglimpfung religiöser Werte« an. Er lebt seit langem in Frankreich, wo er studiert hat, besitzt die französische Staatsbürgerschaft und leitet die Abteilung zur Erforschung der türkischen Literatur am *Centre national de la recherche scientifique* (CNRS) in Paris. An der Universität Bern gab Nedim Gürsel ein Seminar über die Darstellung des Propheten Mohammed in der Literatur. Sein Lieblingstext von Dürrenmatt ist *Grieche sucht Griechin.*

Ariane Huml
Geboren 1966 in Rheine (Deutschland), ist Publizistin, Wissenschaftsjournalistin und Rundfunkautorin. Sie studierte Germanistik, Geschichte und Kunstgeschichte in Freiburg, Rom und London. Nach einer Promotion zu Ingeborg Bachmann lehrte sie an Universitäten in verschiedenen Ländern, unter anderem zu deutschsprachiger jüdischer Literatur, Lyrik, Reiseliteratur, Nationalitäts- und Identitätskonzepten. Bis 2018 war sie Direktorin der Nordsee Akademie in Leck, Schleswig-Holstein. Ariane Humls

Lieblingstext von Dürrenmatt ist *Der Tunnel,* ihre Lieblingsfigur der Kriminalautor im Roman *Das Versprechen,* der den vielzitierten Untertitel *Requiem auf den Kriminalroman* trägt.

Esther Kinsky
Geboren 1956 in Engelskirchen (Deutschland), ist Autorin von Romanen, Gedichten, Essays und Poetikvorlesungen sowie literarische Übersetzerin aus dem Polnischen, Englischen und Russischen. Ihr Roman *Hain* gewann 2018 den Preis der Leipziger Buchmesse. Ihre Übersetzungen umfassen Werke unter anderem von Ida Fink, Hanna Krall, Ryszard Krynicki, Aleksander Wat und Olga Tokarczuk, der Nobelpreisträgerin von 2018.

Josefine Klougart
Geboren 1985 auf Mols (Dänemark), wurde für ihren Debütroman *Stigninger og fald (Aufstieg und Fall)* mit dem Königlichen Kulturpreis in Dänemark ausgezeichnet. Auf Deutsch erschien ihr Roman *Einer von uns schläft.* Durch ihre Essays und Interviews erlangte sie eine breite Medienpräsenz in Skandinavien sowie darüber hinaus in Frankreich, Kroatien, der Türkei und den USA. An der Universität Bern unterrichtete Josefine Klougart zum Thema der Dunkelheit. Sie mag besonders Dürrenmatts Erzählung *Die Panne* und seine Beschreibung der vier alten Herren …

Susanne Lange
Geboren 1964 in Berlin (Deutschland), gehört zu den renommiertesten und erfolgreichsten Übersetzerinnen

des deutschsprachigen Raums. Sie war August-Wilhelm-von-Schlegel-Gastprofessorin für Poetik der Übersetzung an der Freien Universität Berlin. Durch ihre vielbeachtete Übersetzung des *Don Quijote* ist ihr Name untrennbar mit dieser großen literarischen Figur verbunden. Besonders beeindruckt ist Susanne Lange von Dürrenmatts Erzählung *Der Tunnel*, die frühe Lektüre des Textes verfolgt sie bis heute.

Wendy Law-Yone
Geboren 1947 in Mandalay (Burma), ist die bekannteste burmesische Schriftstellerin. Als ihr nach dem Militärputsch in ihrer Heimat (1962) der Zugang zur Universität verwehrt wurde, lernte sie Deutsch und las Friedrich Dürrenmatt. (»Um mich herum herrschte das Chaos, aber die deutsche Sprache gab mir Struktur.«) Schließlich gelang ihr die Flucht aus der Militärdiktatur. Zunächst lebte sie in Thailand, Singapur und Malaysia, dann in den USA. Heute lebt sie in England. Ihre Romane gestalten die Erfahrungen der Diktatur und des Exils. An der Universität Bern gab Wendy Law-Yone ein Seminar zur asiatischen Gegenwartsliteratur. Für ihr Leben wie für ihr Werk spielte Dürrenmatts *Der Besuch der alten Dame* eine ganz besondere Rolle. Auf Deutsch erschien ihr autobiographischer Essay *Dürrenmatt und ich – Eine Reise von Burma nach Bern* (2021).

Markus Lemke
Geboren 1965 in Münster (Deutschland), ist literarischer Übersetzer. Er studierte Orientalistik und Islamwissen-

schaften in Bochum, Kairo und Tel Aviv. Seit 1995 übersetzt er unter anderem Werke von Yoram Kaniuk, Joshua Sobol, Abraham B. Jehoshua und Dror Mishani. 2000 und 2004 erhielt er den Hamburger Übersetzerpreis. »*Der Besuch der alten Dame* ist schon seit Schulzeiten und bis heute mein Lieblingstext von Dürrenmatt, da er auf nachgerade zeitlose Weise menschliche Abgründe von Käuflichkeit bis Bigotterie ausleuchtet, und das alles mit feinem, bösem, doppelsinnigem Schweizer Witz.«

Oliver Lubrich
Geboren 1970 in Berlin (Deutschland), ist Professor für Komparatistik an der Universität Bern. Er ist Initiator und Projektleiter der Friedrich Dürrenmatt Gastprofessur für Weltliteratur. Er veröffentlichte Bücher über *Shakespeares Selbstdekonstruktion*, *Postkoloniale Poetiken* und *Reisen ins Reich (1933–1945)*. Oliver Lubrichs Lieblingstext von Dürrenmatt ist *Der Winterkrieg in Tibet* aus den *Stoffen*.

Wilfried N'Sondé
Geboren 1968 in Brazzaville (Kongo), lebt als Schriftsteller und Musiker in Paris. Er verbrachte über zwanzig Jahre in Berlin und arbeitete als Sozialhelfer. Nach ausgedehnten Reisen in Europa gelang ihm 2007 mit dem Debütroman *Le Cœur des enfants léopards* der Durchbruch – ein Buch, das die Innensicht eines jungen Afrikaners vermittelt, der in Frankreich inhaftiert wurde. 2018 erhielt er für *Un océan, deux mers, trois continents* den Prix Ahmadou Kourouma, den der Salon du livre in Genf vergibt. Als Komponist, Sänger und Gitarrist arrangiert er seine Poesie in einer multi-

kulturellen Mélange aus Blues, Afro-Punk, Folk und Slam Poetry. An der Universität Bern gab Wilfried N'Sondé ein Seminar über die Erotik in der Literatur der Migration. Von Dürrenmatt mag er besonders die Kriminalgeschichte *Das Versprechen* und ihre Verfilmung *The Pledge* von Sean Penn.

Bernadette Ott
Geboren 1961 in Selb (Deutschland), lebt als literarische Übersetzerin in München. Sie studierte Literaturwissenschaft, Kunstgeschichte und Philosophie und übersetzt aus dem Englischen und Französischen. »Dürrenmatts wichtigster Text ist für mich *Das Versprechen*, unvergesslich aber auch die mehrsprachige szenisch-musikalische Lesung von *Der Tunnel*, aufgeführt 2010 am »Loorentag« des Übersetzerhauses Looren (Regie: Cyril Tissot).«

Fernando Pérez
Geboren 1944 in Havanna (Kuba), lebt als Filmregisseur und Drehbuchautor in seiner Heimatstadt. Zwischen 1974 und 1984 drehte er mehr als zwanzig Dokumentarfilme. Seine späteren Spielfilme wie *Hello Hemingway* (1990), *Das Leben, ein Pfeifen* (1998) oder *Suite Havanna* (2003) entwickelten eine persönliche, poetische, zum Teil surreale Filmsprache. Sie wurden unter anderem am Sundance Film Festival, am San Sebastián International Film Festival und an der Berlinale ausgezeichnet. Das Berner Kino Rex zeigte während seines Aufenthalts in der Schweiz eine Retrospektive seines Filmschaffens. An der Universität Bern gab Fernando Pérez eine Einführung in die Filmsprache des latein-

amerikanischen Kinos. Besonders gerne erinnert er sich, wie er als Student *Der Besuch der alten Dame* in einer kubanischen Ausgabe las und den Film mit Ingrid Bergman sah.

Armin Senser

Geboren 1964 in Biel (Schweiz), arbeitete als Architekt, bevor er an der Universität Bern Germanistik und Philosophie studierte. Für seinen Gedichtband *Großes Erwachen* erhielt er 1999 den Lyrik-Debüt-Preis des Literarischen Colloquiums Berlin. Es folgten zahlreiche weitere Stipendien und Auszeichnungen. Seit 2015 veröffentlicht er auch Prosa und Essays. Armin Sensers Lieblingstext von Dürrenmatt ist *Der Richter und sein Henker*: »Der Roman brachte mich schließlich zur Literatur und dazu, weiterzulesen: auch weiter Dürrenmatt zu lesen.«

Reto Sorg

Geboren 1960 in St. Gallen (Schweiz), unterrichtet Deutsche Literatur an der Universität Lausanne und leitet das Robert Walser-Zentrum in Bern. Von ihm erschienen zahlreiche Publikationen zur modernen Literatur und Kunst, unter anderem zu Carl Einstein, Robert Walser, Paul Klee, Thomas Hirschhorn. »Noch mehr als die Kriminalromane, die ich als Schüler las, liebe ich Dürrenmatts *Stoffe*, die in der Geschichte des autobiographischen Schreibens ein neues Kapitel aufschlagen.«

Peter Stamm

Geboren 1963 in Scherzingen (Schweiz), arbeitete erst als Journalist und wurde 1998 mit dem Roman *Agnes*, einer unheimlichen Liebesgeschichte, schlagartig bekannt. Inzwischen wurde er in rund vierzig Sprachen übersetzt und vielfach ausgezeichnet, unter anderem mit dem Rauriser Literaturpreis, dem Friedrich-Hölderlin-Preis und dem Schweizer Buchpreis. An der Universität Bern unterrichtete Peter Stamm zum Umgang mit der Zeit in der Literatur und den Künsten. »Bei Dürrenmatt gibt es ja gar nicht so viele liebenswerte Figuren. Am ehesten müsste ich wohl Bärlach nennen, wie ich überhaupt die Kriminalromane für etwas vom Besten halte, was Dürrenmatt geschrieben hat.«

Peter Urban-Halle
Geboren 1951 in Halle an der Saale (Deutschland), lebt als Literaturkritiker, Herausgeber und Übersetzer in Berlin. 2020 erschien seine große Anthologie der dänischen Lyrik, *Licht überm Land*. 2010 erhielt er den Förderpreis des Europäischen Übersetzerpreises Offenburg, 2013 den Dänischen Übersetzerpreis. Peter Urban-Halles Lieblingstext von Dürrenmatt: *Das Versprechen*.

Juan Gabriel Vásquez
Geboren 1973 in Bogotá (Kolumbien), ist Schriftsteller, Übersetzer, Essayist und Kolumnist. In seinen Romanen, die von Bürgerkriegen, politischen Attentaten und Drogenterrorismus handeln, schreibt er die Gewaltgeschichte seines Heimatlands. Seine Werke wurden vielfach übersetzt und ausgezeichnet. Er gilt als eine der wichtigsten lateinamerikanischen Stimmen seiner Generation. Sein bekanntester Roman, *El ruido de las cosas al caer (Das Geräusch der Dinge beim Fallen),* ist in Kolumbien Schullektüre.

An der Universität Bern hielt Juan Gabriel Vásquez eine Vorlesung zur Poetik des Romans – von Cervantes bis zu García Márquez. Von Dürrenmatt mag er besonders *Das Versprechen* mit seiner Lieblingsfigur Dr. H.

Yla M. von Dach
Geboren 1946 in Biel (Schweiz), lebt als Autorin und literarische Übersetzerin aus dem Französischen in Paris und Biel. Sie hat unter anderem Texte von Nicolas Bouvier, Catherine Colomb, Sylviane Chatelain, Michel Layaz, Marius Daniel Popescu, Jean-Pierre Rochat, Antoinette Rychner, Catherine Safonoff und Alexandre Voisard übertragen. Ihre Arbeit wurde mehrfach ausgezeichnet, unter anderen erhielt sie 2000 den Prix lémanique de la traduction littéraire der Universität Lausanne und 2018 den Schweizer Literaturpreis für Übersetzung. Yla von Dach fühlt sich besonders vom Stück *Die Physiker* angesprochen und von dem, was Dürrenmatt in seinen 21 Punkten dazu festgehalten hat: »Wer dem Paradoxen gegenübersteht, setzt sich der Wirklichkeit aus« (Punkt 20).

David Wagner
Geboren 1971 in Andernach (Deutschland), ist Schriftsteller und Publizist. Er wird regelmäßig mit Auszeichnungen geehrt, unter anderem mit dem Alfred-Döblin-Stipendium, dem Walter-Serner-Preis und dem Bayerischen Buchpreis. 2013 erhielt er für den autobiographischen Roman *Leben,* der von einer Lebertransplantation handelt, den Preis der Leipziger Buchmesse. Das Werk wurde zum Großerfolg, fand weit über die Literaturszene hinaus Beachtung und

erfuhr zahlreiche Übersetzungen. An der Universität Bern lud David Wagner die Studierenden zu experimentellen Spaziergängen ein, in denen sie lernten, das Vertraute mit fremden Augen zu sehen. Die so entstandenen Texte erschienen 2015 als *Bernbuch* im Verbrecher Verlag. Seine Lieblingsfigur von Dürrenmatt ist Claire Zachanassian – mit ihrem pseudoarmenischen Namen.

Barbara Yurtdas
Geboren 1937 in Leipzig (Deutschland), lebt als Autorin und literarische Übersetzerin in München. Sie publizierte Romane über deutsch-türkische Beziehungen, Sachbücher zur Türkei und literarische Übersetzungen aus dem Türkischen. 2015 erhielt sie den deutsch-türkischen Übersetzerpreis Tarabya. Besonders fasziniert ist Barbara Yurtdas von Dürrenmatts Erzählung *Der Tunnel*: »Diese Konsequenz, auf die Katastrophe (oder die Erlösung?) hin zu erzählen, ist inhaltlich und sprachlich perfekt.«

*Bitte beachten Sie
auch die folgenden Seiten*

Friedrich Dürrenmatt
im Diogenes Verlag

Werkausgabe in 37 Bänden mit einem Registerband

Jeder Band enthält einen Nachweis zur Publikations- und gegebenenfalls Aufführungsgeschichte sowie zur Textgrundlage

● Das dramatische Werk

Das dramatische Werk in 18 Bänden in Kassette
Alle Bände auch als Einzelausgaben lieferbar:

Es steht geschrieben / Der Blinde
Frühe Stücke

Romulus der Große
Eine ungeschichtliche historische Komödie in vier Akten. Neufassung 1980

Die Ehe des Herrn Mississippi
Eine Komödie in zwei Teilen (Neufassung 1980) und ein Drehbuch

Ein Engel kommt nach Babylon
Eine fragmentarische Komödie in drei Akten. Neufassung 1980

Der Besuch der alten Dame
Eine tragische Komödie. Neufassung 1980
Auch als Hörspiel mit Lina Carstens, Kurt Horwitz, Peter Lühr und vielen anderen erschienen (Diogenes Hörbuch)

Frank der Fünfte
Komödie einer Privatbank. Neufassung 1980

Die Physiker
Eine Komödie in zwei Akten. Neufassung 1980

Auch als Hörspiel mit Amido Hoffmann, Tilli Breidenbach, Hans-Christian Blech, Hanns Ernst Jäger, Bruno Hübner und vielen anderen erschienen (Diogenes Hörbuch)

Herkules und der Stall des Augias / Der Prozeß um des Esels Schatten
Griechische Stücke. Neufassung 1980

Der Meteor / Dichterdämmerung
Zwei Nobelpreisträgerstücke. Neufassungen 1978 und 1980

Die Wiedertäufer
Eine Komödie in zwei Teilen. Urfassung

König Johann / Titus Andronicus
Shakespeare-Umarbeitungen

Play Strindberg / Porträt eines Planeten
Übungsstücke für Schauspieler

Urfaust / Woyzeck
Zwei Bearbeitungen

Der Mitmacher
Ein Komplex. Text der Komödie (Neufassung 1980), Dramaturgie, Erfahrungen, Berichte, Erzählungen. Mit Personen- und Werkregister

Die Frist
Eine Komödie. Neufassung 1980

Die Panne
Ein Hörspiel und eine Komödie

Nächtliches Gespräch mit einem verachteten Menschen / Stranitzky und der Nationalheld / Das Unternehmen der Wega
Hörspiele und Kabarett